NORTH AMERICA AND SPAIN: TRANSVERSAL PERSPECTIVES

NORTEAMÉRICA Y ESPAÑA: PERSPECTIVAS TRANSVERSALES

Edited by
Julio Cañero

Title: *North America and Spain: Transversal Perspectives / Norteamérica y España: perspectivas transversales*

ISBN-10: 1-940075-48-3
ISBN-13: 978-1-940075-48-8

Design: © Ana Paola González
Cover Design: © Jhon Aguasaco
Cover Image: Jhon Aguasaco
Editor in Chief: Carlos Aguasaco
E-mail: carlos@artepoetica.com
Mail: 38-38 215 Place, Bayside, NY 11361, USA.

© *North America and Spain: Transversal Perspectives / Norteamérica y España: perspectivas transversales*, edited by Julio Cañero.
© *North America and Spain: Transversal Perspectives / Norteamérica y España: perspectivas transversales*, edited by Julio Cañero, 2017 for this edition Escribana Books an Imprint of Artepoética Press Inc.

Acknowledgements: this book is the result of a call for articles issued by Escribana Books (An imprint of Artepoetica Press) following the Second International Congress on the Historical Links between Spain and North America celebrated in New York in May 2016. This annual congress alternates locations between Alcalá and New York. Escribana Books thanks the organizing institutions (Instituto Franklin, Instituto Cervantes NY, and Division of Interdisciplinary Studies of City College of New York) for making this volume possible.

All rights reserved. No part of this publication may be reproduced, distributed, or transmitted in any form or by any means, including photocopying, recording, or other electronic or mechanical methods, without the prior written permission of the publisher, except in the case of brief quotations embodied in critical reviews and certain other noncommercial uses permitted by copyright law. For permission requests, write to the publisher, addressed "Attention: Permissions Coordinator," at the following address: 38-38 215 Place, Bayside, NY 11361, USA

NORTH AMERICA AND SPAIN: TRANSVERSAL PERSPECTIVES

NORTEAMÉRICA Y ESPAÑA: PERSPECTIVAS TRANSVERSALES

Edited by
Julio Cañero

New York, 2017

Contenido

El español en Estados Unidos y otros vínculos hispano-
estadounidenses
Julio Cañero   9

PART I. POLITICAL, FINANCIAL, AND SOCIAL LINKS BETWEEN SPAIN
AND THE UNITED STATES: A HISTORICAL CONSIDERATION
PARTE I. VÍNCULOS POLÍTICOS, ECONÓMICOS Y SOCIALES ENTRE ESPAÑA
Y ESTADOS UNIDOS: UNA REFLEXIÓN HISTÓRICA

Virginia Tobacco: An Alternative to Consumption during the
Peninsular War
Pelayo Fernández García   25

Avances organizativos, de gestión y contables realizados por las
empresas estadounidenses en el siglo XIX. Nivel de incorporación a
las ferroviarias españolas
Miguel Ángel Villacorta Hernández   38

Estados Unidos y España frente a la Asociación Transatlántica para el
Comercio y la Inversión (TTIP)
José Manuel Estévez-Saá   51

El diputado independiente e incorruptible: un ejercicio de historia
comparada en torno a la representación política en España y Estados
Unidos en el primer liberalismo
María Antonia Peña Guerrero   64

Anarquistas españoles en Estados Unidos: Pedro Esteve y el periódico
El Despertar de Nueva York (1891-1902)
Susana Sueiro Seoane   76

"Entre amigas": mujeres neoyorquinas y españolas exiliadas y la
ayuda a los refugiados republicanos (1953-1996)
Carmen de la Guardia Herrero   87

El poder de los vencidos. Redes educativas y exilio republicano en
Vassar College, 1922-1968
Elena Sánchez de Madariaga   99

U.S. and Spanish Women: Influx and Activism in the Seventies
Montserrat Huguet & Francisco J. Rodríguez   112

Friend or Foe? Spain, the United States and Nato after the Arrival of the Socialist Party in Government in Spain, 1982–1983
Gema Pérez Herrera   126

La politización de la política exterior española en sus relaciones con Estados Unidos: del antiamericanismo al pro-atlantismo
Cristina Crespo Palomares   138

PART II. ARTISTIC, CULTURAL AND RELIGIOUS EXCHANGES
PARTE II. INTERCAMBIOS ARTÍSTICOS, CULTURALES Y RELIGIOSOS

The Reception of Spanish Civil War Music in the USA (1937-2014)
Alberto Carrillo-Linares   153

The Fundamental Role of James Johnson Sweeney in Promoting Spanish Artists in the United States (1934-1975)
Beatriz Cordero Martín   164

Diplomacy and Censorship: The Reception of *Gentleman's Agreement* in Francoist Spain
Roberto Carlos Álvarez-Delgado & José Santiago Fernandez-Vázquez   178

Bienvenido, Walt Disney?: Rethinking Americanization, Anti-Americanism, and Cultural Imperialism in Post-Franco Spain
Hamilton M. Stapell   190

España: territorio de rodaje para el cine estadounidense
Víctor Aertsen, Agustín Gámir y Carlos Manuel   200

Españoles y católicos en Manhattan a mediados del siglo XIX
Miguel-Ángel Hernández Fuentes   214

Las redes católicas entre España y Los Estados Unidos de América (1939-1957)
José Ramón Rodríguez Lago   228

PART III. THROUGH THE SPANISH EYES, THROUGH THE AMERICAN EYES: TRYING TO UNDERSTAND THE OTHER.
PARTE III. A TRAVÉS DE LA MIRADA ESPAÑOLA, A TRAVÉS DE LA MIRADA ESTADOUNIDENSE: BUSCANDO ENTENDER AL OTRO

Pastoralis et latro. Estereotipos clásicos: Washington Irving y España
Carlos Herrero   245

Enslaving the Cannibal: Irving's Columbus and *Benito Cereno*
Helene Remiszewska   257

De Washington Irving a Gertrude V. Whitney: un siglo de relaciones
culturales entre Estados Unidos y España en torno a la historia del
Descubrimiento de América (1828-1929)
Manuel José de Lara Ródenas   269

Norteamérica y sus mujeres en la obra de Emilia Serrano,
Baronesa de Wilson (1834-1923)
María Luisa Candau Chacón   280

Carolina Marcial Dorado (1889-1941): "Una española en California"
Rosario Márquez Macías   292

Land of the Free? Home of the Brave?: La imagen de
Estados Unidos en el epistolario de Luis Cernuda
Juan Ignacio Guijarro González   305

Intercambio cultural entre Andalucía y Estados Unidos: Ellen M.
Whishaw (1857-1937) y The Hispanic Society of America
Nieves Verdugo-Álvez   316

A Social, Political and Emotional Travelogue on Pre-Revolutionary
Spain: Jenny Ballou's *Spanish Prelude* (1937)
María Losada-Friend   329

Sarmiento: de España a Estados Unidos
Susana Maiztegui   341

Bartelby of La Mancha
Alberto Manguel   350

NOTES ON CONTRIBUTORS   360

EL ESPAÑOL EN ESTADOS UNIDOS Y OTROS VÍNCULOS HISPANO-ESTADOUNIDENSES

Julio Cañero
Instituto Franklin-UAH

Recientemente recibía una felicísima noticia. Mi apreciado y admirado amigo, el profesor Francisco Lomelí, de la Universidad de California, Santa Barbara, había sido designado académico correspondiente de la Academia Norteamericana de la Lengua Española (ANLE). Francisco, un reputado estudioso de la literatura y cultura hispana en Estados Unidos, se unía al nutrido grupo de expertos que forman ANLE para velar por los usos y formas del español hablado en aquella tierra. Una labor, la de esa Academia, poco reconocida y valorada dentro del mundo hispánico. No en vano, sus miembros cuentan con la difícil tarea de defender la lengua de Cervantes en un país de cultura tradicionalmente monolingüe. Sin embargo, el uso del español en Estados Unidos sigue creciendo y su enseñanza lo ha convertido en la lengua extranjera más demandada —aunque está por ver cómo le afectarán las políticas restrictivas prometidas por el presidente Trump, quien, nada más ocupar el puesto, ha eliminado (temporalmente) la pestaña de español de la página web de la Casa Blanca. Me gustaría creer que, pese a todo, nuestro idioma es un magnífico vínculo entre Estados Unidos y España.

El motivo de este artículo a modo de introducción a la compilación de textos que a continuación se exponen está en una mesa redonda a la que fui invitado por Daniel Ureña, presidente de The Hispanic Council, en la Deusto Business School de Madrid. Tuve el honor de compartir presentación con D. Manuel Olmedo, vicepresidente de la malagueña Asociación Cultural Bernardo de Gálvez y Gallardo, y del escritor e investigador D. Borja

Cardelús. Nuestro tema de debate era, dentro del Mes de la Herencia Hispana, el papel jugado por la comunidad latina en la historia de Estados Unidos —incluyendo a los españoles, claro está—, y qué podría pasar en las elecciones presidenciales del 2016 con el voto latino —parte por la que me citaron al evento. Mis dos compañeros de mesa hicieron una aguerrida defensa de la necesidad de difundir profusamente la labor española en la colonización de lo que hoy es gran parte de suelo estadounidense. Ambos sostuvieron que uno de los ejes fundamentales de la diplomacia pública española en Estados Unidos debía ser, precisamente, transmitir al pueblo de ese país, y en especial a los latinos, la importancia que España tuvo en su propia existencia como nación: no solo en la conquista y colonización del Suroeste o la Florida, sino, también, a la ayuda prestada por nuestro país a la independencia de aquel.

Dado que me gusta polemizar, y aun aceptando y compartiendo la postura de mis colegas de charla, decidí abrir un debate ante sus exposiciones. Les pregunté si realmente creían que, a los estadounidenses, que son un pueblo que vive el presente aspirando al futuro —de ahí su pragmatismo—, les interesaba la presencia española —desconocida, cierto es—, en su país. Saltaron chispas ante mi interpelación, como bien esperaba. Pero traté de justificar mi postura. Es cierto que debemos seguir haciendo un gran esfuerzo por transmitir la mejor imagen posible de España tanto en Estados Unidos como en el resto del mundo. Soy un convencido de tal actitud, pues dirijo una institución, el Instituto Franklin de la Universidad de Alcalá, que lleva haciendo 'marca España' desde hace 30 años. Pero soy consciente, como profesor de cultura americana, que para el ciudadano medio de Estados Unidos el peso de la historia, aunque importante, es más relativo que el que le damos, por ejemplo, en Europa. Es por eso que juzgaba, les manifesté, que era mejor dedicar más esfuerzos al conocimiento de ese legado a este lado del Atlántico, entre los españoles, sin que por ello tuviéramos que renunciar a mostrar esos vínculos históricos entre nuestras naciones.

Mi postura sigue siendo que la historia —en la que entraría nuestra herencia común—, es uno de los anclajes básicos de entendimiento con Estados Unidos y, sobre todo, con la creciente e influyente comunidad hispana. Pero mantengo que debemos ser conscientes de que, como señalaba el embajador Rupérez en su libro *Memoria de Washington* (59), "… los hispanoamericanos que, arrastrados por la promesa de una mejor vida, han llegado a esas tierras con su lengua, su cultura y su religión tienen una visión lejana, si es que tienen alguna, de lo que las «élites» en algunos de sus países todavía califican como la madre patria". Si nuestra separación con los pueblos hermanos de Hispanoamérica es latente, imagínense con aquellos mexicanos que fueron anexados por los Estados Unidos en 1848, con los grupos inmigrantes latinos, o con los propios angloamericanos. No digo que debamos renunciar a nuestra intención, a veces cándida, de poner de manifiesto nuestra presencia histórica en los Estados Unidos; más bien creo que habría que hacer notar a los ciudadanos y gobernantes de aquel país otras ventajas de mantener buenos vínculos con España.

     Tras años de desencuentro entre la administración Bush y el gobierno de Rodríguez Zapatero, los EUA han vuelto a confiar en nosotros. Lo han hecho, por ejemplo, gracias al reforzamiento de la base naval de Rota, al convertirse ésta en parte del escudo antimisiles desplegado por los Estados Unidos en el Mediterráneo (Cañero, "Un Aliado" 35). Ha influido también la mejora de la macroeconomía española, lo que permitió al gobierno de Rajoy poner de manifiesto que las reformas estructurales realizadas en el mercado laboral han vuelto a convertir a España en un país atractivo para la inversión (Cañero, *"Spain"* 37). Y, por último, pero no menos importante, tenemos la suerte de contar con grandes empresas líderes en sus sectores que gozan de gran prestigio en mercado internacional y, como no, en el norteamericano. Como ha señalado Fernández Martos (39) "… la inversión española en Estados Unidos está muy concentrada fundamentalmente en los sectores financieros, de energía, seguros, y construcción…". Es una pena que el acuerdo económico transatlántico caiga en el olvido, como parecen indicar los gestos del presidente Trump. De no ser así, las oportunidades para nuestras grandes empresas y PYMES —y la concomitante creación de riqueza en nuestro país—, serían considerables.

Pero si hay algo que nos une a los Estados Unidos y a España es, para sorpresa de muchos, el español, la lengua común de más de 500 millones de personas en todo el orbe. Como decía al principio de este artículo introductorio, nuestro idioma se ha convertido con el paso de los años en un vínculo fundamental entre ambos países por dos motivos, por la creciente población latina y por su enseñanza en los distintos niveles educativos. A día de hoy, y sólo por detrás de México, Estados Unidos se ha convertido en el segundo país con la mayor población de hablantes de español del mundo (y en unas décadas puede que sea el primero). Según Daniel A. Martínez (2016), quien cita un estudio de Escobar y Potowski de 2015, en Estados Unidos habría unos 49 millones de hispanoparlantes. Martínez (16) señala que el español es la primera lengua, después del inglés, utilizada por el país. Añade, además, que el 76 % de los hispanos son bilingües o hablan el español con fluidez y que el 95 % piensan que es importante transmitir el idioma a las siguientes generaciones. Sin embargo, como señala el mismo autor (16), en la tercera generación: "…the percentage of Hispanics who are Spanish-dominant or bilingual declines significantly: just one third considers themselves bilingual and only 47 % say they speak Spanish proficiently."

Para evitar la pérdida del español en las nuevas generaciones, los latinos han empezado a solicitar a los estados que sus sistemas educativos incorporen programas de herencia (*heritage learners*) tanto para la población que tiene el español como lengua materna, como para aquellos que son segunda o tercera generación en el país. El gran desafío de esta comunidad es cómo mantener su legado lingüístico una vez que se adentran en el característico monolingüismo de la educación de Estados Unidos. En 1998, por ejemplo, los ciudadanos de California adoptaron la proposición 227 que restringía la educación bilingüe, temerosos, quizás, de esa creciente población de habla hispana. Hoy, con un estado en el que los latinos son el grupo mayoritario (Lopez), muchos son los que piden que se derogue esa restricción a la enseñanza en inglés y en español. Aquellos que piensan que la enseñanza bilingüe imposibilita la asimilación de los latinos en la sociedad americana, están equivocados. Es más, los jóvenes latinos no desean abandonar el inglés, pues saben que es la lengua que deben manejar en las esferas sociales que permiten su ascenso. Prohibir la enseñanza en español y en inglés, generación tras generación, no es la solución.

Otro punto de nuestro vínculo más potente con el gigante norteamericano es el aprendizaje del español como lengua extranjera en Estados Unidos. Hay que tener en cuenta que si hay algo que ha caracterizado a los estadounidenses a lo largo de su historia es el escaso interés demostrado por sus administraciones en la enseñanza de lenguas extranjeras. Comparado con otros países, los EE.UU. tienen una política de enseñanza de idiomas muy poco desarrollada. De hecho, y como muy bien señalan desde el Ministerio de Educación, Cultura y Deporte de España ("Español como lengua extranjera"), en ese país no han implementado un currículo de enseñanza de lenguas extranjeras a escala nacional, en el que se detallen los objetivos, los métodos de enseñanza y los de evaluación. Es más, no existe ningún mandato federal que establezca la obligatoriedad de estas enseñanzas en ninguno de los niveles educativos. A nivel estatal y local, que es donde realmente se gestionan los contenidos curriculares, la importancia que se da al conocimiento de una segunda lengua varía mucho de un estado a otro y, por lo general, suele ser muy baja.

A pesar de todo, el aprendizaje del español en Estados Unidos ha crecido hasta convertirlo en la primera lengua extranjera estudiada en todos los niveles educativos. Dos son los factores favorables a este crecimiento: (1) la globalización de la economía y el auge de las naciones latinoamericanas de gran atractivo para los intereses estratégicos de Estados Unidos; y, como ya se ha explicado antes, (2) la creciente influencia de la (joven) población hispana en la política, la economía y la cultura del país. Si las predicciones son ciertas, para el año 2050 cerca del 24 % de la población estadounidense será de origen hispano. Estamos hablando de 112 millones de personas de un total de 438 millones. Con estos datos, los latinos se han convertido en un mercado muy interesante para las grandes compañías. Muchas de esas empresas ya se acercan a ese mercado utilizando anuncios en español, por lo que destinan mucho dinero a campañas publicitarias en nuestro idioma. En la actualidad, el mercado laboral estadounidense ya recompensa la habilidad de los trabajadores para comunicarse indistintamente en inglés y en español. Miles de estudiantes, hispanoparlantes o no, y pese al poco interés de las instituciones académicas estadounidenses, se matriculan cada año en clases de español.

En su artículo "Español y lengua hispana en los Estados Unidos de América" (2006), Francisco Marcos Marín reconocía el auge del aprendizaje del español en los distintos niveles educativos estadounidenses, pero también en centros de educación no reglados —como las academias. A día de hoy, el número de estudiantes de nuestra lengua en Estados Unidos asciende a más de 6.000.000. Marcos Marín (187) aseguraba también que el mercado no estaba saturado y que todavía había margen para un crecimiento de hasta el 60 %. En 2013, en el nivel universitario, por ejemplo, la enseñanza del español superaba ya la de los demás idiomas modernos combinados; con 790.756 estudiantes, el español superaba a los 771.423 de las otras lenguas combinadas (Martínez 30). Dado este interés, no es de extrañar que España se haya convertido en lugar de llegada de numerosos estudiantes estadounidenses que quieren aprender o perfeccionar nuestra lengua. Con cerca de 27.000 estudiantes, España es en la actualidad el tercer destino preferido por los jóvenes estadounidenses para estudiar fuera de su país —sólo por detrás del Reino Unido e Italia.

Queda por predecir el futuro de la enseñanza del español en los Estados Unidos. La profesora cubanoamericana Ofelia García en su artículo "La enseñanza del español como lengua extranjera" reconocía que hay varios factores que afectarán el futuro de la enseñanza de nuestra lengua en ese país. Por un lado, hay que tener en cuenta el desinterés de las autoridades educativas de aquel país que, poco a poco, está cambiando. También hay que considerar la creciente y pujante comunidad hispana que demanda una educación bilingüe; y, como señalé, la transformación de este grupo en una oportunidad de mercado para las grandes empresas, cuyos empleados tendrán que dominar el español para dirigirse a ese segmento de población. Por último, reforzar y asegurar el papel de España como motor de la enseñanza de su lengua, pero siempre 'hombro con hombro' con los países con los que compartimos ese patrimonio lingüístico común —y me consta la gran labor realizada en este sentido, por ejemplo, por el Instituto Cervantes en general, y el de Nueva York en particular. Una vez casen todos esos elementos, el futuro de la enseñanza del español en Estados Unidos estará asegurada.

Para hacer que ese futuro tanto del español como de su enseñanza en los Estados Unidos siga siendo brillante, el City College of New York Division of Interdisciplinary Studies, el Instituto Cervantes de Nueva York y el Instituto Franklin de la Universidad de Alcalá organizaron en mayo de 2016 en Nueva York la segunda edición del Congreso internacional sobre vínculos históricos entre España y Norteamérica. Una conferencia que, desde distintas ramas de conocimiento, puso de manifiesto la extensa y variada relación entre España y los países de la América del Norte, en especial los Estados Unidos. Esta edición recoge parte de los trabajos presentados en esa conferencia. Para su presentación, se han organizado en torno a tres grandes áreas temáticas: (1.) "Vínculos políticos, económicos y sociales entre España y Estados Unidos: una reflexión histórica"; (2.) "Intercambios artísticos, culturales y religiosos"; y (3.) "A través de la mirada española, a través de la mirada estadounidense: buscando entender al otro". Quiero volver a enfatizar los enfoques multidisciplinares e interdisciplinares de estos bloques, y añadir su carácter bilingüe, pues español e inglés son los idiomas oficiales de la conferencia.

La primera de las áreas, **"Vínculos políticos, económicos y sociales entre España y Estados Unidos: una reflexión histórica"**, comienza con tres trabajos sobre economía. En "Virginia Tobacco: an Alternative to Consumption during the Peninsula War", Pelayo Fernández analiza cómo el tabaco de Virginia sirvió como sustituto del producto colonial durante la Guerra de Independencia Española como consecuencia del bloqueo francés. Por su parte, Miguel Ángel Villacorta apunta por qué las empresas ferroviarias españolas hubieran sido mucho más efectivas de haber implementado el modelo estadounidense decimonónico, tal y como explica en "Avances organizativos, de gestión y contables realizados por las empresas estadounidenses en el siglo XIX. Nivel de incorporación a las ferroviarias españolas". Y, por último, José Manuel Estévez ofrece su visión de especialista sobre los beneficios económicos de un transcendental acuerdo, la Asociación Transatlántica para el Comercio y la Inversión (ATCI) o TTIP, por sus siglas en inglés, que, dados los nuevos pactos internacionales que están teniendo lugar en el mundo, es de gran importancia para Europa y Estados Unidos.

Desde el punto de vista de los vínculos políticos, María Antonia Peña indaga en cómo el pensamiento liberal, a pesar de las claras diferencias y singularidades entre España y Estados Unidos, permitió un intercambio que sirvió para definir nuevas formas de gobierno, y dio lugar a un proceso de cambio político que la autora define como transnacional. Susana Sueiro también utiliza otro pensamiento, el anarquismo, para evidenciar su transnacionalidad a partir de la figura del anarquista español residente en Estados Unidos, Pedro Esteve. Por otra parte, Vassar College es el epicentro de los artículos escritos por Carmen de la Guardia y Elena Sánchez de Madariaga. Ambas autoras recogen en sus trabajos, cómo la constitución de una red de mujeres neoyorquinas, procedentes en su mayoría del mencionado College, y españolas exiliadas, como profesoras de Vassar, sirvieron para proporcionar ayuda y cuidado a los refugiados y exiliados españoles en Estados Unidos, y para difundir el amor a nuestro país entre numerosos estudiantes de esa institución.

En "U.S. and Spanish Women: Influx and Activism in the Seventies", Montserrat Huguet y Francisco Rodríguez buscan trazas de la influencia del movimiento antinuclear feminista estadounidense y del feminismo en general en la España de finales del franquismo y comienzo de la democracia. Esta primera área finaliza con dos trabajos relacionados con las relaciones transatlánticas. El de Gema Pérez delinea la comprometida relación hispano-estadounidense con la llegada del socialismo al poder en 1982, unos momentos en los que el antiamericanismo era obvio en amplios sectores de la población española. Y Cristina Crespo nos ilustra con la 'relación especial' que se crea entre la Administración del presidente George W. Bush y la de José María Aznar, lo que provoca un giro en el antiamericanismo de gobiernos anteriores, hacia una posición claramente atlantista.

El segundo bloque, **"Intercambios artísticos, culturales y religiosos"**, comienza con el trabajo de Alberto Carrillo, quien en "The Reception of Spanish Civil War Music in the USA (1937-2014)" señala la influencia cultural que España ha ejercido y sigue ejerciendo en determinados círculos de Estados Unidos a partir de la música de la Guerra Civil. La acogida del arte moderno español en Estados Unidos, gracias a la ayuda del que fuera conservador, escritor y crítico de arte James Johnson Sweeney, es el eje analítico del trabajo de Beatriz Cordero en "The Fundamental Role of James Johnson Sweeney in Promoting Spanish Artists in the United States (1934-1975)".

El cine, como creación artística y cultural, lleva a Santiago Fernández y Roberto Álvarez a estudiar, desde el punto de vista de la censura, la recepción del cine estadounidense durante la dictadura del General Franco. Sirviéndose de la archiconocida película *Gentleman's Agreement* (1947), los autores exponen la arbitrariedad del sistema de censura franquista y su naturaleza perjudicial para la imagen de España en el extranjero. Hamilton M. Stapell, por su parte, argumenta las razones por las que la España de los años ochenta del siglo XX podría ser una excepción en Europa al creciente antiamericanismo cultural apreciado en países como Francia o Alemania. A partir de los productos culturales estadounidenses, los españoles, nos dice el autor, los utilizaban para sus propios intereses; a saber, desarrollo económico, prestigio internacional y una sensación de integración internacional. Y, en "España: territorio de rodaje para el cine estadounidense" de Aertsen, Gámir y Manuel, se nos explica por qué España se ha convertido en el lugar perfecto para el rodaje de determinadas temáticas narrativas de origen estadounidense.

Acaba esta segunda parte con dos estudios sobre la presencia de españoles en Estados Unidos y su relación con el catolicismo. Miguel Ángel Hernández Fuentes nos cuenta en "Españoles y católicos en Manhattan a mediados del siglo XIX" algunos rasgos inéditos de la vida religiosa de los españoles que vivieron su fe por las parroquias diseminadas por Manhattan durante el segundo tercio de ese siglo. Esos españoles colaboraron significativamente en la construcción de la naciente iglesia neoyorkina, aunque su configuración recayera en la numerosa colonia irlandesa de la ciudad. Por último, José Ramón Rodríguez narra en "Las redes católicas entre España y los Estados Unidos de

América (1939-1957)" la colaboración entre los católicos españoles y los estadounidenses desde el XVII Congreso internacional de *Pax Romana*, celebrado entre Washington DC y New York en 1939, hasta la llegada al poder en España de una nueva generación de católicos forjados en el Opus Dei a finales de los años cincuenta del siglo pasado.

Para finalizar, la tercera parte, **"A través de la mirada española, a través de la mirada estadounidense: buscando entender al otro"**, está dedicada, precisamente, a ver cómo han sido percibidos distintos aspectos de la vida de España por los estadounidenses o de los Estados Unidos por españoles o latinoamericanos con fuertes lazos con España. Carlos Herrero, en su trabajo *"Pastoralis et Latro*. Estereotipos clásicos, Washington Irving y España", demuestra cómo en la obra de Washington Irving es posible encontrar imágenes y estereotipos sobre el pueblo español extraídos de forma literal de las lecturas que el estadounidense realiza de autores clásicos, lo que mediatiza sus interpretaciones. Helene Remiszewska analiza cómo la figura de Colón es recreada por el autor estadounidense Herman Melville en *Benito Cereno* a partir de textos contemporáneos y de la cultura popular, significando la importancia del legado del navegante en la imaginación estadounidense. Por su parte, María José de Lara, en "De Washington Irving a Gertrude V. Whitney: un siglo de relaciones culturales entre Estados Unidos y España en torno a la historia del Descubrimiento de América (1828-1929)", nos muestra cómo la idea romántica del Descubrimiento y la figura de Cristóbal Colón sirvió para instituir un reconocimiento por parte de los Estados Unidos a los lugares y gentes en los que se germinó el encuentro con América.

Los siguientes cinco textos buscan la mirada española en Estados Unidos. Comienzan con el trabajo de María Luisa Candau, quien nos presenta a Emilia Serrano, Baronesa de Wilson, que fue la primera fémina en recorrer en solitario el continente americano de sur a norte, en el último tercio del siglo XIX. A continuación, Rosario Márquez contextualiza la figura de Carolina Marcial Dorado, española residente desde principios del siglo XX en California. Una mujer que inició el reconocimiento de los vínculos históricos entre ambos países, y, especialmente, la importancia de las misiones franciscanas establecidas a lo largo del Camino Real de Alta California.

El profesor Nacho Guijarro nos maravilla con un artículo sobre la figura del escritor y poeta Luis Cernuda, cuyo exilio en Estados Unidos le permitió disertar sobre diferentes temas relacionados con ese país y recogidos en su ensayo autobiográfico "Historial de un libro". El artículo de Nieves Verdugo nos documenta sobre la importancia que tuvo la Hispanic Society of America en el desarrollo de la arqueología en la Andalucía de principios del siglo XX. Y María Losada nos deleita con un artículo sobre la escritora y periodista estadunidense Jenny Ballou, quien describe la España de comienzos del siglo XX con una perspectiva muy alejada de la romantizada del siglo XIX.

Esta tercera parte y el libro terminan con dos artículos que nos dan la visión latinoamericana de los vínculos históricos entre España y Estados Unidos. La profesora Susana Maiztegui señala en "Sarmiento: de España a Estados Unidos", cómo el intelectual argentino Domingo Faustino Sarmiento achaca, en el siglo XIX, la inferioridad de las excolonias españolas y su déficit intelectual e industrial a la herencia recibida de la madre patria. Hecho este que para Sarmiento se engrandecería al viajar a Estados Unidos y comparar la prosperidad, la libertad y la iniciativa comercial existentes en las antiguas colonias inglesas. El broche de oro a esta edición lo pone Alberto Manguel, de quien poco se puede añadir a lo que ya se ha dicho en otras ocasiones. Manguel es profesor, escritor, traductor, editor, crítico literario, académico de número de la Academia Argentina de las Letras y director, desde 2015, de la Biblioteca Nacional de la República Argentina. Gracias a su artículo "Bartelby of La Mancha", podemos conocer también la relación de otro argentino, Jorge Luis Borges, con España y con Estados Unidos. Manguel indaga en los escritos borgianos para encontrar un denominador común entre la literatura de ambos países, principalmente entre el Bartelby de Melville y el Don Quijote de Cervantes.

Quisiera terminar este capítulo de introducción reconociendo tres cosas: 1) que es necesario seguir fomentando los vínculos históricos entre España y los Estados Unidos, y que congresos como el celebrado en Nueva York, y antes en Alcalá de Henares, sirven para difundir esas relaciones; 2) que para que los vínculos sigan fructificando es tan necesario el hacer presente la presencia histórica española en Estados Unidos, como es hacer visible esa misma presencia en España; y 3) que el español sigue y seguirá teniendo su sitio en los Estados Unidos, incluso sorteando los muros que se le vayan emplazando en su camino. Por eso, y para acabar, quiero agradecer a los profesores Juan Carlos Mercado y Carlos Aguasaco, y a su equipo del City College of New York Division of Interdisciplinary Studies, y a Ignacio Olmos, director del Instituto Cervantes de Nueva York, la posibilidad de haber comenzado una aventura tripartita junto al centro que dirijo que, espero y deseo, tenga un largo recorrido. Y, por supuesto, darle las gracias al equipo del Instituto Franklin de la Universidad de Alcalá, en las figuras de su coordinadora general, la Dra. Cristina Crespo, y de Cristina Stolpovschih, sin las que la edición de este libro hubiera sido imposible.

Bibliografía

Ash, Katie. "Calif. Bill Would Repeal Bilingual-Education Restrictions." *Education Week* 33.23 (2014): 6. Web. <http://www.edweek.org/ew/articles/2014/03/05/23bilingual.h33.html>

Cañero Serrano, Julio. "Spain is back". *Tribuna Norteamericana* 18 (2015): 36-37.

---. "Un aliado fiable... y viceversa". *Tribuna Norteamericana* 18 (2015): 34-35.

Carter, Phillip M. "Why this bilingual education ban should have repealed long ago." *CNN.* CNN, 4 de marzo de 2014. Web. <http://edition.cnn.com/2014/03/04/opinion/carter-bilingual-education/>

"Español como lengua extranjera". *Ministerio de Educación, Cultura y Deporte.* n.d. Web. <http://www.mecd.gob.es/canada/estudiar/espanol-lengua-extranjera.html>

García, Ofelia. "La enseñanza del español como lengua extranjera". *Enciclopedia del español en los Estados Unidos*. Instituto Cervantes. Alcalá de Henares: Santillana, 2009. 423-428.

Lopez, Mark Hugo. "In 2014, Latinos will surpass whites as largest racial/ethnic group in California." *PewResearchCenter*. Pew Research Center, 14 de enero de 2014. Web. <http://www.pewresearch.org/fact-tank/2014/01/24/in-2014-latinos-will-surpass-whites-as-largest-racialethnic-group-in-california/>

Marcos Marín, Francisco A. "Español y Lengua Hispana en Estados Unidos". *Enciclopedia del español en el mundo*. Instituto Cervantes. Barcelona: Plaza & Janés, Círculo de Lectores, 2006. 178-187.

Martínez, Daniel A. *Hispanic Map of the United States 2016*. Observatorio de la lengua española y las culturas hispánicas en los Estados Unidos. Dir. Francisco Moreno-Fernández. Informes del Observatorio, 2016.

Rupérez, Javier. *Memoria de Washington. Embajador de España en la Capital del Imperio*. Madrid: La Esfera de los Libros, 2011.

PART I.

POLITICAL, FINANCIAL, AND SOCIAL LINKS BETWEEN SPAIN AND THE UNITED STATES: A HISTORICAL CONSIDERATION

PARTE I.

VÍNCULOS POLÍTICOS, ECONÓMICOS Y SOCIALES ENTRE ESPAÑA Y ESTADOS UNIDOS: UNA REFLEXIÓN HISTÓRICA

AN ALTERNATIVE TO CONSUMPTION DURING THE PENINSULAR WAR

Pelayo Fernández García
Junta General del Principado de Asturias

INTRODUCTION

If we exclude books from 17th and 18th centuries, focused on description of this new American plant or its supposed virtues, the historiographical writings concerning tobacco in Spain will not appear until the first decades of the 19th century, linked with liberalism and several debates concerning its national monopoly. It will not be until the middle of the 20th century that we find more scientific studies on the subject. The thesis of José Castañeda analyzing consumption and management of the tobacco monopoly in Spain was a pioneer, as was the work of José Pérez Vidal —from the point of view of cultural anthropology— centered on its farming, consumption, fabrication, and distribution. José Manuel Rodríguez Gordillo took the leading position after those first serious studies, and from the seventies onwards, he would contribute to the study of tobacco's consumption and its rent. Nevertheless, historical production would increase during the nineties, and the 21st century is already witnessing plenty of studies from a small team of historians focused mainly —but not only— on the use and consumption of tobacco in the 18th century (Álvarez, Gálvez Muñoz, and Luxán 20, 22-23, 26).

Regarding Virginia's tobacco and its consumption in Spain, it is fair to admit that it has not been studied as in depth as that of the Spanish American colonies or in Brazil, mostly because its presence has not been as relevant on the Iberian

Peninsula as that of the latter. Nevertheless, sometimes it appears in works with a broader focus, or even as the main one. Brad Andrew researched the long-term economic impact on a region of Virginia, a manufacturing one in Glasgow in the 18th century, and their mutual relationship; maybe some of his conclusions could be extrapolated to the Spanish reality (Alonso Álvarez, Gálvez Muñoz, and Luxán 33).

First Historical Contacts with Tobacco

The historical origin of tobacco dates back to the first voyage of Christopher Columbus, when he and his sailors found the natives of San Salvador smoking rolled leaves; they also found this custom widespread on the other islands, including Cuba, where it seemed to be especially popular. However, even before that, Columbus mentioned the natives delivering those leaves as a gift to him and his men after his first landing (Guarnido Olmedo 148-149).

Although different authors —Pedro Martin de Anglería, Fernández de Oviedo, etc.— refer to tobacco as an "intoxicating plant," the natives seemed to use it primarily as a medicinal one (Guarnido Olmedo 150-151), a similar status that it would also have in Europe during its first centuries on that continent. Nevertheless, this narcotic character of tobacco also comes related to an important component of addiction that quickly generates dependency, a fact already found by Bartolomé de las Casas in his comments about its consumption. During the following centuries, we can also find many testimonials focused on the addictive component of tobacco (López Linage & Hernández Andreu 48).

Regarding the medicinal character of the plant, we can find all kinds of opinions, from those who recommended it as almost a universal panacea —as occurred in Germany or the Netherlands— to those who were opposed to its medicinal use —considering it even harmful. There were people who only recommend its restricted use for very specific practices and ridiculed its alleged excessive virtues (54-55), some of those being to favor the expectoration of phlegm (Lavedán 25-26), giving rest to the body (27-28), sharpening of senses, cleaning the brain, and improving digestion (81-82).

Respecting tobacco's cultivation, the Spaniards promoted it in Cuba in the early 16th century, where conditions favored its growth. Soon, tobacco was all around the world through trade, despite some opposition to its consumption and even prohibitions by two separate Popes —Urban VII and Innocent XII— which would be reversed later by Benedict XIII. With its consumption extended, and therefore so too its commercial potential, several nations adopted tobacco as a source of economic benefits from the colonies: Spain from New Spain; France from Guyana; Portugal from Brazil, and England from its colonies on North America, including Virginia (Guarnido Olmedo 150-152).

This does not necessarily mean that Spain had no problems for its introduction; Queen Isabella the Catholic forbade the use of the new plant in churches, considering its consumption irreverent. Catholic missions, especially those of the Jesuits, fought against prejudice raised against tobacco, encouraging its cultivation to help the natives welcomed on their missions (Guarnido Olmedo 153-154).

In the Spanish case, early use of tobacco extended through workers —slaves, sailors and soldiers— before reaching the privileged classes (López Linage & Hernández Andreu 20). Concretely, sailors were the main collective responsible for the assimilation of the new plant and the diffusors of its various uses to other Spanish colonies and the metropoles, from which it spread quite quickly to Portugal, France, and the rest of the world (Rodríguez Gordillo, *La difusión* 151). In Spain, the increasing importance of tobacco's consumption was shown by the foundation of the tobacco factory in Seville around 1620, the first one in Europe (187-188).

Consumption, firstly met through smoked rolled leaves, was nevertheless mostly extended in Europe —beginning at the 17th century— with the use of snuff or powder tobacco, prepared with other odorants and allowing a more discreet social use (López Linage & Hernández Andreu 66). This consumption of snuff would prevail until the late 18th century, when the preponderance of the so-called tobacco smoke began (Rodríguez Gordillo, *La difusión* 195).

Tobacco in Spain

Spain's tobacco supply came mainly from the area of the West Indies, although tobacco from Brazil had free trade and the tobacco from Virginia —first a British colony, later a state of the United States of America— crept into the tobacco market too. Of course, we speak of the period before 1636, when the monopoly of tobacco is set in Spain. Thereafter, the limited cultivation of tobacco in the metropolis went underground, and improper importation of tobacco from places other than the Spanish territories —and even from them, if uncontrolled— was considered smuggling, but also endured (López Linage & Hernández Andreu 67), despite the severe penalties stipulated to offenders (Pérez Vidal, *Historia del cultivo* 31). In this sense, tobacco grew in importance during the implementation and extension of the Spanish colonial process, but despite the supposed status of monopoly, Spanish colonial production had to compete with Portuguese and English —later American— trade (Rodríguez Gordillo, "El estanco del tabaco" 596-597).

However, tobacco's monopoly allowed the Spanish state to take advantage of price modification during wartime —in fact, wartime was the main reason to have such a monopoly in the first place— enabling it as an economic resource, a fact observed repeatedly throughout the 17th century. One consequence of this, however, is that it encouraged the smuggling which led in the 19th century to different political positions on both issues: those who defended the increase in revenue with the price increase, and those who preferred reasonable prices to reduce smuggling. In fact, actions were taken in the latter sense during the Peninsular War to cover war costs (De Luxán Meléndez & Gárate Ojanguren 292-295).

Fraud in the tobacco trade was a constant from the implementation of the Spanish monopoly, principally through the smuggling of foreign product into the Iberian Peninsula, but also through the pilfering of Spanish colonial tobacco to be sold in international markets (Rodríguez Gordillo, *La difusión* 248-251). Smuggling, in that sense, was mainly a competitive problem with an illegal competitor that introduced uncontrolled tobacco to the mainland (González Enciso, "Tabaco y hacienda" 64). The fight against smuggling was harsh because of its intensity through the abundant shores of the Portuguese border, and because it severely affected Spanish income, providing both raw materials and processed tobacco without the control of the official market (González Enciso, "Presentación" 14).

However, legally or illegally, Brazilian tobacco still held an important position in the Spanish market. Likewise did Virginia tobacco, although later —from the middle decades of the 17th century— and evolving from snuff consumption to smoke tobacco during the 18th century —although not limited to only one use. We must keep in mind that wars altered tobacco's flows to the metropolis, forcing management changes on the Spanish monopolistic rent. Wars also caused shifts between situations of shortage and abundance, both in Havana's factory warehouses and the metropolis' stores, with these irregularities harming the trade itself. Local consumption suffered equally depressing effects, especially intense during the Peninsular War.

Virginia tobacco and its presence in Spain

John Rolfe started tobacco's cultivation in Virginia in Jamestown in 1612. From the beginning of this small-scale farming, production of tobacco in Virginia and Maryland grew rapidly, being the only agricultural product that colonials could export to Europe in exchange for the manufactured goods they needed. In 1616, cultivation was already widespread in the colony, and in 1619 about nine tons of tobacco sailed to England (Garner,

Allard, & Clayton 44, 46). In the years before the independence of the American colonies, Virginia and Maryland sent to Britain around 96,000 barrels of tobacco, of which only 13,500 they were consumed in British territory, targeting the rest to European trade (R. A. 32).

By then, cultivation of tobacco had been stabilizing in the area for decades. The initial crops, in imitation of Native Americans, were based on the variety *Nicotiana rustica*, but this was soon replaced by the *Nicotiana tabacum*, which is generally considered as imported from South America. In 1632 a law already specified that only the "long classes" should be cultivated, demonstrating the diversity of the plant (Garner, Allard, & Clayton 44). Some literature distinguishes *Nicotiana tabacum* as broadleaf tobacco —as distinguished from the one with narrow leaves that has been described sometimes as very long and spearhead-shaped— (Comín & Aceña 3) and that would be identified later as Virginia tobacco. Ssometimes they appear in botanic studies as different plants, identifying the last one as *Nicotiana rustica*. (R. A. 22). Although very modified later, most tobacco grown in the United States derives from two original types called "Virginia" —or "Orinoco"— and "Maryland Broadleaf," with different varieties and sub-varieties of the product appearing over the centuries. (Garner, Allard, & Clayton 45).

Meanwhile, relevance of tobacco's consumption was gradually increasing in Spain, parallel to its monopolistic income. In fact, in the late 17th century we find that the introduction of Virginia tobacco on the Iberian Peninsula overcame the arrival of tobacco from Spanish colonies, although still below that of Brazilian tobacco (Rodríguez Gordillo, "La influencia" 232-234). Although there were attempts to stop the advance of British products in Spain, these were not effective; in the early 17th century we find complaints about Virginia tobacco hurting Cuban production, like Brazilian sugar did with its Cuban equivalent (241-242).

It was mostly the British presence in Gibraltar which fostered this development of the Virginia tobacco in the Spanish market, since American independence would not be obtained until the end of the century (Rodríguez Gordillo, "El estanco"

600-602). Nevertheless, the Virginia tobacco presence in the Iberian Peninsula existed even before the beginning of Spanish tobacco monopoly. Also, illegal trade in Spain had previously been favored by the growing power of England, who forced Spain to give up certain commercial facilities —freedom of anchor in Spanish ports, exemption from registration before landing, laxity in fraud penalties imposed, etc.— to British ships (López Linage & Hernández Andreu 84).

However, the Spanish desire for state control of the entire tobacco market in the metropolis did not legislate which genres of tobacco could enter such a market. Even if Spain wished all of it could come from the Spanish colonies, it was only a hopeful aspiration (Solbes Ferri 130). The Spanish government could not control in any way consumer tastes or consumption fashions, and against the snuff manufactured in Seville grew the demand for consumption of smoke tobacco. Therefore, Seville's industry had to start producing this type of product using raw materials from Brazil or Virginia, more suitable for smoke consumption (138-139). In 1770, 17.9 % of tobacco consumed in Spain was from Brazil, and 7.8 % was Virginia tobacco (Torres Sánchez 417).

The second half of the 18th century was the golden age of shipments of Cuban tobacco toward the metropolis. Nevertheless, and although the main enemy was Brazilian tobacco, it is known that Virginia tobacco took the Spanish market in the first half of the 19th century, reaching about 80 % of it versus 17 % of Cuban tobacco. Wars during the end of the previous century reduced exportation of the latter product, which would not recover (De Luxán Meléndez & Gárate Ojanguren 297). Although easily found in international redistribution centers such as London, Amsterdam, or Bordeaux —or even Spanish ports such as Cadiz, Malaga, Bilbao, and San Sebastian— it is remarkable how Virginia tobacco progressed, given that not long before it was used only as the "guts" of manufactured cigars made principally from other sources (Solbes Ferri 139). Its importance had been increasing in the late 18th century due to the confluence of demand for cigars, several setbacks in Cuba's tobacco production, and the rising trade of the U.S. (Torres Sánchez 423-425).

Virginia Tobacco and the Peninsular War

Of some importance in the late 17th century, tobacco consumption increased significantly during the first decades of the next century; thereafter only some smoothing values between the sixties and eighties of the 18th century broke that trend during the Early Modern Age (Solbes Ferri 139). In fact, the first decade of the 19th century remains equally in a strong upward trend, and everything suggests that would have continued had the French not invaded the Iberian Peninsula which began the Peninsular War in 1808. Although official tobacco consumption would not stabilize until the twenties of the 19th century, it would do so with values as positive as before the war, and would even overcome them in a couple of decades (González Enciso, "Tabaco y hacienda" 45-46).

One of the four most important monopolies of Spanish finances, tobacco income, plummeted during the crisis of the unexpected Napoleonic invasion of Spain during the passage of his troops on their way to Portugal, and the subsequent uprising to regain national independence —the so–called Peninsular War (55). During this war, we find that English trade further intensified thanks to their alliance against their common French enemy. In addition, the military and political situation of Spain did not allow for the purchase of essential war supplies such as weapons, clothing, food products, and more. However, due to the Napoleonic blockade, the Spanish patriotic army could only be supplied from Portugal or Galicia (Gárate Ojanguren 1767). As the British found it difficult to trade with its former American colonies, they traded indirectly with them through intermediaries with the goal of supplying Spain, a process that would increase over the war in parallel with the needs of the Spanish army (Gárate Ojanguren 1769).

Thus, between the spring and early summer of 1809, we find some correspondence talking about the fate of the Portuguese ship *Our Lady of Good Success*, one case of this intermediary English trade. Its supervisor, Manuel Flórez Méndez, wrote from London to the Junta of the Principality of Asturias how he had stipulated Josef Francisco Rodríguez as the captain of the brigantine. The plan was that the brig "would make its cruize to Gixón (sic), or Seville in the case of that first herborough were occupied by the enemy, [...] to avoid that, for lack of news, might be surprised with the haul." Because of the blockage of the boat on the Thames with "twelve barrels of Virginia tobacco" —among other products "all belonging to the Spanish Government"— Flórez Méndez, war commissioner of the Junta, required further instructions because of "the infaust news of being the province of Asturias into French hands." Finally he received new ones, recommending that:

> Go such vessel to Seville [...], but if possible without causing higher expenses, it beseemed it wait there a few days, [...] in case we had favorable news that the Principality or Galicia would be free of enemies, in which case would provide the sending of these relief for our army there, or for the aid of those provinces, both of them highly in need. (Velasco Rozado, *Romana* 54)

The charter of *Our Lady of Good Success* directly linked to the context of the Peninsular War in Asturias, was assigned:

> Among the means employed by the Junta of the Principality of Asturias to sustain the army who had raised, one of them was to verify the sale of the stock from the seizure of the French ship *Pactolus*, to provide its army with the items of its required subsistence. (59)

In this context, the schooner *Constancia* was sent to London to trade this stock, but also requested permission to the Spanish West India Company for this trade, since such products fell within the jurisdiction of their privileges. Fortunately, its directors "pronounced willingly to the suggested application, because it participates the cause of Spanish patriots in this business" (89). However, shipment of this stock should depart in the Portuguese brig, because English law did not allow the departure of ships under 100 tons. Finally, and due to the liberation of Asturias during the summer, the Portuguese ship was sent to Gijón, where it was received with joy, given that "one of the commodities that were most lacking in Asturias was tobacco" (152). This last remark should be considered especially during wartime, and because of the social consideration of tobacco, which stood out as a source of solace for the average person to endure the misery, hunger, and adversities (Pérez Vidal, *Historia del tabaco*).

Conclusion

To what extent can this example be considered representative of Virginia tobacco as one alternative to the Spanish colonies' own production during the Peninsular War? There are several points biased in favor of this hypothesis, the most important being the difficulty of communication between the Spanish metropolis and its own colonies, and the United Kingdom as its main commercial support —which in the case of tobacco came with American trade. In addition, we already mentioned how consumption of Virginia tobacco in Spain came to reach 80 % of the whole during the first half of the 19th century, a fact perhaps encouraged by the greater flexibility of Spanish trade authorities during wartime. Illegal introduction of foreign tobacco did not cease to be persecuted, there were testimonies from a soldier fighting it in northern Spain in the early 19th century before the war (Velasco Rozado, *Cortes* 55-56), but it certainly was not be a priority after the French invasion. Commercial authorities turned to the acceptance of Virginia tobacco due to the difficulty of obtaining their own from the colonies, through a process in which British help was essential, and the situation also softened control over the importation of foreign products previously not allowed.

In any case, and although more in-depth analysis would be needed around the historical, economic, and commercial context surrounding tobacco during the Peninsular War, it seems that Virginia tobacco should have been the most viable alternative to consumption in the Iberian Peninsula during all these years, given the blockages arising from the war that prevented access to both Spanish and Portuguese tobacco. The continuity and development of this consumption once the war period ended, and the characteristics of this trade relationship with the United States of America, is another topic that shall need further research.

Works Cited

Alonso Álvarez, L., L. Gálvez Muñoz, and S. de Luxán, eds. "Introduction." *Tabaco e historia económica. Estudios sobre fiscalidad, consumo y empresa (siglos XVII-XX)*. Madrid: Fundación Altadis, 2006. 19-39.

Comín, F. And P. M. Aceña. *El negocio del tabaco en la Historia*. Madrid: Programa de Historia económica, 1998.

De Luxán Meléndez, S. And M. Gárate Ojanguren. (2012). La influencia de los conflictos bélicos imperiales en la definición del mercado tabaquero español durante el siglo XVIII. In A. González Enciso, *Un Estado militar: España, 1650-1820* (pp. 291-316). Madrid: Actas.

Gárate Ojanguren, M. M. "Aspectos económicos de la Guerra de la Independencia española (1808-1814)". *XVIII Coloquio de Historia Canario-americana (2008)*. Ed. F. Morales Padrón. Las Palmas de Gran Canaria: Cabildo de Gran Canaria, 2010. 1743-1794.

Garner, W., H. Allard, and E. Clayton. *El tabaco en los Estados Unidos. Genética, historia del cultivo, descripción de variedades, etcétera*. Madrid: Servicio Nacional de Cultivo y Fermentacion del Tabaco, 1940.

González Enciso, A. "Presentación". *Tabaco y economía en el siglo XVIII*. Eds. A. González Enciso and R. Torres Sánchez. Pamplona: Universidad de Navarra, 1999. 9-33.

---. "Tabaco y hacienda, 1670-1840". *Tabaco e historia económica. Estudios sobre fiscalidad, consumo y empresa (siglos XVII-XX)*. Eds. L. Alonso Álvarez, L. Gálvez Muñoz, and S. de Luxán. Madrid: Altadis, 2006. 43-69.

Guarnido Olmedo, V. "Orígenes, expansión, producción y mercado del tabaco en España". *Cuadernos de geografía* 13 (1983): 147-180.

Lavedán, A. *Tratado de los usos, abusos, propiedades y virtudes del tabaco, café, té y chocolate.* Madrid: Imprenta Real, 1796.

López Linage, J. and J. Hernández Andreu. *Una historia del tabaco en España.* Madrid: Ministerio de agricultura, pesca y alimentación, 1990.

Pérez Vidal, J. *Historia del cultivo del tabaco en España.* Madrid: Servicio Nacional de Cultivo y Fermentación del Tabaco, 1956.

---. *España en la Historia del tabaco.* Madrid: CSIC, 1959.

R. A., J. *Historia del tabaco. Modo de cultivarlo en América y Europa. Leyes a que está sujeto en aquella. Manera de fabricarlo. Virtudes, usos, y aplicaciones que tiene, etcétera.* Madrid: Imprenta de Vega y compañía, 1807.

Rodríguez Gordillo, J. M. *La difusión del tabaco en España: diez estudios.* Sevilla: Universidad de Sevilla, 2002.

---. "El estanco del tabaco y el modelo de gestión colonial en el siglo XVIII". *Ilustración, ilustraciones* (Vol. 2). Eds. J. Astigarraga Goenaga, M. V. López-Cordón Cortezo, J. Astigarraga Goenaga, and J. M. Urquia Echave. Donostia-San Sebastián: Real Sociedad Bascongada de Amigos del País: Sociedad Estatal de Conmemoraciones Culturales, 2009. 595-616.

---. "La influencia del tabaco de Virginia en la configuración del mercado español en la 2ª mitad del siglo XVII". *Mirando las dos orillas: intercambios mercantiles, sociales y culturales entre Andalucía y América.* Eds. E. Vila Vilar and J. J. Lacueva Muñoz. Sevilla: Fundación Buenas Letras, 2012. 227-251.

Solbes Ferri, S. "Abastecimiento y distribución de tabacos en el marco el estanco general español (siglos XVII-XVIII)". *Tabaco e historia económica. Estudios sobre fiscalidad, consumo y empresa (siglos XVII-XX).* Eds. L. Alonso Álvarez, L. Gálvez Muñoz, & S. De Luxán. Madrid: Altadis, 2006. 121-148

Torres Sánchez, R. "Capitalismo internacional y política estatal. Los asientos de tabaco en español ante la segunda mitad del siglo XVIII". *Tabaco y economía en el siglo XVIII.* Eds. A. González Enciso, & R. Torres Sánchez. Pamplona: Universidad de Navarra, 1999. 415-456.

Velasco Rozado, J. *Papeles de la Guerra de la Independencia: de la constitución de la Junta Central a la convocatoria de las Cortes* (Vol. 1). Oviedo: Junta General del Principado de Asturias, 2008.

---. *Papeles de la Guerra de la Independencia: el proceso al marqués de la Romana* (Vol. 3). Oviedo: Junta General del Principado de Asturias, 2015.

AVANCES ORGANIZATIVOS, DE GESTIÓN Y CONTABLES REALIZADOS POR LAS EMPRESAS ESTADOUNIDENSES EN EL SIGLO XIX. NIVEL DE INCORPORACIÓN A LAS FERROVIARIAS ESPAÑOLAS

Miguel Ángel Villacorta Hernández
Universidad Complutense de Madrid

En el periodo 1900-1924 existían cuatro diferencias tecnológicas entre los ferrocarriles estadounidenses y españoles,[1] derivadas de su trazado, inmovilizados y equipamientos: mayor flexibilidad, gracias al empleo de las curvas de pequeño radio; mayor estabilidad de la vía, a causa del superior número de buenas traviesas sobre las que se asentaba; mayor suavidad del movimiento del material móvil, debida a los bogies que tenían los coches y vagones de tipo

---

1   Para comparar los rasgos característicos de los ferrocarriles estadounidenses y españoles en el periodo 1900-1924, la mejor fuente es acudir a los escritos de Maristany tras asistir al VII Congreso Internacional de Ferrocarriles celebrado en Washington. Aunque acabara de acceder a la Dirección de MZA, Maristany era ya en estos momentos un personaje muy conocido fuera y dentro del país por haber realizado, en su época de TBF, una obra compleja de ingeniería, el túnel de Argentaria de cuatro kilómetros, que le granjeó "un gran prestigio internacional". A su regreso, escribió un libro que tuvo gran resonancia, titulado "Impresiones de un viaje a Estados Unidos", donde Maristany (1905) detallaba sus observaciones respecto de la construcción y explotación de los ferrocarriles estadounidenses, cuya forma de explotación y gestión admira. El libro fue reproducido al año siguiente por la Revista de Obras Públicas (Maristany, 1906a, 1906b; 1906c). No fue el único caso en el que Maristany demostró conocer muy bien lo que sucedía en otros países. En 1911 realizó un extenso y meticuloso estudio comparativo sobre los conflictos ferroviarios en diferentes países (Maristany, *Huelgas*). En 1925, Maristany publicó en la Revista de Obras Públicas, un largo artículo donde compara el régimen ferroviario de Francia, EE.UU. y Gran Bretaña con el español después de la aprobación del Estatuto (Maristany "Algunas Indicaciones").

americano y, por último, mayor confianza en los trenes, por el freno automatico por aire comprimido.

A estas diferencias hay que unir otras cinco, derivadas de la organización y gestión de los ferrocarriles: el capital en Estados Unidos estaba basado en acciones, con gran importancia de las privilegiadas, además, muchas de estas acciones eran cotizadas, que eran rasgos no frecuentes en las ferroviarias europeas de la época, en tercer lugar existía una diferente concepción del poder respecto a lo usual en las ferroviarias europeas continentales de la época, en cuarto lugar, utilizaban modelos organizativos y de gestión muy desarrollados, y además existía una decidida aplicación de la Organización Científica del Trabajo en los talleres, y por último, existía una decisiva influencia de los militares en la formación de los directivos y en la organización de las empresas.

Capital basado en acciones, con gran importancia de las privilegiadas

El capital de las compañías estadounidenses —e inglesas— estaba formado por acciones ordinarias y privilegiadas, lo cual difiere mucho de lo que sucedía en la Europa continental, donde se financiaba casi exclusivamente por acciones ordinarias.

En Estados Unidos la financiación con acciones estaba equilibrada con los empréstitos, lo cual se parecía a lo que acontecía en Inglaterra. Ello difiere de lo que ocurría en España, Francia y el resto de países europeos continentales, en las que existía un notable predominio de los empréstitos sobre el capital (Maristany, 1906c 55).

En Europa Continental existía un único modelo de obligaciones, ya sea de carácter personal, como en Francia, o de carácter hipotecario, como en España. Por el contrario, en Estados Unidos casi todas las principales compañías poseían cuatro tipos: obligaciones hipotecarias similares a las que financiaban los ferrocarriles españoles (lo que suponían alrededor del 80 %); obligaciones diversas, formadas por un gran número de clases; obligaciones que tenían como única garantía el material móvil de la compañía; y por último, unas obligaciones cuyo único "seguro es el beneficio líquido de la compañía" (56), puesto que sólo serán atendidas después de haber satisfecho todas las cargas, lo cual les confiere similitudes con las acciones privilegiadas sin derecho a voto.

También existían diferencias en la amortización de las obligaciones. En la Europa continental las concesiones del ferrocarril eran concedidas por un tiempo determinado. Para amortizarla periódicamente se utilizaban anualidades, cuadros prefijados en la emisión o sorteos. Por el contrario, en Estados Unidos las concesiones eran a perpetuidad, por lo que al no existir una necesidad de amortización progresiva, no se utilizan estos métodos. Si se realizaba una emisión de empréstitos, el único compromiso que se adquiría era que la emisión estuviera amortizada en ese momento. Durante ese periodo se iba constituyendo un fondo de amortización para que al finalizar la vida del empréstito la emisión estuviese totalmente amortizada (56).

Muchas de las acciones eran cotizadas

Las ferroviarias estadounidenses fueron las primeras empresas financiadas por las instituciones financieras modernas (Chandler, *The Nation's First* partes II, IV, V y VI).

Las sociedades ferroviarias contribuyeron a la centralización del mercado de capitales estadounidenses en la ciudad de New York en la década que comenzó en 1850 (Chandler, *The Visible Hand* 179). Los instrumentos de Wall Street de los años noventa del siglo XIX se utilizaron casi exclusivamente para financiar los ferrocarriles, tanto es así que hasta 1900 casi todos los valores negociados en la Bolsa de Nueva York eran de ferrocarriles y de empresas estrechamente vinculadas a ellas.

Parte de la financiación de los ferrocarriles en el sigo XIX se realizó fundamentalmente por medio de los grandes bancos de inversión como J.P Morgan, Kuhn Loeb, Lee Higginson, Kidder

Peabody y Wislow Lanier; con el cambio de siglo estos bancos de inversión se dedicaron a financiar fusiones industriales (Chandler, *Scale and Scope* 91).

Diferente concepción del poder

En Estados Unidos el poder claramente estaba en los Consejos de Administración, y especialmente en sus presidentes y vicepresidentes. Ellos podían tomar ciertas decisiones sin necesidad de acuerdos con los accionistas: fijar dividendos, emitir empréstitos, aumentar o disminuir capital social, e incluso adquirir líneas o fusionar las suyas (Maristany, 1906c 56). Todas estas decisiones en Europa, por lo menos aparentemente, era de incumbencia exclusiva de la Junta General de Accionistas.

En esa época, el presidente del Consejo de Administración, poseía el Poder ejecutivo, pero también bajo su dependencia poseía "el poder legislativo representado por la Junta General de Accionistas" (Maristany, 1906b 25). Esto era más práctico, aunque chocaba con la separación de poderes de la cultura europea.

En Estados Unidos había varios consejeros o administradores, denominados vicepresidentes, que eran los verdaderos directores de los principales servicios del ferrocarril, y que desempeñaban un papel verdaderamente activo. El Consejo de Administración era más bien una reunión de directores que administraban y dirigían todos los asuntos del ferrocarril bajo las órdenes del presidente que hacía las veces de director general, y que en palabras de Maristany (25), era un "verdadero dictador de la compañía". No existía por tanto la separación que existía en Europa entre el Consejo de Administración y la Dirección de las compañías. En Europa el Consejo desempeñaba una función más pasiva, de inspección, consejo o alta dirección, pero no ejecutaba; frente a ello, en Estados Unidos, el Consejo hacía las dos cosas a la vez (25).

Modelos organizativos y de gestión muy desarrollados

En Europa el servicio financiero se limitaba a las operaciones de pago de cupones, amortizaciones, renovaciones de las hojas de cupones y similares. En Estados Unidos era frecuente que las compañías hicieran operaciones con acciones de otras empresas y con sus propios valores, lo cual quiere decir, "que juegan a la bolsa con las acciones y obligaciones que tienen en cartera" (25). Ellas consideraban esto como un medio de preparar la absorción de otras líneas o la fusión con otras compañías.

Las empresas estadounidenses estaban organizadas de forma que los servicios comerciales y financieros —incluído el servicio de contabilidad, caja e intervención de productos— estaban exageradamente centralizados en manos de los que manejaban el dinero. Por el contrario, los servicios llamados técnicos estaban muy descentralizados e incluso algunos empleados tenían campo libre para sus iniciativas, teniendo "gran responsabilidad de sus actos" (26), existiendo sobre ellos un "menor número de reglamentaciones" (Maristany, 1906c: 60).

En los ferrocarriles estadounidenses se da mucha más libertad a la explotación comercial, en manos del presidente (60), y teniendo por debajo a una verdadera nube de agentes que negociaban el transporte como cualquier comisionista de empresas comerciales.

Las compañías estadounidenses no presentaban una organización uniforme de los servicios (Maristany, 1906b: 25), cuando resultaban de una aglomeración constante y progresiva de redes pequeñas. Así también lo hizo MZA al fusionarse con TBF, todo lo contrario que hizo NORTE con sus fusiones. No es el único elemento en que MZA coincide con los ferrocarriles estadounidenses, pues ambos circulan por la derecha, mientras que NORTE y la mayoría de compañías europeas circulan por la izquierda (28).

En igualdad de condiciones, las compañías estadounidenses tenían la mitad de empleados por kilómetro de línea que los europeos.² De todos los servicios, en el de Movimiento era donde se notaba más la escasez de personal. Maristany describió como en las estaciones intermedias apenas había jefes de estación, ni guardagujas ni mozos. Esto es debido a que el personal de los trenes era el encargado de la seguridad de la marcha. Por tanto, en Estados Unidos el personal de los trenes era más numeroso que en Europa, mientras que el personal de las estaciones es más reducido en Estados Unidos (26).

Aplicación de la Organización Científica del Trabajo en los talleres

La expresión Organización Científica del Trabajo equivale al concepto en idioma inglés *scientific management* o *scientific administration*. Es el conjunto de técnicas cuyo objeto es la racionalización del trabajo para el logro de una Dirección más eficaz.

En los primeros años del siglo XX, muchas empresas de Norteamérica iniciaron con éxito en sus fábricas la reorganización del trabajo siguiendo los criterios establecidos por los expertos en eficiencia. El concepto de eficiencia se resume en la búsqueda del máximo rendimiento producido en el menor tiempo posible, lo que significaba el culto al menor consumo posible de energía, trabajo y capital durante el proceso de producción. El medio para conseguirlo pasaba indefectiblemente por la racionalización de los procesos productivos. Entre los expertos en eficiencia destacan Carl G. Barth, H.K. Hathaway, Stanford E. Thompson, Frank B. Gilberth, Henry L. Gantt, Morris L. Cooke y, el más relevante, Frederick W. Taylor. Todos ellos eran ingenieros descontentos con los métodos de dirección de las empresas tradicionales en un momento de gran avance tecnológico.

El término acuñado por Taylor y sus seguidores a principios del siglo XX, *scientific management*, es la plasmación

---

2   Maristany (1906b: 26) afirmaba que las grandes redes europeas presentan entre 8 y 10 empleados por kilómetro, frente a los 4 o 5 por kilómetro en Estados Unidos.

empírica de esa preocupación por utilizar racionalmente los recursos humanos y aprovechar al máximo el tiempo y la energía, mediante un conjunto de reglas basadas en la experiencia para la dirección de fábricas y talleres, entre las que se incluyen desde la disposición de los locales e instalación de maquinaria hasta los principios de contabilidad para calcular el coste y determinar la amortización. Taylor sostenía que con su sistema crecían los beneficios, aumentaba la productividad y desaparecían las divisiones de clase y, con ellas, los conflictos laborales, pues estaba convencido de que los verdaderos intereses de asalariados y patronos eran idénticos.

Taylor realizó experimentos de métodos de control de costes y tiempos de producción, los cuales se convirtieron en fuente de inspiración para quienes equiparaban el progreso industrial y social con el aumento de la eficiencia. Publicó dos obras fundamentales: *Shop Management* (1903) y *The Principles of Scientific Management* (1911). En la primera, Taylor se centraba en las técnicas de racionalización del trabajo a través del estudio de tiempos y movimientos y en sistemas de pagos por rendimiento a los trabajadores. En la segunda, concluía que dicha racionalización debía ir acompañada de una estructura general de la empresa, un sistema de organización científica del trabajo que hiciera coherente la aplicación de sus nuevos principios.

La Organización Científica del Trabajo se introdujo muy pronto en las empresas industriales norteamericanas. Cuando Taylor muere, en 1915, la Organización Científica del Trabajo se había convertido en realidad en unas 200 empresas norteamericanas, y seguiría extendiéndose a toda la economía a lo largo del periodo de entreguerras y durante los años de la Segunda Guerra Mundial. Sin embargo, en la industria ferroviaria su implantación fue limitada a los grandes talleres de construcción de material ferroviario y, en menor medida, a los grandes talleres de reparación de material rodante dependientes de las compañías ferroviarias.

La primera gran experiencia en los talleres ferroviarios fue la llevada a cabo en los talleres de Topeka (Kansas) por Harrington Emerson, discípulo y colaborador de Taylor. En 1904, el Atchison, Topeka and Santa Fe Railway le contrató para introducir en dichos talleres, los mayores de la red, el *scientific management*. Con ello, la compañía buscaba, sin incrementar la inversión, reducir los costes de reparación, aumentar la eficiencia de los equipos y del trabajo. Emerson presentó un plan completo de "gestión científica" que comportaba un incremento de la especialización y la estandarización; la centralización de los equipos y de las grandes reparaciones; un nuevo método de retribución que combinaba el salario por hora con un bonus basado en los estudios de tiempos (que sería muy criticado por trabajadores y sindicatos hasta su desaparición en 1918); y un sistema programado de reparaciones.

La segunda experiencia significativa en los talleres ferroviarios fue llevada a cabo por otro discípulo de Taylor: Henry L. Gantt en los talleres de la Canadian Pacific.

La tercera gran experiencia en los talleres ferroviarios fue realizada por Henry Ford en 1921. Para entonces Ford ya había puesto en marcha en Detroit el sistema de ensamblaje de su automóvil modelo T. Ford por medio de la Organización Científica del Trabajo: control de tiempos y movimientos, estandarización de herramientas y condiciones laborales, división del trabajo, separación de la concepción y dirección de la ejecución de las tareas, selección científica de las plantillas y educación de acuerdo con bases científicas. En 1921, Ford se hará cargo del Detroit, Toledo and Ironton Railroad al que aplicará las mismas técnicas.

En Europa, la difusión del taylorismo fue hasta entonces un fenómeno aislado, pues no se habían dado las condiciones idóneas para ello. El primer ingeniero europeo que aplicó las ideas y técnicas tayloristas fue el francés Marcel Bloch, jefe del servicio de Material y de los Talleres del Ferrocarril París-Orleáns. Tras un viaje a Estados Unidos, aplicó métodos tayloristas en los talleres de Tours y Périgueux desde 1912, llevando a cabo incluso una reforma de la contabilidad. En los años treinta, la "organización funcional del trabajo" ya se había generalizado en los talleres franceses de reparación de material móvil y motor. Así lo expuso en un meticuloso informe la comisión española de expertos de NORTE que, en el transcurso de 1933, visitó para su estudio diversos establecimientos de las ferroviarias francesas, entre ellas, Epernay, Hellemmes, Oullins, Tours y Perigueux.

Al igual que en Estados Unidos y Francia, en España la racionalización del trabajo en los ferrocarriles no fue fruto de una decisión concreta, sino el resultado de un proceso acumulativo que se fue desarrollando con el paso del tiempo. En España no hubo retraso en la divulgación de la idea, pero sí un gran retraso en la materialización práctica de los principios de la administración científica del trabajo al sector ferroviario, con especial atención al caso de los talleres de grandes reparaciones. Tanto que se puede afirmar que antes de 1939, el *scientific management* en España fue más teórico que práctico.

La primera experiencia divulgativa para incorporar estas medidas en España tuvo como pionero a un ingeniero de la Compañía NORTE. Vicente Burgaleta escribió un artículo decisivo para el desarrollo de la idea en España, en un momento en que el contexto general del país cuando se publicó era muy relevante. La Gran Guerra había provocado una espiral inflacionista a la que siguió una enorme conflictividad social que tuvo uno de sus epicentros en NORTE, concretamente en el servicio de Material y Tracción, del que Burgaleta era inspector. Para el autor, el conflicto entre empresa y sindicatos tenía su origen en la falta de estímulo para el trabajo, que se había originado por una defectuosa organización y remuneración del mismo, a la vez que por una relajación disciplinaria. Para el autor, la única solución para estimular directa o indirectamente a los trabajadores era "entrar de lleno en la organización científica del trabajo" (Burgaleta). Para Burgaleta muchos ingenieros ferroviarios habían oído hablar de los métodos de Taylor, pero muy pocos los habían comprendido en profundidad y menos aun los habían tratado de aplicar. El autor estableció las normas generales que debían implementarse en los talleres ferroviarios "para desarrollar en el obrero la confianza en sí mismo y estimularse en su trabajo" (Burgaleta): medición de tiempos y descomposición de tareas, tarificación de las diversas operaciones elementales, establecimiento de un jornal mínimo que solo remunerase la presencia, haciendo depender del trabajo efectuado el resto, elección del personal apropiado, contabilidad rigurosa, desaparición del trabajo por equipos, etc.

El primer intento relevante de realizar una experiencia práctica sobre los talleres ferroviarios fue la realizada por D.

Mendizábal en 1924, en el recién creado, por parte de MZA, taller de material fijo de Villaverde Bajo, dependiente del servicio de Vía y Obras y conocido como Taller Central o Taller de Puentes. Fue en este establecimiento, dotado de unas instalaciones y unos equipamientos modélicos, donde primero comenzaron las prácticas tayloristas en los talleres ferroviarios españoles (Martínez Vara y de los Cobos: 2007). Mendizábal sabía —y así se lo había manifestado ese mismo año al que era su director, Juan Abarca— que el éxito del taller no dependía sólo de que se dotase de unos equipamientos modernos, sino también de que el personal se organizara de acuerdo con "las teorías modernas" sobre dirección de empresas industriales (AHF C/661/2: Carta de Mendizábal al director del taller J. Abarca. 1924).

Influencia militar en la organización y formación de los directivos

Al igual que ocurrió en Europa, la dirección de las empresas ferroviarias fue asumida por ingenieros (Chandler, *The Nation's First* 16-40), que tenían una sólida experiencia en la construcción de líneas ferroviarias. La peculiaridad más destacable en Estados Unidos es que el modelo militar influyó en el *management* moderno, tanto es así que los ingenieros de West Point fueron los primeros que se dedicaron a la gestión de las empresas ferroviarias.[3] La autoridad lineal, por ejemplo, tiene sus orígenes en la organización militar de los ejércitos de la antigüedad y en la época medieval. El principio de unidad de mando, según el cual cada subordinado sólo puede tener un superior —fundamental para la función de la dirección—, es el núcleo central de todas las organizaciones militares.

La escala jerárquica, es decir, la escala de niveles de mando de acuerdo con el grado de autoridad y de responsabilidad, es

---

3   Chandler (*The Visible Hand*, 188) analiza la influencia de los ingenieros civiles militares en la gestión del ferrocarril.

un elemento característico de la organización militar, utilizado en otras organizaciones. Con el paso del tiempo, la ampliación gradual de la escala de mando trajo también la correspondiente ampliación de grado de autoridad delegada: a medida que el volumen de las operaciones militares aumentaba, crecía también la necesidad de delegar autoridad en los niveles más bajos de la organización militar. En la época de Napoleón, el general, al dirigir su ejército, tenía la responsabilidad de vigilar la totalidad del campo de batalla. No obstante, la aparición de batallas de mayor alcance, el comando de las operaciones de guerra exigió nuevos principios de organización, lo que condujo a una planificación y un control centralizado paralelo a las operaciones descentralizadas. Se pasó, entonces, de la centralización del mando a la descentralización de la ejecución.

Otra aportación de la organización militar es el uso de algunos conceptos originados en ese ambiente: estrategia, tácticas, operaciones, reclutamiento y logísticas.

Conclusiones

Las empresas ferroviarias españolas deberían haber aplicado la estructura utilizada en las ferroviarias de Estados Unidos para mejorar su gestión. Sin embargo, tardó mucho en aplicarse por tres razones. La primera es que las empresas ferroviarias españolas era el resultado de múltiples fusiones y adquisiciones que dificultaban una estructura uniforme para la organización. En segundo lugar, las ideas chandlerianas estaban mucho más divulgadas y propagadas en Estados Unidos que en España, lo que facilitaba su aplicación, pues no sólo debe ser aplicada por el nivel más alto de la empresa, sino también por los mandos intermedios y por los trabajadores de la base de la organización. En tercer lugar, la empresa nace con capital y directivos franceses, y por tanto, su estructura era inicialmente la departamental francesa; el capital y los directivos se van españolizando progresivamente lo que permite incorporar nuevas estructuras, pero esto sólo pudo hacerse poco a poco sin aprovechar las ventajas que tuvo la incorporación desde el inicio en las sociedades estadounidenses.

Las principales conclusiones del trabajo son que las empresas hubieran mejorado si hubieran basado su sistema de costes en el modelo de costes variables y si se hubieran financiado con acciones privilegiadas más que con la emisión de empréstitos; por otro lado, las compañías ferroviarias fueron las primeras sobre las que se realizaron auditorías de estados financieros y las primeras que desarrollaron sistemas contables completos.

Bibliografía

Burgaleta, Vicente. "Técnica moderna. Organización de los servicios ferroviarios. El personal". *Madrid Científico*, sección «El Ingeniero» 932 (1917): 439-442. Reproducido en *Gaceta de los Caminos de Hierro* 3143 (1917): 471-474.

Chandler Jr., Alfred D. "The Railroads: Pioneers in Modern Corporate Management." *Business History Review* 39 (1965): 16-40.

---. *The Railroads: The Nation's First Big Business*. New York: Ayer Co Pub, 1965.

---. *The Visible Hand*. Cambridge, Mass. and London, England: The Belknap P of Harvard U P, 1977.

---. *Scale and Scope. The Dynamics of Industrial Capitalism*. Cambridge: Harvard U P, 1990. Versión española: *Escala y diversificación. La dinámica del capitalismo industrial*. Trad. Jordi Pascual. Zaragoza: Prensas Universitarias de Zaragoza, 1996.

Maristany, Eduardo. *Impresiones de un viaje por los Estados Unidos*. Barcelona: Imprenta de Henrich y Cia, 1905.

Martínez vara, T. y De Los Cobos Arteaga, F. "Taller Central de Vía y Obras". *Revista de Historia [TST] Transportes, Servicios y Telecomunicaciones*. 12 (2007): 94-121.

---. "Los ferrocarriles americanos". *Revista de Obras Públicas*. 54.I.1580 (1906a): 2-6.

---. "Los ferrocarriles americanos". *Revista de Obras Públicas.* 54.I.1581 (1906b): 15-28.

---. "Los ferrocarriles americanos". *Revista de Obras Públicas.* 54.I.1583 (1906c): 54-60.

---. *La Conferencia Ferroviaria de 1905: Estudios económicos sobre la explotación comercial de los ferrocarriles españoles, 6 vols.* Barcelona: Imp. Henrich y Cia, 1906-1908.

---. *Huelgas ferroviarias.* Madrid: Gregorio Juste, 1911. AHF, S/181/1.

---. "Algunas indicaciones acerca del nuevo régimen ferroviario en España, Francia, Inglaterra y Estados Unidos". *Revista de Obras Públicas* 73.I.2438 (1925): 433-439.

Taylor, Frederick Winslow. *Principles of Scientific Management, Harper & Brothers.* New York and London: 1911.

---. "Shop Management." *Transactions of the American Society of Mechanical Engineers.* 24 (1903): 1337-1480.

ESTADOS UNIDOS Y ESPAÑA FRENTE A LA ASOCIACIÓN TRANSATLÁNTICA PARA EL COMERCIO Y LA INVERSIÓN (TTIP)

José Manuel Estévez-Saá
Universidade da Coruña

Vivimos momentos de nuevos retos intergubernamentales y supranacionales. Ni la Unión Europea ni Estados Unidos pueden ni deben quedarse al margen de las consecuencias favorables que la realidad global demanda de todos aquellos que huyen del aislacionismo y el proteccionismo desmedido, y desean subirse al carro de la colaboración internacional en materia económica y comercial. Ahí están los nuevos y desafiantes proyectos comerciales de la UE con Canadá (CETA), Cuba, Japón o Singapur, así como otras alianzas bajo negociación al más alto nivel que incluyen a EE.UU. y a Europa, como el Acuerdo sobre el Comercio de Servicios (TISA) o el Acuerdo de Bienes Ambientales (EGA). De hecho, como hemos podido comprobar,

> Los gobiernos rediseñan sus estrategias globales, conscientes como son desde la Segunda Guerra Mundial, y sobre todo desde el final de la Guerra Fría, de que ya no es posible vivir, desarrollarse o protegerse dándole la espalda a los vecinos tanto cercanos como lejanos. (Estévez-Saá 28)

El impacto que tienen decisiones como la brusca caída del precio del petróleo se ha hecho evidente, una vez más, estos últimos meses. La necesidad de reaccionar de manera conjunta ante importantes desafíos terroristas como el abanderado por el autodenominado Estado Islámico en Irak, Siria y cualquier otra parte del mundo, ha copado los esfuerzos de los últimos años. La comunidad internacional, con la UE a la cabeza, ha sancionado la actitud separatista de ciertos sectores en Ucrania, así como la complicidad manifiesta de una Rusia que, como vemos, ha perdido y recuperado en un tiempo récord toda su influencia internacional.

Acciones coordinadas, como el desbloqueo de Cuba, reorganizan las relaciones internacionales en buena parte de América, reordenan la preeminencia de EE.UU. en toda la región y hunden en el ostracismo más absoluto los posicionamientos y estrategias políticas y económicas de ALBA-TCP, el fallido y ruinoso proyecto bolivariano y chavista. Los trasvases comerciales y humanos de las distintas subregiones africanas generan nuevos y ambiciosos proyectos intergubernamentales desde el África Occidental a la zona de los Grandes Lagos y el área más austral del Continente Negro. Y ante la APEC y la ASEAN, se proyectan ahora iniciativas como el Área de Libre Comercio de Asia Pacífico (FTAAP), impulsada por China para aumentar su influencia sobre la región y crear su propia zona de libre comercio, y la correspondiente Alianza Transpacífica (TPP) que proponía EE.UU., con Barack Obama, al margen de China; y que ahora tratará de revisar probablemente con Donald Trump.

Al tiempo, Mercosur, Unasur y la Celac redefinen estrategias y objetivos para cobrar sentido y abrirse al mundo. Así, además de la costera Alianza del Pacífico, o de la ambiciosa Alianza Transpacífica (TPP) de asociación económica, todo el ámbito latinoamericano busca resituarse. Cuba trata de recuperar protagonismo gracias a la nueva Comunidad de Estados Latinoamericanos y Caribeños (Celac). Argentina hace lo propio dentro de la Unión de Naciones Suramericanas (Unasur). Brasil reivindica el espacio perdido en el Mercado Común del Sur (Mercosur); y Venezuela sufre al perder liderazgo en el Tratado de Comercio de los Pueblos que auspicia la Alianza Bolivariana para los Pueblos de Nuestra América (ALBA-TCP) (Estévez-Saá 3).

En medio de todo ello, el inminente Tratado de Libre Comercio entre la UE y EE.UU. (con 1990, 1996, 2007 y 2011 como fechas clave), constituye el resultado de un largo proceso de entendimiento entre dos de las más importantes regiones económicas y culturales del planeta, que abarcan, de manera conjunta, el 50 % de la producción mundial y más del 30 % del comercio global. Todo un hito que, de completarse con éxito, no sólo beneficiará a los dos bloques del acuerdo (de ahí la denominada fórmula *win-win*), que suman 800 millones de habitantes, sino que mejorará, impulsará y reordenará la propia economía mundial.

Ha pasado mucho tiempo desde aquella primera Declaración Transatlántica impulsada en 1990 por George Bush padre, el primer ministro de Italia Giulio Andreotti, en calidad de presidente de turno del Consejo Europeo, y Jacques Delors como máximo responsable en aquel momento de la Comisión Europea previa al Tratado de Maastricht. Desde entonces, tras la decisiva Declaración Común de la UE y EE.UU. de 1998, y hasta el anuncio oficial de inicio de negociaciones definitivas de Barack Obama, Herman Van Rompuy y José Manuel Durão Barroso el 13 de febrero de 2013, pasaron más de dos décadas de acercamiento y análisis de posibilidades. Pequeños pero importantes gestos que tuvieron grandes nombres como protagonistas, como George Bush o Angela Merkel, quienes, con la ayuda del propio Barroso, ya crearon en 2007 el Consejo Económico Transatlántico que daría paso al Grupo de Trabajo organizado en 2011 para no solo buscar el entendimiento en materia legislativa, sino también estudiar las barreras que impedían el libre comercio entre ambos lados del Atlántico.

Hoy todo ese esfuerzo desea verse recompensado gracias a una Asociación Transatlántica para el Comercio y la Inversión (ATCI), (TTIP, por sus siglas en inglés), cuyo objetivo es alcanzar un equilibrio comercial e inversor entre EE.UU. y la UE que fomente el crecimiento económico y amplíe las oportunidades laborales, sin por ello obviar nuestras responsabilidades en materia de seguridad, protección de la salud y compromiso con el medio ambiente. Es importante señalar estos objetivos desde el principio, porque han sido diversas las voces que, con mayor o menor grado de desinformación, han alertado sobre los riesgos existentes en materia de empleo (salarios y derechos asociados incluidos), relajación en parámetros de equidad normativa y tecnológica, y erosión de ciertos servicios públicos. Sin embargo, y aunque es cierto que este arduo proceso de negociación no ha sabido transmitirse con la transparencia que hubiesen deseado los destinatarios últimos de dicho acuerdo (los ciudadanos), podemos asumir que la prudencia y los temores surgidos, distan, con mucho, de la realidad que rodea a un tratado que busca evitar riesgos insalvables y generar beneficios en ambos bloques comerciales.

Especialmente relevante me parece el informe realizado por el instituto de análisis londinense Centre for Economic Policy Research (CEPR), a petición de la Dirección General de Comercio de la Comisión Europea. En este estudio pionero se señala cómo además de los "beneficios económicos considerables para la UE (119.000 millones de euros anuales) y los Estados Unidos (95.000 millones de euros anuales)" el acuerdo "supondría un incremento de la renta disponible de 545 euros al año para una familia de cuatro miembros en la UE". El informe, que lleva por título "Ventajas del acuerdo comercial entre la Unión Europea y los Estados Unidos" (2013), también señala que "la liberalización del comercio entre la UE y los Estados Unidos tendría un impacto positivo en el comercio y los ingresos mundiales, con un aumento del PIB en el resto del mundo de casi 100.000 millones de euros".

Asimismo, indica que "las exportaciones de la UE a los Estados Unidos aumentarían en un 28 %, lo que equivale a un importe adicional de 187.000 millones en las exportaciones de productos y servicios de la UE"; y que "el comercio de la UE y los Estados Unidos con el resto del mundo también aumentaría en más de 33.000 millones de euros". Del mismo modo, en su apartado de beneficios económicos generales, el estudio aseguraba ya en 2013 que:

> En conjunto, el aumento de los intercambios comerciales bilaterales entre los dos bloques, junto con el aumento de sus intercambios comerciales con otros socios, representaría un aumento de las exportaciones totales de la UE del 6 % y del 8 % de las exportaciones estadounidenses. Esto supone también la venta de bienes y servicios adicionales de

productores de la UE y de los Estados Unidos por valor de 220.000 millones de euros y 240.000 millones de euros, respectivamente. (CE, MEMO 1)

Otra de las cuestiones que advierte el informe de manera positiva es el impacto que dicha Asociación entre EE.UU. y la UE tendría sobre el mercado de trabajo. Así, señala que "la intensificación de la actividad económica y el aumento de la productividad originados por el acuerdo beneficiarán a los mercados de trabajo de la UE y de los Estados Unidos, tanto en términos de salarios globales, como en nuevas oportunidades de trabajo para profesionales muy cualificados y poco cualificados" (CE, MEMO: 2). Recordemos que cerca de 14 millones de puestos laborales en EE.UU. y la UE dependen ya de las diversas fórmulas de colaboración económica entre ambos bloques.

Pero más allá de las cifras y los datos macroeconómicos a escala europea o norteamericana, debemos reparar en el impacto que dicho tratado comercial tendría sobre la economía y las familias de España. Para ello es importante estudiar algunos de los sectores estratégicos de nuestra sociedad y nuestra economía. También aquí han surgido voces discordantes. Dudas y recelos que emergen de la ausencia de una política informativa más eficiente. Con todo, los análisis más rigurosos tienden a disipar muchas de esas incertidumbres.

Así lo ha hecho la Fundación Bertelsmann Stiftung a través del proyecto Global Economic Dynamics (GED), y del estudio "Acuerdo Transatlántico sobre Comercio e Inversión" (Transatlantic Trade and Investment Partnership-TTIP). Este informe analiza el impacto a nivel económico que tendría el acuerdo. A modo de simulación, y en colaboración con el Center for Economic Studies del Instituto IFO para la Investigación Económica (Information and Forschung), señala la repercusión positiva que el nuevo tratado comercial tendría en España a nivel laboral y de renta per cápita a largo plazo. De hecho, llega a cifrar en 140.000 los nuevos empleos que generaría para nuestro país, y en un aumento de nuestra renta per cápita de un 6,6 %; lo que situaría a España como el cuarto país más beneficiado de la UE en ambos aspectos, de llevarse a cabo el acuerdo entre EE.UU. y la UE.

También lo han visto así la mayoría de los grupos que, desde la aprobación del mandato de los Estados de la Unión a la Comisión Europea el 14 de junio de 2013 y la puesta en marcha de las negociaciones tres días más tarde, el 17 de junio, han reunido, a través de las distintas comisiones, a especialistas en cuestiones regulatorias y relaciones comerciales provenientes de Washington y Bruselas. Desde la primera ronda de negociación, celebrada entre el 8 y el 12 de julio de 2013 en Washington, hasta, al menos, la decimoquinta ronda, celebrada del 3 al 7 de octubre 2016 en Nueva York, diversos agentes han centrado su atención en aquellos aspectos en los que nuestro país se podría ver afectado. Las conclusiones a las que se ha podido llegar hasta el momento son reveladoras:

1. La eliminación de trabas burocráticas y barreras no arancelarias favorecerá a nuestros sectores versados en bienes y servicios. Recordemos que "el 80 % de las ganancias potenciales estimadas vendrían de la eliminación de barreras regulatorias y no arancelarias" (García-Legaz 73).
2. Nuestros titulados y empresas que prestan servicios profesionales a través de personal cualificado saldrían beneficiados (muchas de nuestras titulaciones técnicas y del ámbito de la ingeniería no son hoy día reconocidas en EE.UU.).
3. Nuestras empresas tendrán, por fin, acceso a un sector estratégico para nuestro país, como es el de las infraestructuras, la ingeniería y la construcción. Y lo harán porque gracias al Tratado podrán optar en igualdad de oportunidades a concesiones de obras públicas relacionadas con estos servicios. Recordemos que EE.UU. tiene una ley denominada "Buy American" que prima los productos estadounidenses en contratos públicos, y que, como ha señalado el ex secretario de Estado de Comercio, Jaime García-Legaz, la UE ofrece un mercado infinitamente más abierto que el de EE.UU. (en torno a un 84 % frente al 12 % estadounidense).
4. Sectores industriales esenciales para nosotros como el de la automoción (en el que las normativas se solapan

y duplican) o el energético (en el que todavía somos dependientes y apenas podemos beneficiarnos de las fuentes de energía con las que EE.UU. provee a nuestros vecinos y rivales comerciales) se verían beneficiados.
5. Las empresas de transporte y comunicación civil resultarán más competitivas y podrán operar en territorio norteamericano; un área hasta ahora acaparada por entidades estadounidenses y por sus competidoras orientales.
6. Nuestro sector agroalimentario, cuyo intercambio con EE.UU. genera más de 2.000 millones de euros anuales, se verá reforzado en áreas de producción tan propias como el vino, el aceite, las frutas y hortalizas, los cereales, o los productos cárnicos y pescados, siempre que seamos capaces de optimizar el denominado "principio de prueba" frente a la "norma de precaución" de la UE y el "criterio de riesgo científico" existente en EE.UU. en productos tratados con hormonas y otros elementos trasformadores que refieren a la salud, a la industria agroalimentaria y a la seguridad de los alimentos. El acuerdo se compromete a observar un equilibrio beneficioso para la sociedad entre el parámetro de riesgo científico estadounidense y la regla de precaución europea.
7. Nuestras patentes, derechos y datos pueden salir fortalecidos a través de una mayor concienciación relativa a la protección de la propiedad industrial e intelectual si, a los Aspectos de los Derechos de Propiedad Intelectual relacionados con el Comercio (ADPIC) amparados por la OMC se añaden nuevos estándares y acuerdos (ADPIC-plus) que protejan las patentes, regulen su vigencia y custodien todos aquellos datos susceptibles de ser considerados sensibles.

Pues bien, aunque sólo fijásemos nuestra mirada en estos sectores, comprobaríamos que nuestro potencial comercial se vería exponencialmente incrementado. No en vano, el valor de nuestras exportaciones no ha parado de aumentar en los últimos años pese a la crisis y de manera natural. Por todo ello, desaprovechar la oportunidad que nos ofrece el Tratado de Libre Comercio sería dejar pasar una oportunidad dorada y cometer un error de gravísimas consecuencias a medio y largo plazo.

Otra cosa es que haya sectores y áreas de nuestra economía que no deban entrar en el marco de las negociaciones bilaterales entre EE.UU. y la UE; cuestiones en las que España tiene una larga y acreditada tradición que todavía hoy es puesta como ejemplo en no pocos contextos internacionales. Me estoy refiriendo, por ejemplo, a la sanidad, a la educación o a los propios derechos de los trabajadores. Tanto la protección laboral, como la prestación de servicios públicos no podrán ser, por tanto, objeto de erosión, debilitamiento o privatización; una salvedad, esta, contemplada desde el primer momento en el marco de las negociaciones entre EE.UU. y la UE; y aceptada, como tal, por ambas partes. Es más, precisamente por ser servicios públicos garantizados por las propias legislaciones nacionales y reconocidos como tales por el marco jurídico europeo, dichos servicios no solo no se pondrán en riesgo, sino que la misma UE tiene la "obligación" de salvaguardarlos frente a cualquier nueva normativa o reglamentación, por muy superior o novedosa que esta pueda ser. Quizá por ello, y ante las voces que tratan de bloquear el acuerdo desde el miedo a la privatización de los servicios, la propia Comisión Europea, a través de su representación en España, se ha comprometido abiertamente y por escrito a que "los gobiernos de la UE sigan teniendo plena libertad a la hora de administrar los servicios públicos", ya sea a nivel local, regional o nacional. Es decir, "las negociaciones sobre el TTIP no tendrán la más mínima incidencia sobre esto". Dicho de otro modo y en palabras de la propia Comisión Europea:

> Los gobiernos de la UE son libres de decidir qué servicios consideran públicos. (...) Pueden financiarlos con fondos públicos o la ayuda del Estado, o bien decidir quién puede operar o invertir en su mercado. Y pueden hacerlo aunque eso signifique tratar a sus inversores o proveedores de la UE de manera distinta que a los del país con el que la UE firma el acuerdo comercial. Estos

servicios incluyen la enseñanza financiada con dinero público (centros de enseñanza primaria y secundaria, escuelas superiores y universidades, etc.), los servicios sanitarios y sociales financiados con dinero público (hospitales, ambulancias, servicios de instituciones residenciales de salud, servicios de bienestar social para niños, ancianos y otros colectivos vulnerables, prestaciones para personas con discapacidad, suministro de agua, etc.), e incluso servicios relativos a la recogida, depuración, distribución y gestión de agua para todos los tipos de usuarios. (CE, 4 julio 2014)

Este alegato fue ratificado el 20 de marzo de 2015, a través de la "Declaración conjunta sobre los servicios públicos" publicada después de una reunión celebrada en Bruselas entre Anna Cecilia Malmström, comisaria de Comercio de la Unión Europea, y Michael Froman, representante de Comercio de los Estados Unidos:

Los acuerdos comerciales de ambas partes no impiden que los gobiernos, a cualquier nivel, ofrezcan o apoyen servicios en sectores como el agua, la educación, la salud o los servicios sociales.
Además, ningún acuerdo comercial de los Estados Unidos o de la Unión Europea obliga a los gobiernos a privatizar servicio alguno ni les impide que amplíen la gama de servicios que ofrecen al público.
(...) Por último, el embajador Froman y la comisaria Malmström han confirmado que los acuerdos comerciales de los Estados Unidos y de la Unión Europea no afectan a la capacidad de los gobiernos de adoptar o mantener disposiciones para garantizar un alto nivel de calidad de los servicios y preservar importantes objetivos de interés público, como la protección de la salud, la seguridad o el medio ambiente. (CE, 20 marzo 2015)

Con todo ello, hemos de reconocer, sin embargo, que han sido muchos los errores cometidos durante el proceso de gestación del tratado tanto en EE.UU. como en la UE. En territorio americano el mayor problema, que quizá no se ha manifestado con toda la fuerza que probablemente lo hará, ha sido la ausencia de debate abierto sobre el acuerdo y su negociación con Europa, algo sobre lo que ya advertía a finales de 2014 el embajador de Washington en Bruselas, Anthony L. Gardner: "En EE.UU. aún no hay debate sobre el pacto comercial con la UE" (8). E insistía: "En EE.UU., cuando empecemos a dar detalles de la negociaciones, probablemente aumente la preocupación" (8). Otro aspecto importante es el hecho de que, pese a que "hay una mayoría republicana en el Congreso a favor de otorgar la Autoridad de Promoción Comercial" a Barack Obama (TPA, "Trade Promotion Authority" o "Fast Track"), el presidente no dispone aún de dicha prerrogativa, "que establece que el Congreso sólo puede aprobar o rechazar un acuerdo comercial, pero no introducir enmiendas" (8). Todo esto es susceptible de cambiar ahora, con la llegada de Donald Trump al Gobierno estadounidense.

Por su parte, en la UE, Anna Cecilia Malmström ha señalado la dificultad de alcanzar un "arancel cero" para todas las mercancías. De hecho, reconoce que "habrá un arancel casi cero, pero a ambos lados hay sensibilidades especiales en el sector agrario. Nosotros no podremos llegar al arancel cero en la carne de ternera, las aves de corral y algún caso más" (22). También reconoce que habrá que esforzarse para romper la cerrazón del mercado americano en sectores como las comunicaciones o el tráfico marítimo. Además, en la UE se teme que "la negociación comercial debilite los controles ambientales y de seguridad alimentaria" (22). Finalmente, y pese a que los sistemas jurídicos de EE.UU. y la UE "son los más garantistas para la inversión privada", dice Malmström que un tribunal de arbitraje permitirá a las empresas litigar con los Estados fuera del sistema judicial ordinario, lo que si bien parece arriesgado por el poder que puedan tener las compañías, también protegerá a las empresas europeas en caso de que sufran discriminación en un contexto americano en el que "no se prohíbe discriminar" por motivos incluso de origen y localización de la sede social y fiscal.

Otro aspecto que ha generado polémica es el uso de la lengua inglesa para los documentos oficiales que se van filtrando. En este sentido, Manuel Giménez Rasero, profesor de la Universidad Pontificia de Comillas recuerda la necesidad de referirse de una manera nítida que evite sin dobles interpretaciones, a "términos técnicos, definidos y conocidos previamente por las dos partes", a través de "una lengua ampliamente usada y bien conocida por todos los implicados en la negociación". Sólo así se conseguirá coherencia a la hora de manejar "la compleja narrativa de la OMC". También Giménez Rasero lamenta la indefinición de los documentos publicados después de cada ronda de negociación, critica su carácter no vinculante y advierte sobre el excesivo peso de las declaraciones orales de los negociadores, que se convierten en meras generalidades alejadas de cualquier resquicio de "información sólida, completa y vinculante a disposición de los ciudadanos de los Estados". Sin embargo, el profesor de derecho internacional y también abogado reconoce que el secretismo, como estrategia negociadora, debería haberse valorado también en términos del "elevadísimo coste que supone perder la confianza de la opinión pública europea en un acuerdo, ya de suyo, bastante controvertido" (2). Sin embargo, hemos de reconocer que la politización de Acuerdo mostraría nuestras debilidades y que la mayoría de los sectores económicos implicados tienen representación orgánica en las comisiones de trabajo bilaterales a través de las diversas organizaciones sectoriales relacionadas con la producción y el comercio de bienes, servicios, productos y materias primas.

Aun así, y pese a los errores cometidos en el proceso de gestación del TTIP, ni EE.UU. ni España pueden permitirse quedar al margen de esta nueva etapa histórica de acuerdos comerciales, pues, independientemente de las críticas que se puedan depositar sobre el mismo, hemos de reconocer que cualquier medida que vaya hoy día destinada a suprimir aranceles y subvertir fórmulas proteccionistas debe ser bienvenida. Y más cuando estas iniciativas vienen acompañadas de fórmulas de cooperación que atañen a sectores tan sensibles y determinantes en el ámbito del comercio internacional como el consenso en materia normativa referida a la normativa que alude a la fabricación de bienes, su gestión aduanera, el impulso a las pymes y la lucha contra iniciativas gubernamentales que puedan resultar discriminatorias.

Por todo ello, e independientemente de la revisión del TTIP que pueda provenir de la llegada de Donald Trump a la Casa Blanca, considero que, si lo que de verdad queremos es mostrar y demostrar que todos, en mayor o menor medida, saldremos beneficiados de un transcendental acuerdo que, dados los nuevos pactos internacionales que están teniendo lugar en el mundo, requiere resolverse favorablemente cuanto antes, unos y otros debemos continuar trabajando en pos de fórmulas eficientes que permitan un más claro equilibrio entre lo que se dice, lo que se hace, y el modo en que se da cuenta de todo ello.

Bibliografía

Comisión Europea. MEMO. "Ventajas del acuerdo comercial entre la Unión Europea y los Estados Unidos". Bruselas: 12 de marzo de 2013. Web.
<http://ec.europa.eu/spain/pdf/ttip/ce-estudio-independiente.pdf>
---. "Protecting public services in TTIP and other EU trade agreements" ("TTIP: protección de los servicios públicos"). Buselas: 4 de julio de 2014. Web inglés y español.
<http://trade.ec.europa.eu/doclib/press/index.cfm?id=1115>
<http://ec.europa.eu/spain/sobre-la-ue/ttip/servicios-publicos-acuerdos_es.htm>
---. "Declaración conjunta sobre los servicios públicos" ("Joint Statement on Public Services"). Bruselas: 20 de marzo de 2015. Web inglés y español.
<http://europa.eu/rapid/press-release_STATEMENT-15-4646_es.htm>
http://europa.eu/rapid/press-release_STATEMENT-15-4646_es.htm
Estévez-Saá, José Manuel. "La necesaria Cumbre Iberoamericana". *El Correo Gallego*. 15 de diciembre de 2014. 3. Web.
<http://www.elcorreogallego.es/opinion/ecg/jose-manuel-estevez-saa-necesaria-cumbre-iberoamericana/idEdicion-2014-12-15/

idNoticia-905892/>
---. "Un mundo conectado". *El Correo Gallego*. 27 de diciembre de 14. 28. Web.
<http://www.elcorreogallego.es/opinion/ecg/jose-manuel-estevez-saa-un-mundo-conectado/idEdicion-2014-12-27/idNoticia-907886/>
---. "Una justa y equilibrada Asociación Transatlántica de Libre Comercio". *Diálogo Atlántico*. 7 de octubre de 2015. Web.
<http://dialogoatlantico.com/2015/10/una-justa-y-equilibrada-asociacion-transatlantica-de-libre-comercio/>
Francois, Joseph, et al. "Reducing Transatlantic Barriers to Trade and Investment: An Economic Assessment." London: Centre for Economic Policy Research, March 2013. Web.
<http://trade.ec.europa.eu/doclib/html/150737.htm≥
Fundación Bertelsmann Stiftung. "Who Benefits from a Transatlantic Free Trade Deal? Complete study about the benefits of TTIP". Global Economic Dynamics (GED). 7 de febrero de 2014. Web.
<http://ged-project.de/2014/02/07/benefits-transatlantic-free-trade-deal-ttip/>
García-Legaz, Jaime. "Un gran acuerdo para crecer y crear empleo". *Actualidad Económica*, 2736 (Octubre 2013): 71-75.
Gardner, Anthony L. "En EE.UU. aún no hay debate sobre el pacto comercial con la UE". Entrevista de María Sosa Troya. *El País*. 21 de noviembre de 2014. 8. Web.
<http://internacional.elpais.com/internacional/2014/11/21/actualidad/1416594078_603754.html>
Giménez Rasero, Manuel. "El Tratado de Libre Comercio entre la UE y EE.UU.: dudas en la forma y en el fondo". *El Confidencial*. 13 de noviembre de 2014. 1-4. Web.
<http://blogs.elconfidencial.com/economia/tribuna/2014-11-13/el-tratado-de-libre-comercio-entre-la-ue-y-eeuu-dudas-en-la-forma-y-en-el-fondo_454305/>
Malmström, Anna Cecilia. "Queremos el arancel cero con Estados Unidos, pero con excepciones agrarias". Entrevista de Alejandro Bolaños. *El País*. 9 de marzo de 2015. 22. Web.
<http://economia.elpais.com/economia/2015/03/08/actualidad/1425848250_684885.html>

EL DIPUTADO INDEPENDIENTE E INCORRUPTIBLE: UN EJERCICIO DE HISTORIA COMPARADA EN TORNO A LA REPRESENTACIÓN POLÍTICA EN ESPAÑA Y ESTADOS UNIDOS EN EL PRIMER LIBERALISMO

María Antonia Peña Guerrero
Universidad de Huelva

Durante las últimas décadas del siglo XVIII y las primeras del siglo XIX ambas orillas del océano Atlántico se vieron envueltas en un importante proceso político que pretendía la demolición de las caducas estructuras del Antiguo Régimen y su sustitución por un nuevo modelo de organización que, nacido del *iusnaturalismo* y alimentado por la cultura ilustrada, acabaría dando lugar a lo que conocemos como liberalismo o, en términos más generales, gobierno representativo. A pesar de las singularidades de cada estado y de las dificultades que la comunicación entre distintos espacios presentaba en aquella época, resulta especialmente curiosa la connivencia que existió entre distintas naciones —Gran Bretaña, EE.UU., Francia, España— a la hora de definir sus nuevas formas de gobierno, dando lugar a un proceso de cambio político que, en puridad, puede ser definido como verdaderamente cultural y transnacional.[1]

A esta convergencia de ideas, modelos y estatutos legales contribuyó, sin duda, el conocimiento de lo que sucedía fuera de las propias fronteras, la circulación bidireccional de las principales obras del pensamiento político, la expansión de la prensa y el desplazamiento de personas —unas veces voluntario; otras,

---

[1] Esta investigación se inscribe en el Proyecto I+D+i "Historia de la corrupción política en España y América Latina (siglos XIX y XX)", HAR2015-64973-P, financiado por el Ministerio de Economía y Competitividad de España.

producto del exilio—, que consigo esparcían ideas, pero también experiencias y soluciones prácticas. En el sentido que nos ocupa, la construcción experimental de un modelo de representación política ofrece tanto en EE.UU. —con motivo de la discusión y elaboración de la Constitución de 1787—, como en España —a raíz de algunos debates y documentos preconstitucionales (la *Instrucción electoral* de 1 de enero de 1810 y el *Proyecto constitucional* del 18 de agosto de 1811, por ejemplo) y de la propia Constitución de 1812— un programa político común pergeñado en torno a la figura del diputado, en el que, por encima de determinados y puntuales detalles normativos, predominó un común trasfondo conceptual.

Por un lado, parece estar claro que, en el momento de definir los mecanismos funcionales del gobierno representativo, estadounidenses y españoles compartieron un mismo poso común: la inspiración en el modelo de gobierno de la Roma clásica, al que se añadió una cierta mitificación del sistema espartano y una rehabilitación prudente del de Atenas (Hansen 19-20). Por otro, en ambos casos la recuperación de estas formas de gobierno se realizó filtrándolos el tamiz de todo un acervo filosófico construido sobre la base de pensadores como Maquiavelo, Harrington o Locke e incorporando las nuevas doctrinas de la Ilustración. Tanto en EE.UU. como en España, las obras de De Lolme, Hume, Rousseau, Voltaire o Montesquieu habían circulado con profusión en sus ediciones originales o traducidas, con mayor o menor impronta de la censura, pero permitiendo, en cualquier caso, la adquisición de una cultura política compartida. En el caso particular de España, el modelo estadounidense —a diferencia del británico o del francés— fue rara vez invocado de una forma explícita y, sin embargo, como en su día señaló Carmen de la Guardia, es un hecho que los principales documentos de la revolución americana circularon con profusión entre la intelectualidad española bajo la forma de folletos, frecuentemente introducidos desde Francia, o insertos en monografías que abordaban abiertamente la cuestión. Cabe mencionar, en este sentido, las obras de José de Covarrubias, Antonio Alcedo y Bejarano o Francisco Álvarez, entre otros, a modo de ejemplo (De la Guardia 209).

Aun así, más allá de este trasfondo cultural y filosófico

común, lo que llama poderosamente la atención del investigador es comprobar la existencia de una reflexión común entre estadounidenses y españoles que se centró particularmente en su similar visión del proceso electoral y de la condición que debía caracterizar a los nuevos representantes políticos. Así, en ambos espacios, los debates preconstitucionales y constituyentes permiten vislumbrar numerosas coincidencias a la hora de definir el sentido de la representación política y la figura del diputado.

A diferencia de la Constitución francesa de 1791, tanto la Constitución americana de 1787 como la española de 1812 fueron concebidas como instrumentos esencialmente normativos, no declarativos de derechos o intenciones, y ambos documentos estuvieron directamente influidos por su contexto bélico y la propia dinámica de los debates en los que la opinión pública se infiltra de forma muy perceptible. El estado de guerra, sin duda, determina de forma concluyente el desafío de trasladar un ideario reivindicativo y revolucionario a un articulado constitucional que sea fiel a los compromisos adquiridos antes y durante la guerra, que no defraude las expectativas albergadas por la ciudadanía, que no rompa los equilibrios territoriales internos (en EE.UU. entre las antiguas colonias; en España, entre la metrópoli y sus colonias americanas) y que, al mismo tiempo, haga posible gobernar de una forma ordenada y eficiente. Como veremos más adelante, muchas decisiones —como, por ejemplo, las que afectaban a la forma de sufragio— se adoptaron en ambos casos no tanto como producto de la convicción ideológica, sino por la necesidad de compensar los sacrificios de una población reclutada y transmutada en tropa y garantizar el consenso ciudadano ante el propio hecho constitucional. La realidad de la guerra está tan presente en los debates como la opinión pública, que, a través de la publicística, la prensa o la improvisada reunión de los ciudadanos en las calles y las tribunas, hace valer sus designios y condiciona los discursos y el resultado de las votaciones. A lo que asistimos, en definitiva, es a la acomodación del espíritu revolucionario e intelectual a la resolución de los problemas concretos a los que enfrenta la ocupación del poder.

Ahora bien, esta "sumisión" a la voluntad ciudadana no debe confundirse, en ningún caso, con una concesión al concepto griego de *demokratia*, ni con la adopción de ninguna forma de gobierno asimilable a la "democracia directa" o asamblearia. Más allá del posible uso retórico de estas expresiones o del acuñamiento de denominaciones tan seductoras y mixtificadoras como "representación democrática" o "democracia representativa", la realidad es que los sistemas de gobierno representativo en uno y otro lugar se configuraron como la expresión de un concepto oligárquico y elitista del poder y como la reivindicación tajante del primado de los individuos por encima de su componente de nación, clase o grupo social (Torres 145-212). De hecho, la publicación de la obra *La democracia en América* de Tocqueville culminó explícitamente un proceso en el que la primigenia oposición entre democracia y representación llegó a resolverse como identificación, superando, incluso, la clamorosa paradoja que suponía envolvía para el espíritu democrático el sufragio indirecto o censitario.

En este orden de cosas, la asunción de estas formas de gobierno representativo comportó, además, la renuncia a cualquier mecanismo de selección de la clase política que no fueran las elecciones. Sorteos o rotaciones quedaron, así pues, fuera de discusión y la teoría política se centró en avalar las bondades de unos procedimientos electorales que, apartando a la sociedad de los peligros del azar, prometían proporcionarle una clase dirigente preparada y comprometido. En el número 52 de *El Federalista*, Madison anuda el vínculo entre gobierno representativo y sistema electoral convirtiendo a éste último en el único medio infalible para determinar la voluntad del pueblo; mientras que en la entrega 57, el argumento se refuerza apelando a que la elección acentúa la dependencia del diputado hacia sus electores y, por ende, su fidelidad a sus intereses. En el caso español, tanto la Instrucción electoral de 1810 como la Constitución de 1812, profundizan este argumentario, compartido por teóricos como Juan Pérez Villamil, Álvaro Flórez Estrada o Francisco Martínez Marina, contraponiendo las elecciones a la perniciosa realidad asamblearia de las Juntas revolucionarias (*Carta* 13, 17).[2]

Estas elecciones liberales, pues, garantizaban la

---

2 Sobre esta cuestión, puede verse también: Pérez 48-49, Fernández 81, y Martínez XXIII.

representación política sin la peligrosa deriva de la democracia y afianzaban el vínculo entre elector y elegible. No en menor medida, además, se ofrecían como un mecanismo de *accountability* (Przeworski et al. 55-97) o evaluación de la actividad política que ejercería su acción depurativa frente a la incompetencia, el faccionalismo o la corrupción política. John Adams o Thomas Jefferson alabaron particularmente esta dimensión del hecho electoral (Herreros 58, 60), pero ambos dejaron claro, como también se hizo en España que, sobre todo, las elecciones debían servir para seleccionar a la clase política, siendo ellas mismas también un mecanismo de selección de la ciudadanía con derecho político.

Adoptada tras un largo y sintomático debate, la opción de la Convención de Filadelfia por el sufragio universal debe ser entendida, según ha señalado Bernard Manin, como una medida "generosa", producto tanto del temor a perder el apoyo popular como del interés por consensuar las tendencias federal y antifederal. Una rápida ojeada a los debates de la Convención permite comprobar la existencia entre los delegados de una corriente propicia al censitarismo que deseaba establecer requisitos de propiedad para los electores del Congreso y que consiguió, incluso, captar la adhesión de un vacilante Madison. Probablemente, sólo la sospecha de que una restricción explícita del derecho de voto podría debilitar el respaldo a la Constitución, les disuadió de insistir en la defensa de su causa. Por lo demás, les tranquilizó el hecho de que los requisitos para el voto federal quedaran igualados con los que existían ya en cada estado para la elección de la Cámara Baja, pues, a la altura de 1787, eran ya muchos los estados que habían fijado mínimos patrimoniales o fiscales (Manin 120, 129).

Por razones similares, los liberales españoles optaron, incluso antes de la reunión de las Cortes gaditanas, por un modelo de sufragio universal y contrarrestaron este aperturismo con un sistema de elecciones indirectas en diversas instancias, destinado a diferenciar socialmente a electores de elegibles. La supuesta confianza en el patriotismo y la rectitud de criterio y discernimiento del pueblo español, de evidentes reminiscencias ilustradas, era, según rezaba la convocatoria de Cortes, perfectamente compatible con la búsqueda de representantes aptos y dotados de talento, capaces de "desempeñar dignamente las sagradas y difíciles obligaciones de diputados en las Cortes generales de la Nación", pues no se conseguirían en ellas "los altos fines para que están convocadas, si descuidando malamente las calidades y méritos de los sujetos que deben ser elegidos, se creyese por una culpable indiferencia que todos eran dignos y a propósito". No se establecían distinciones al modo de las francesas de 1791, pero uno de los artículos de la Instrucción electoral gaditana —raramente abordado por los estudios al respecto— transparentaba la concepción sieyèsiana del Estado como una realidad de base democrática y edificio representativo e indicaba expresamente que, dada la situación de emergencia en que se encontraba la Nación, ésta no podía más que contribuir mínimamente al pago de dietas, ayudas o costas para los compromisarios o diputados y recomendaba enfáticamente a los electores "que procuren nombrar a aquellas personas que, además de las prendas y calidades necesarias para desempeñar tan importante encargo, tengan facultades suficientes para servirle a su costa" (*Instrucción* art. 12). Con posterioridad, durante el desarrollo de los debates constitucionales se estableció por primera vez el requisito de tener "una renta anual proporcionada, procedente de bienes propios", haciendo suyo el discurso que había cristalizado ya en una buena parte del liberalismo europeo y según el cual "nada arrayga [sic] más al ciudadano y estrecha tanto los vínculos que le unen a su patria como la propiedad territorial o la industrial afecta a la primera" (Varela parr. 4-6). La ejecución de esta última disposición (arts. 92 y 93) quedaba, no obstante, en suspenso, al ser conscientes los constituyentes de la gran dificultad que suponía fijar las cuotas mínimas exigibles en medio del desconcierto fiscal que la guerra comportaba y ante la imperiosa necesidad de reformar el sistema hacendístico; pero implicaba, en cualquier caso, que la confianza en la capacidad de los electores para seleccionar a los diputados ideales no era tan ciega y el sistema establecía sus primeros blindajes sociales (*Discurso* 36).

Tanto en Cádiz como en EE.UU., el voto indirecto, la determinación de los colegios electorales, la creación de distritos amplios, los mandatos cortos... vinieron a condonar estos y otros recelos (Rosanvallon 51). En realidad, el ejercicio de la exclusión política comenzaba en la confección del censo electoral, pero no culminaba hasta conseguir que la clase de los representantes políticos fuera, en puridad, una clase selecta. Tal y como Manin ha puesto de relieve, la importancia que la historiografía contemporánea ha concedido tradicionalmente a un fenómeno tan llamativo y antidemocrático como la restricción del voto, nos ha hecho olvidar que la exclusión no solo se ejercía en el momento de definir al elector, sino también —y, a veces, sobre todo— en el instante de establecer los requisitos formales e informales de la elegibilidad. A lo largo del proceso de construcción del sistema representativo, sus artífices confeccionaron un modelo ideal de representante parlamentario, fijando los criterios para su identificación social, si bien lo hacían expuestos a la neurosis que suponía utilizar la propia posición parlamentaria para definir las cualidades y valores que debían requerirse a futuros diputados entre los que, seguramente, ellos mismos pretendían contarse algún día (Manin 120).

Esta labor constructiva de la condición de diputado pivotaba sobre la convicción de que existía una minoría social especialmente cualificada para ejercer las funciones de representación y gobierno. Encontrarla implicaba bordear la reflexión legal sobre el voto y sumergirse en los resbaladizos territorios de la moral, la filosofía y la sociología. Harrington la había llamado "aristocracia natural"; Montesquieu se había limitado a calificar ese grupo como "los mejores". Incluso Rousseau en su *Contrato social* había teorizado sobre un "legislador" cuyo rasgo esencial había de ser una "inteligencia superior que viese todas las pasiones de los hombres sin experimentar ninguna" (lib. II, cap. VII). En EE.UU., el concepto de "aristocracia natural" alcanzó también un importante predicamento, no siendo óbice para que Madison prefiriera, sin embargo, uno mucho más economicista y realista, el de "gente selecta", que más claramente aludía a individuos de "elevada condición en la vida", prósperos y prominentes (Manin 142). Tiempo más tarde, Stuart Mill acabaría introduciendo otra mirada al apelar a la necesidad política de contar con una "minoría capacitada". En todos los casos citados parece haberse abandonado cualquier propósito de que el elegido se pareciera al que elegía, legitimando, desde el punto de vista intelectual, la búsqueda de una diferencia posible, razonable y conveniente entre elector y elegible como un factor positivo para el sistema.

Muchos eran los requisitos objetivos que cabía exigir a un elegible para que pudiera ser considerado como un representante natural. De algún modo, era esta idea de una "representación natural preexistente" la que llevó a la mayor parte de los constituyentes estadounidenses —con la excepción de algunos antifederalistas— a asegurar que, independientemente de lo que dictase la norma, la sociedad tendería espontáneamente a elegir a sus representantes entre aquellos que disfrutaban de "nacimiento, educación, talento y riqueza". La facilidad con que la Constitución de 1787 redujo los requisitos de elegibilidad a ser mayor de veinticinco años, acreditar siete años de ciudadanía y residir en el estado en que se presentase la candidatura no traduce en absoluto la vitalidad del intenso debate que precedió al acuerdo final ni la mayoritaria inclinación de los delegados hacia la consignación de requisitos de carácter patrimonial. De hecho, casi nadie discutía en la Convención la conveniencia de que el diputado fuera propietario: esta condición garantizaba su independencia e incorruptibilidad y, además, nada extraño había en que un derecho dotado de incuestionable centralidad en las reivindicaciones históricas de los colonos y protegido por la misma Constitución —el derecho a la propiedad privada— fuera adoptado como requerimiento legítimo para los que, principalmente, estaban llamados a protegerlo. No era la falta de convicción intelectual o de voluntad política, sino la particularidad del momento y la heterogeneidad social y económica del territorio la que impedía establecer de modo preciso este requisito (Manin 131-33, 135).

Con todo, algunos antifederalistas, desde Brutus hasta John Adams, pasando por Samuel Chase o Melancton Smith, criticaron el elitismo de la Constitución y la acusaron de depositar el poder exclusivamente en la gente "prominente", apelando a que los grandes distritos relegaban a la "gente corriente", las clases medias, los artesanos o los pequeños y medianos comerciantes (Manin 142-45). Esta cuestión, en cambio, no parecía inquietar demasiado a sus adversarios. En el número 10 de *El Federalista*,

Madison consideraba que el voto libre garantizaría por si solo la idoneidad del representante: "como el pueblo votará más libremente, es probable que elegirá a los que posean más méritos y una reputación más extendida y sólida". Aseveración que no le impidió, 35 entregas más tarde, valorar el peso de las influencias locales sobre la decisión de los electores: "la Cámara de Representantes, aunque procede directamente del pueblo, será elegida bajo la influencia de la clase de hombres que por su ascendiente sobre el pueblo obtienen para sí la elección a las legislaturas de los Estados". Tanto en Hamilton como en Madison, la balanza en la que teóricamente se equilibran la libertad de elección y las influencias sociales oscila a veces vertiginosamente. Sin embargo, cuando se trata de arrimar avales al texto de 1787, ambos coinciden en considerar que las garantías de libertad e igualdad se han salvaguardado y que "la puerta del gobierno federal se abre al mérito de cualquier clase, al nativo o al adoptivo, al viejo o al joven, sin mirar la pobreza o la riqueza ni a determinada profesión ni fe religiosa" (*El Federalista* LII). La igualdad y el mérito, por tanto, podían coexistir. El sistema podía ser razonablemente igualitario en su concepción y servir, en la práctica, no obstante, para distinguir y seleccionar.

Este debate sobre las cualidades del diputado se asemeja enormemente al que se produciría en Cádiz. Los constituyentes españoles estaban persuadidos de que el diputado debía tener unas virtudes morales y unas condiciones materiales que garantizasen el perfecto desempeño de su función representativa. Entre todas estas cualidades, la independencia fue, quizás, la más valorada. Para el peruano Blas Ostolaza, inserto en el ala conservadora de la Cámara, estaba claro que la independencia era un requisito irrecusable y que la única forma de blindarla era que los escaños fueran ocupados por personajes poderosos procedentes de los tres brazos que componían orgánicamente la sociedad. Pero este clamor por la independencia, hábilmente utilizado por los más conservadores en su intento de rescatar el modelo estamental, no era excepcional tampoco entre los sectores más avanzados del foro gaditano —como el que acaudillaba el Conde de Toreno—, que apostaban por el saber como dique de contención para la corrupción y el radicalismo. Independencia y conocimiento: conceptos diferentes para un mismo perfil en el que el diputado Felipe de Aner reclamaba "probidad, patriotismo e ilustración".[3] El perfil del candidato político se blindaba y el círculo de las virtudes que debían adornarlo se cerraba sobre sí mismo desde el punto y hora en que el hombre propietario, convertido en ciudadano pleno acreedor de derechos civiles y políticos, se identificaba como un padre de familia, purificado por el trabajo, honesto, arraigado en su patria e interesado por el bienestar y la felicidad de ésta.

Dotado con esas cualidades e instalado en su atalaya de preeminencia social, el diputado podía entonces ser investido con un mandato delegativo que, en el marco del gobierno representativo, venía a sustituir los mandatos imperativos característicos de la procuraduría en las Cortes del Antiguo Régimen. En opinión de Pitkin, al diputado se le adjudicaba un doble cometido: el de "actuar en lugar de otro" —siendo ese otro el representado—, pero también el de "suplirlo". En el plano teórico, el mandato delegativo se legitimaba en la medida en que el representante se correspondía o era semejante a su representado, dando lugar a una forma extrema de representación que mereció los calificativos de "representación real" o "representación descriptiva" (Pitkin 64-65). La idea de que la representación política debía traducirse en una imagen a escala del pueblo del que emanaba, en un plano o mapa capaz de revelar las discontinuidades y heterogeneidades del tejido social, encontró su expresión más influyente entre algunos constituyentes norteamericanos encargados de redactar el texto base de 1787 y, fundamentalmente, en John Adams y su obra *Las reflexiones sobre el gobierno*, redactada en 1776 (Manin 139).

No obstante, la evidente imposibilidad de "suplir" a todos y cada uno de los individuos impuso la necesidad de agrupar a éstos en categorías sociales de cuya yuxtaposición debía emerger un Parlamento auténticamente representativo pero que mantuviera su vocación elitista. Excluido el encuadramiento mediante status económico o clase social, los teóricos liberales

---

3   *Diario de Sesiones de las Cortes Generales y Extraordinarias*, 13-9-1811, p. 1839, 12-9-1811, pp. 1820 y 1825. Sobre el tema, puede verse un mayor desarrollo en Peña.

barajaron otros criterios organizativos de representación: los profesionales, por ejemplo, los de intereses o los territoriales. Sin llegar a adoptar el corporativismo como el cauce preferente de la representación política, el liberalismo no lo excluyó tampoco de su elenco de estrategias posibles y, directa o indirectamente, siempre trató de rescatar el fenómeno social de la capacitación y la profesionalización, de las representaciones colectivas, como un valor intrínseco para la representatividad de la *res publica*. Con todo, lo que predominó fue la concepción territorial de la representación: el estado —en el caso norteamericano—, la provincia o distrito —en el caso gaditano—, revalorizándose la idea de la pertenencia y el arraigo como un valor imprescindible del representante político, exigido por la legislación y las constituciones tanto en EE.UU. como en España.

Works Cited

Carta sobre el modo de establecer el Consejo de Regencia del Reino con arreglo a nuestra constitución, Madrid: Imprenta Hija de Ybarra, 1808.
De la Guardia, C. "La revolución americana y el primer parlamentarismo español". *Revista de estudios políticos* 93 (1996): 205-218.
Discurso preliminar leído en las Cortes al presentar la Comisión de Constitución el proyecto de ella. Madrid: Imprenta que fue de García, 1820.
Fernández Albadalejo, P. "La representación política en el Antiguo Régimen". *El Senado en la Historia*. Coord. M. Pérez Ledesma. Madrid: Departamento de Publicaciones del Senado, 1998.
Hansen, M. H. "The Tradition of the Athenian Democracy, a.d. 1750-1990". *Greece & Rome* 39.1 (1992): 14-30.
Herreros Vázquez, F. "Las elecciones y la tradición republicana". *Revista Española de Ciencia Política* 12 (2005): 53-73.
Instrucción que deberá observarse para la elección de Diputados a Cortes. Sevilla: Imprenta Real, 1810. Art.12.

Hamilton, A., J. Madison, y J. Jay. *El Federalista*. 1788.
Manin, B. *Los principios del gobierno representativo*. Madrid: Alianza Editorial, 1998.
Martínez Marina, F. "Discurso sobre el origen de la monarquía y sobre la naturaleza del gobierno español". *Teoría de las Cortes o Grandes Juntas Nacionales de los Reinos de León y Castilla*. Tomo 1. Madrid: Imprenta de Fermín Villapando, 1813. 79-169.
Peña Guerrero, M. A. "Hacia una genealogía intelectual de la representación política". *Elegidos y elegibles. La representación parlamentaria en la cultura del liberalismo*. Eds. M. Sierra, M. A. Peña y R. Zurita. Madrid: Marcial Pons, 2010.
Pérez Ledesma, M. "La invención de la ciudadanía moderna". *De súbditos a ciudadanos. Una historia de la ciudadanía en España*. Dir. M. Pérez Ledesma. Madrid: Centro de Estudios Políticos y Constitucionales, 2007.
Pitkin, H.F. *El concepto de representación*. Madrid: Centro de Estudios Políticos y Constitucionales, 1985.
Przeworski, A., S. C. Stokes y B. Manin, eds. *Democracy, Accountability and Representation*. Cambridge: Cambridge University Press, 1999.
Rosanvallon, P. *La consagración del ciudadano. Historia del sufragio universal en Francia*. México: Instituto Mora, 1999.
Rousseau, J. J. *El contrato social*. Lyon: Cormon y Blanc, 1762. Libro II, cap. VII.
Torres del Moral, A. "Democracia y representación en los orígenes del Estado constitucional". *Revista de Estudios Políticos* 203 (1975): 145-212).
Varela Suánzes-Carpegna, J. "Propiedad, ciudadanía y sufragio en el constitucionalismo español (1810-1845)". *Historia Constitucional* 6 (2005): 105-123.

ANARQUISTAS ESPAÑOLES EN ESTADOS UNIDOS: PEDRO ESTEVE Y EL PERIÓDICO *EL DESPERTAR* DE NUEVA YORK (1891-1902)

Susana Sueiro Seoane
Universidad Nacional de Educación a Distancia

En las últimas décadas del siglo XIX y las primeras del XX, la época de esplendor del movimiento anarquista en el mundo, vio la luz una ingente cantidad de publicaciones anarquistas ya que una de las principales actividades de cualquier grupo anarquista al constituirse era editar su periódico o revista. La mayoría de estas publicaciones tuvieron tiradas limitadas y corta vida, por las dificultades de diversa índole para su edición, sobre todo de financiación. Pero algunas, las más importantes, a pesar de su precariedad económica, traspasaron las fronteras nacionales y se distribuyeron por diversos países, e incluso por varios continentes.

A través de estos periódicos transnacionales, una cualificada minoría de anarquistas conectó los distintos movimientos anarquistas nacionales de Europa y América. Además de cumplir funciones de propaganda y de socialización del obrero, la prensa hizo de intermediaria tejiendo una red de militantes activos en muy diversos lugares, que estuvieron en permanente comunicación.

Es el caso de *El Despertar*, editado en Nueva York entre 1891 y 1902, que tuvo una estrecha relación con varios periódicos anarquistas de otros países, a veces muy alejados geográficamente, pero con los que hubo una relación intensa a través de sus editores, redactores y corresponsales, que establecieron una densa red de contactos y fuertes vínculos transnacionales, los cuales no han sido aún suficientemente investigados. La hipótesis que sostenemos, siguiendo a Davide Turcato, es que esa permanente conexión obedeció a un plan definido de actuación, un proyecto insurreccional, opaco, en la sombra, pero evidente cuando se miran con atención los periódicos en los que participaron y su estrecha relación transnacional.

Para entender *El Despertar* y su trayectoria y evolución, necesitamos referirnos a otro periódico anarquista que se editaba a miles de kilómetros, en otro continente, *El Productor* de Barcelona, que se convirtió en el principal centro difusor del anarquismo en España y una de las cabeceras más influyentes en el pensamiento anárquico internacional, ya que circulaba por EE.UU., y también por Cuba y Argentina. Su tirada fue desde el principio de 2,500 ejemplares, aunque en algunos números especiales ascendió a 6,000 ó 7,000 (de Paula, "Prólogo" 8). Dos de sus integrantes, Adrián del Valle y Pedro Esteve, éste último el personaje central del periódico barcelonés, acabarían formando parte esencial del periódico de Nueva York.

Adrián del Valle (también conocido por su pseudónimo, Palmiro de Lidia), en una serie de artículos que escribió varias décadas después, rememora la impresión que a la edad de quince años le causó la aparición, en 1887, del periódico *El Productor* de Barcelona, al que se suscribió inmediatamente.

> ¡Qué diferencia entre la prosa mercantilizada de la prensa burguesa y la de aquel vocero libertario! En éste había ideas, entusiasmo, noble apasionamiento, y los móviles de sus editores y redactores eran desinteresados. No les guiaba el afán de lucro ni de gloria: sólo aspiraban a la defensa y difusión del ideal libertario que les alentaba. (…) La lectura de los primeros números de *El Productor* cristalizó en mí lo que eran como vagas y dispersas aspiraciones libertarias. (Palmiro de Lidia, 103)

Adrián del Valle, que llegaría a convertirse en uno de los asiduos colaboradores de *El Productor*, recordaba que el alma de aquel periódico era el tipógrafo catalán Pedro Esteve:

Era Esteve el elemento más activo. Espíritu dinámico, se complacía laborando y excitando a los demás a laborar. (...) Atento a las necesidades del periódico, solicitaba original y escribía si hacía falta. Se hizo cargo por un tiempo de la administración. Era infatigable escribiendo cartas. (Palmiro de Lidia)

Fue aquella la primera empresa periodística de las muchas en las que Esteve se embarcó a lo largo de su vida. Esteve y Del Valle se convirtieron en amigos inseparables en aquella época.

Desde el primer número de *El Productor* se publicaron noticias y crónicas enviadas desde Nueva York. Su autor, poco conocido por la historiografía, que no firmaba con su nombre sino como "El Corresponsal", era un tipógrafo y obrero tabaquero cubano emigrado a Nueva York, José Cayetano Campos, que sería una figura fundamental en *El Despertar*. Otro de los redactores de *El Productor*, Antoni Pellicer[1], lo había conocido en la década de 1870 en una breve residencia en Estados Unidos, lo había puesto en contacto con los anarquistas de Barcelona, y a partir de entonces su colaboración fue constante.

A través de los artículos de Campos, los obreros españoles conocieron las luchas obreras de los Estados Unidos, en especial las huelgas en las tabaquerías de EE.UU. y Cuba, y, sobre todo, con mucho detalle, conocieron los sucesos de Chicago de 1886-87 que se convirtieron en un hito de la historia del anarquismo internacional. Como corresponsal en Nueva York de *El Productor* de Barcelona, Campos escribió sobre la famosa tragedia de Haymarket, el juicio de los ocho anarquistas de Chicago y su condena y ejecución el 11 de noviembre de 1887. Los de Chicago se convirtieron en los mártires más famosos del martirologio anarquista, y uno de sus rituales más arraigados fue el homenaje que se les rindió mundialmente todos los años el 11 de noviembre, fecha fundamental en el imaginario libertario. Cada año, al llegar el mes de noviembre, Campos, a través de sus cartas enviadas a

---

1 Antonio Pellicer Peraire (1851-1916) y sobre todo Pedro Esteve (1865-1925), eran los personajes fundamentales en aquella Redacción. Ambos dividían su vida entre el taller de tipografía *La Academia*, que les daba de comer, y el periódico, donde hacían un trabajo por el que no cobraban, quitando horas al descanso.

El Productor, refería con mucho detalle a los obreros españoles los actos de recuerdo organizados en distintas ciudades de EE.UU. Esas crónicas causaron en el proletariado barcelonés una impresión profunda y duradera (Sueiro "Prensa").[2]

Dos años antes de la tragedia de Haymarket, en 1885, José C. Campos había enviado desde Estados Unidos un trabajo al *Primer Certamen Socialista Libertario* celebrado en la ciudad catalana de Reus, en el que se mostraba contrario a la tendencia legalista mayoritaria entonces en el anarquismo español, que creía anacrónica. Campos hablaba desde EE.UU., que era por entonces un paraíso para las publicaciones anarquistas que defendían abiertamente el asesinato político y que hacían constante propaganda del potencial revolucionario de la dinamita, el invento del empresario y científico sueco Alfred Nobel, que consideraron un maravilloso regalo de la ciencia, un arma barata, efectiva y temible, que los obreros podían adquirir con facilidad, y con frecuencia publicaron recetas e instrucciones para su fabricación (Anderson 60).

Las crónicas enviadas a *El Productor* de Barcelona, en las que Campos no ocultaba su postura a favor de la llamada "propaganda por el hecho", que los propios mártires de Chicago defendían, contribuyeron a que en España bastantes anarquistas acabaran por convencerse de la necesidad de adoptar tácticas violentas (Sueiro, "Prensa" 259-295). Los jóvenes redactores de *El Productor* —entre ellos de forma destacada Pedro Esteve y Adrián del Valle— quedaron fascinados por las crónicas de J. C. Campos, que sin duda influyeron en el giro que experimentaron por entonces desde la moderación y la acción legal al extremismo revolucionario y la aceptación de la propaganda por el hecho como táctica anarquista.

Pues bien, este interesante personaje, José Cayetano Campos, fue uno de los fundadores y principales firmas, en febrero de 1891, del periódico anarquista *El Despertar* de

---

2   A través de *El Productor*, los obreros españoles llegarían a enterarse incluso de alguna desgracia personal en la vida privada de Campos: "Nuestro querido amigo y corresponsal de Nueva York, J. C. Campos, tuvo la desgracia de perder a su querida hija Isabel, víctima de la escarlatina, el 31 de diciembre último" (*El Productor*, 5 de febrero de 1890).

Brooklyn, un periódico quincenal hecho por obreros tabaqueros hispanohablantes (cubanos y españoles) de Nueva York, pero que llegaba y era leído también en las tabaquerías de Florida (de Tampa y Cayo Hueso) y en las de Cuba, y asimismo se distribuía por otros países como Argentina y España.[3]

Campos enviaba ejemplares del periódico ácrata neoyorquino a Barcelona. Desde el mismo momento de la fundación, su contenido se reflejará en *El Productor*, que, en casi todos los números, inserta extractos de lo publicado por "nuestro querido colega" *El Despertar* de Nueva York. Por ejemplo, una crónica espeluznante sobre la segunda prueba de ejecución de un reo en la silla eléctrica, el 7 de diciembre de 1891, en la "república modelo".

Como recuerda Díaz del Moral en su magistral trabajo de 1929 sobre las agitaciones campesinas andaluzas, *El Despertar* se recibía regularmente en Andalucía y se leía tanto en las tabernas de los pueblos como en las gañanías de los campos. E insinúa que *El Despertar* alentó a los anarquistas andaluces por la vía de la acción violenta: "De Nueva York recibían el periódico ácrata *El Despertar* con recetas para fabricar explosivos y excitaciones y consejos para utilizarlos" (Díaz del Moral 138).

Para entender por qué Del Valle y Esteve acabaron emigrando a Estados Unidos en 1892 para reforzar la redacción

---

3 A Campos le acompañaron en aquella empresa periodística Manuel Martínez Abello y Luis Barcia, que era "peninsular", de Cantabria. Campos y Barcia empezaron su vida laboral y militante en Cuba, pero emigraron a EE.UU. y se establecieron en Nueva York para trabajar en las tabaquerías. Tanto uno como otro eran tipógrafos, pero aprendieron el oficio de tabaquero para complementar su sueldo, ya que en la imprenta ganaban poco. J.C. Campos tenía hijos pequeños, razón por la cual no aparece como editor en la cabecera. El grupo prefería el anonimato para no sufrir represalias. Se decidió que fuera Barcia quien apareciera como redactor responsable, lo que le acarreó quedarse sin trabajo en el taller de tabaquería. Por asuntos privados, según el periódico, Barcia decidió volver a La Habana. El 19 de diciembre de 1891 abandonó Nueva York y el periódico le rinde tributo dedicándole el editorial del número siguiente, a modo de "Despedida". Desde Cuba, Luis Barcia siguió escribiendo mucho en *El Despertar,* mandando sus crónicas y artículos. En Cuba llegaría a ser íntimo amigo de Adrián del Valle. Muy próximo a la causa de la emancipación cubana, Del Valle acabaría estableciéndose en la isla caribeña de por vida. Juntos publicarán *El Nuevo Ideal* en la Habana a fines de junio de 1899, una semana después del establecimiento oficial de la ocupación norteamericana de la isla.

de *El Despertar*, hay que mencionar también a otro anarquista: Errico Malatesta, la máxima figura del anarquismo transnacional de aquella época. En contacto con Malatesta, y antes con Campos, Esteve acepta el anarquismo insurreccional. Participa en Barcelona en el movimiento a favor de las ocho horas y la celebración del 1º de mayo, la misma lucha que está desarrollando Malatesta en París (1890) y en Roma (1891). No son unas manifestaciones espontáneas, sin organización, irracionales, como se ha sostenido, sino que hay una planificación (Turcato 94). En noviembre de 1891, Pedro Esteve llama a Malatesta, que viaja a España, y juntos emprenden una gira de conferencias por diversas ciudades que queda interrumpida cuando, en la noche del 8 al 9 de enero de 1892, se produce una sublevación anarquista en Jerez de la Frontera (Cádiz).[4] La noticia de lo de Jerez les cogió por sorpresa.[5] El levantamiento fue precipitado, sin coordinación y con una probable provocación policial (Avilés), lo que llevó a frustrar el plan insurreccional de Malatesta y Esteve. Las autoridades españolas sospecharon que Malatesta podía estar implicado y trataron de detenerle, pero el anarquista italiano logró eludir la persecución de la policía y salir sin dificultad de España. Huyó a Portugal y de allí a Londres, la capital del anarquismo en Europa. Esteve y su amigo Adrián del Valle viajaron a Londres para reencontrarse con Malatesta y conocer a otros líderes del movimiento anarquista internacional exiliados. Desde Londres, Valle dio el salto a Estados Unidos en febrero de 1892, aconsejado,

---

4   Los sucesos de Jerez (la sublevación —en la que los amotinados mataron a dos personas— y la posterior ejecución a garrote de cuatro de los acusados) han recibido, y recibieron entonces, mucha atención mientras que, en cambio, la gira de propaganda de Esteve y Malatesta apenas ha interesado a la historiografía. Esteve, en concreto, ha tenido muy poca suerte; muchos autores se han empeñado en hacerle desaparecer al confundirle con otro personaje. Benedict Anderson, basándose en la investigación de G. R. Esenwein, afirma que, en aquellos días, Malatesta estaba de gira de conferencias en España acompañado por... Tarrida del Mármol" (Anderson 121 y 175).

5   No obstante, quizás algunos de los insurgentes de Jerez estuviesen al tanto del proyecto de Malatesta y Esteve. Según Vallina, Fermín Salvochea, el famoso anarquista gaditano, aconsejó a un grupo de los anarquistas de Jerez que esperaran la inminente llegada de Malatesta a Andalucía para realizar una acción concertada (Vallina 34).

según él mismo dice, por Malatesta. Tenía diecinueve años. Fue directo a la redacción de *El Despertar* donde colaboró publicando artículos, muchos de ellos literarios.[6]

Mientras, en sus cartas, Campos mostraba su absoluta solidaridad con los anarquistas españoles tras la revuelta y las ejecuciones de Jerez. Daba cuenta del mitin de protesta que se había celebrado en el salón de Cooper Union de Nueva York dos días después de las ejecuciones donde se congregaron anarquistas americanos, españoles, alemanes, franceses, italianos, hebreos y rusos. Hacía tiempo que Campos animaba a los anarquistas españoles a viajar a Estados Unidos para sumarse a la lucha contra el Capital "porque los acontecimientos se precipitan en esta república con verdadera celeridad" (Campos, "Carta de los Estados Unidos"). Aseguraba que Norteamérica era, desde los crímenes de Chicago, una avanzadilla de la revolución y ponía sus esperanzas en que pudiera prender allí la llama: "¿Quién sabe si el nuevo mundo descubierto será el primero en la humana emancipación?" (Campos, "La República Modelo").

Cuando Esteve tomó la decisión de abandonar España, escogió Estados Unidos como destino porque allí estaban J. C. Campos y Adrián del Valle, y con ellos creía poder realizar una labor propagandística que podría llegar a ser, según creía, decisiva. El 8 de agosto de 1892 llegaba al puerto de Nueva York, a Ellis Island, el centro de inmigrantes que acababa de inaugurarse.[7] Tenía veintisiete años. Esteve vivió en EE.UU. el resto de su vida, hasta su muerte en 1925. Durante tres décadas, realizó en EE.UU. un inmenso trabajo de agitación y propaganda de las

---

6 Alguno dedicado "a mi queridísimo amigo P.E." (es decir, Pedro Esteve): "A nadie mejor que a ti pudiera dedicar este escrito, que fuiste el primero en leer. Recibe pues esta dedicatoria como una prueba de amistad que desde tierras americanas te envía tu cariñoso amigo" (*El Despertar*, 15 de mayo de 1892, 34, 3).

7 Bastantes años después, Esteve escribiría en otro de sus periódicos, *Cultura Obrera* de Nueva York, con el pseudónimo de Lirio Rojo, una serie de artículos titulados "Remembranzas. La Gran República", recordando su llegada a Estados Unidos. Pocos meses después, Esteve era ya un personaje de relieve en el mundo de los anarquistas inmigrantes de Nueva York. El 4 de diciembre de 1892 participó en un acto celebrado en Manhattan, en el Clarendon Hall, para denunciar los proyectos del gobierno norteamericano de restringir la inmigración, compartiendo tribuna con Emma Goldman, seis años más joven que él, que era ya una anarquista conocida.

ideas anarquistas entre los medios obreros españoles, italianos y cubanos de Nueva York, Paterson y Tampa.

A finales de 1892, Esteve era el director de *El Despertar*. Como es lógico, teniendo en cuenta quiénes eran sus redactores, el periódico tenía como tema de atención prioritario informar sobre las condiciones de trabajo y las huelgas en los diferentes talleres de tabaquería, tanto de Nueva York como de Florida y de Cuba, e incluso de Boston o de Toronto (Canadá). *El Despertar* dedicaba también mucha atención a temas cubanos y en concreto al tema de la emancipación de Cuba. Y daba asimismo mucha información sobre los asuntos de España.[8] *El Despertar*, como era habitual en el mundo anarquista, tenía su editorial para publicar libros y folletos.[9] Fue en esta época cuando más transnacional fue el periódico. Llegaba a España y se distribuía también por Europa y Latinoamérica, normalmente a través de un intenso intercambio.

Aunque *El Despertar* fue su gran empresa, en la que puso todas sus energías juveniles,[10] en los años siguientes a su llegada a Estados Unidos, Esteve va a establecer toda una red de

---

8   El Corresponsal para asuntos de España era Vicente García, otro gran amigo de Pedro Esteve, que, en la gira española de Malatesta en 1892, había acompañado a ambos en su recorrido por el País Vasco y Santander. Les presentó en los mítines y se sintió muy comprometido ya que, a raíz de los sucesos de Jerez, huyó a Inglaterra para eludir la represión.

9   En 1897, cuando en España estaba prohibida toda literatura libertaria, las *Ediciones El Despertar* de Brooklyn publicaron el libro de Ricardo Mella y José Prat, *La barbarie gubernamental en España. Documentos sobre las torturas de Montjuich*. Esteve publica en la imprenta de El Despertar otros ensayos de Mella, con el que había trabado amistad en la época de la insurrección de Jerez y al que Esteve pedirá también artículos para el periódico. Mella y Esteve mantuvieron correspondencia hasta la muerte de ambos, ocurrida en el mismo año de 1925. Mella había relatado los sucesos de Jerez en *El Corsario* de La Coruña, que también lo publicó clandestinamente como folleto, no firmado, titulado *Los Sucesos de Jerez* (Martin, Muñoz y Montseny). La relación entre *El Corsario* de La Coruña y *El Despertar* de Nueva York será estrecha. En 1893 aparece como folletín del periódico *El Despertar* de Brooklyn (NY) el ensayo de Mella "La coacción moral" sobre el tema de la represión de los anarquistas tras lo de Jerez, en los números 62 a 67, de julio a octubre, y ese mismo año se reedita como folleto su trabajo "8 enero 1892-10 febrero 1892. Los Sucesos de Jerez" (Fernández).

10 "*El Despertar* —dice su compañera Maria Roda en un recuerdo, al cumplirse un año del fallecimiento de Pedro Esteve— vivió muchos años, colaborando en él las mejores plumas anarquistas de aquel tiempo, y seguramente Esteve es donde ha puesto todas sus energías, sus sueños idealísticos (sic), todo el entusiasmo que lleva en sí la juventud" (Roda).

periódicos que pone en relación a anarquistas de muy diversas latitudes. Hemos visto que, al llegar, se integra en la redacción de *El Despertar* de Brooklyn y enseguida lo dirige, pero también visita Cuba[11] y funda en 1893 en La Habana *La Alarma* que pronto tendrá que cambiar de nombre, por presión de las autoridades de la isla, al de *Archivo Social*. Al verse obligado a abandonar Cuba por la persecución de que es objeto, se dirige a Tampa, Florida, y allí funda en 1894 el periódico *El Esclavo*. Todos estos medios están íntimamente relacionados y se distribuyen de forma trasnacional. Por ejemplo, *El Esclavo* y *El Despertar* llegan a España y Argentina. Adrián del Valle colabora siempre cerca de Esteve, incluso cuando se instala en Cuba, donde permanecerá hasta su muerte en 1945. Esteve se desplazará desde Nueva York, donde tiene *El Despertar* y luego otro órgano muy importante, *Cultura Obrera*, a la vecina Paterson, en New Jersey, la ciudad donde se concentraban las fábricas de tejidos de seda, y donde existió uno de los grupos anarquistas más activos de Estados Unidos, compuesto básicamente por italianos (*Diritto all'Esistenza*). Su compañera de toda la vida, a la que conoce al llegar a EE.UU., Maria Roda, es una anarquista italiana de Paterson. En esa ciudad, Esteve también dirigirá durante algún tiempo el periódico *La Questione Sociale*, fundado en julio de 1895 y trasladará durante una temporada a Paterson la imprenta de *El Despertar*. No es casual que, una vez establecida su red de periódicos y de contactos, Esteve invitase a Malatesta a viajar a Estados Unidos. Estuvo con él en Paterson, en Nueva York, en Tampa y Cayo Hueso, y luego Malatesta viajó también a Cuba invitado por Adrián del Valle, en febrero de 1900.

Esteve simboliza el puente de enlace entre el anarquismo español, cubano, norteamericano e italiano. A través de vínculos personales conectó los movimientos anarquistas de diversos

---

11   Su primer viaje a la isla fue para informar de la conferencia anarquista de Chicago de 1893, a la que asistió como representante de España y Cuba, designado por *El Productor* ("se encarga la representación a los compañeros P. Esteve, J.C. Campos, Palmiro, etc., por el orden que se citan, residentes en Nueva York, por si sucediese que alguno de estos compañeros no pudiese, por cualquier circunstancia, cumplimentar nuestro deseo". *El Productor*, 17 de agosto de 1893, 364, 1). No hay más constancia de lo tratado allí que la información que Esteve publicó en *El Despertar* de Nueva York y en *La Alarma* de la Habana, así como el folleto *A los anarquistas de España y Cuba*, escrito y publicado años después, en 1900.

países, y en concreto de EE.UU. y España. Al analizar la red de conexiones transnacionales en el anarquismo de aquella época, el historiador llega a la conclusión de que hubo una actividad planificada secreta y que los atentados anarquistas individuales estuvieron más preparados de lo que habitualmente se ha creído. No es casual que fuera Esteve el anarquista más influente de Paterson (New Jersey) cuando el obrero italiano Gaetano Bresci salió de allí en 1900, atravesó el Atlántico y asesinó al rey Humberto de Italia, o que fuera el aglutinador del anarquismo ítalo-hispano-cubano en Tampa (Florida), cuando de allí salió el obrero aragonés Manuel Pardiñas (Sueiro "Redes"), y cruzó también el Atlántico, esta vez para asesinar en Madrid al presidente del Consejo, José Canalejas, en noviembre de 1912.

BIBLIOGRAFÍA

Anderson, Benedict. *Bajo tres banderas. Anarquismo e imaginación anticolonial*. Madrid: Akal, 2008.
Avilés, Juan, ed. "Milenarismo y propaganda por el hecho: la marcha anarquista sobre Jerez de 1892". *Historia, política y cultura: homenaje a Javier Tusell*, Madrid: UNED, 2009.
Beltrán Dengra, Joaquín. *La ideología política del anarquismo a través de El Productor (1887-1893)*. Barcelona: Edicions Aldarull, 2010.
Campos, J. C. "Carta de los Estados Unidos". *El Productor*. 19 de julio de 1889.
---. "La República Modelo". *El Productor*. 13 de diciembre de 1889.
de Paula Fernández Gómez, Francisco. "Prólogo". *La ideología política del anarquismo a través de El Productor (1887-1893)*. Ed. Joaquín Beltrán Dengra. Barcelona: Edicions Aldarull, 2010. 7-22.
Díaz del Moral, Juan. *Historia de las agitaciones campesinas andaluzas*. Madrid: Alianza, 1967.
Esteve, Pedro. *A los anarquistas de España y Cuba. Memoria de la Conferencia anarquista internacional celebrada en Chicago*. Paterson, N. J.: Imp. de El Despertar, 1900.

Fernández Álvarez, Antón. *Ricardo Mella o el anarquismo humanista*. Barcelona: Anthropos, 1990.

Martin, Alberto, Vladimiro Muñoz y Federica Montseny. *Breve historia del movimiento anarquista en EE.UU.*. Ediciones Cultura Obrera, 1970. Web. <http://www.kclibertaria.comyr.com/lpdf/l203.pdf.>

Palmiro de Lidia (pseud. de Adrián del Valle). "Evocando el pasado (1886-1891)". *La Revista Blanca* 100 (15 de julio de 1927): 115-118.

---. "Evocando el pasado (1886-1891)". *La Revista Blanca* 101 (15 de agosto de 1927): 138-142.

---. "Evocando el pasado (1886-1891)". *La Revista Blanca* 103 (1 de septiembre de 1927): 210-214.

---. "Evocando el pasado (1886-1891)". *La Revista Blanca* 104 (15 de septiembre de 1927): 245-249.

Roda Esteve, Maria. "Recuerdo de Pedro Esteve". *Cultura Obrera*. 11 de septiembre de 1926.

Sueiro Seoane, Susana. "Prensa y redes anarquistas transnacionales. El olvidado papel de J. C. Campos y sus crónicas sobre los mártires de Chicago en el anarquismo de lengua hispana". *Cuadernos de Historia Contemporánea* 36 (2014): 259-295.

---. "Las redes anarquistas transnacionales en la era de los magnicidios. El asesinato de Canalejas". *Bulletin d'Histoire Contemporaine de L'Espagne* 49, (2014): 217-231.

Turcato, Davide. *Making Sense of Anarchism: Errico Malatesta's Experiments with Revolution, 1889-1900*. New York: Palgrave Macmillan, 2012.

Vallina, Pedro. *Crónica de un revolucionario*. París: Solidaridad Obrera, 1958.

"ENTRE AMIGAS": MUJERES NEOYORQUINAS Y ESPAÑOLAS EXILIADAS Y LA AYUDA A LOS REFUGIADOS REPUBLICANOS (1953-1996)

Carmen de la Guardia Herrero
Universidad Autónoma de Madrid

Desde los años treinta del siglo XX un grupo de mujeres neoyorquinas mostraron un interés especial por los acontecimientos españoles. Muchas eran graduadas del prestigioso Vassar College en dónde tanto profesoras del departamento de Estudios Hispánicos como del de Arte habían trasmitido a sus estudiantes su pasión por España. Algunas de estas universitarias fueron trascendentales en la vida cultural y política estadounidense de los años cincuenta y sesenta del siglo XX. Tanto la novelista Mary McCarthy, como la poeta Elizabeth Bishop y las filántropas Louise Crane y Nancy Gardiner Rodman, tras su matrimonio Nancy Macdonald, tan presentes en todos los acontecimientos neoyorquinos, fueron graduadas de Vassar. El estallido de la Guerra Civil española perturbó y conmocionó a estas mujeres, algunas vinculadas en la década de los treinta a pequeños grupúsculos trotskistas, y juntas iniciaron un proceso de ayuda a la República española y a los refugiados que huían hacia Francia conforme las tropas franquistas avanzaban. La fuerza de este grupo se consolidó en la década de los cincuenta con la presencia de mujeres españolas exiliadas en Nueva York con fuerte compromiso social y político como Victoria Kent y Carmen Aldecoa.

En este capítulo queremos explorar la constitución de esta red de mujeres neoyorquinas y españolas exiliadas y, sobre todo, analizar las razones del éxito de la misma en proporcionar ayuda y cuidado a los refugiados. Utilizaremos como ejemplo la fundación y los primeros años de existencia de una organización creada y apoyada por todas ellas, la Spanish Refugee Aid (SRA) que dio cobijo y cuidado a miles de refugiados españoles en Francia entre 1953 y 1996.

Espacios del saber y de socialización femenina en Estados Unidos y en España

Uno de los cambios educativos más sorprendentes de la Historia de España se produjo a comienzos del siglo XX alrededor de proyectos educativos reformistas y liberales dirigidos por instituciones fuertemente influidas por el krausismo español y por organismos creados por misioneros evangélicos estadounidenses que se instalaron en España tras la proclamación de la libertad de cultos en 1869. Tanto la Junta de Ampliación de Estudios (JAE) y dos de sus instituciones, el Instituto Escuela y la Residencia de Señoritas, como el International Intitute for Girls de Madrid, creado por la misionera y graduada de Mount Holyoke, Alice Gordon Gulick, supusieron un vuelco en la educación de las mujeres españolas a comienzos del siglo XX. La comunión de intereses entre los centros españoles y el estadounidense —mejorar la situación educativa de las mujeres españolas como paso paralelo a la consecución de los derechos civiles— y la proximidad temporal y física de todos estos proyectos ocasionó una colaboración muy estrecha entre sí. Esa colaboración facilitó la firma de convenios entre algunos *colleges* femeninos estadounidenses —Bryn Mawr College, Mount Holyoke College, Smith College, Vassar College y Wellesley College, colaboradoras del International Institute for Girls—, las asociaciones de mujeres universitarias, y la JAE y sus instituciones (Niño 79). En junio de 1919, M. Carey Thomas, presidenta del Bryn Mawr College y también directora de la Association of Collegiate Alumnae estadounidense firmaba un acuerdo con el gobierno español para potenciar la movilidad de las estudiantes españolas hacia los *colleges* estadounidenses y de las profesoras y estudiantes de los *colleges* femeninos hacia España (Magallón 184-185). Esos contactos entre instituciones y entre universitarias crearon lazos de amistad que se activaron sobre todo en los periodos bélicos y en los difíciles momentos del exilio español ocasionado por el triunfo del régimen de Franco (de la Guardia 72-74).

En el caso de Vassar College, que es el que nos va a ocupar en este texto, ese contacto continuo con España consolidó una red de amigas que, una vez residiendo todas en Estados Unidos, se activó, entre otras muchas cosas, para ayudar a los otros.

Muchas jóvenes españolas, vinculadas a la Residencia de Señoritas, marcharon a Vassar gracias a los contactos entre las dos instituciones, para enseñar en el departamento de *Hispanic Studies*. Unas antes de la Guerra Civil española y muchas durante la Guerra y la primera posguerra como Margarita de Mayo, Pilar de Madariaga o Sofía Novoa. Y muchas estudiantes y también profesoras de Vassar, como Agnes Rindge, viajaron con los intercambios y vivieron algunas en la Residencia de Señoritas incorporándose a su regreso a los distintos departamentos de Vassar College desde dónde trasmitieron un inmenso interés por España (de la Guardia 196).

Pero no solo se viajaba por convenios entre las universidades. Era normal entre las graduadas americanas de los años treinta emprender un viaje nada más terminar sus estudios por Europa. En el caso de las estudiantes de Vassar muchas optaron por incluir a España en su ruta. Así Elizabeth Bishop y su pareja de entonces, Louise Crane, viajaron a España en 1936 solo dos meses antes del estallido de la Guerra Civil (de la Guardia 37). También visitaron España, en 1932, Nancy Macdonald y su grupo de amigas de Vassar (Macdonald 29-30). Tras ese primer viaje, Nancy repitió. Volvió con su madre en 1933 y después, recién casada con Dwight Macdonald, uno de los intelectuales neoyorquinos más prestigiosos, pasaron los dos un mes de 1934 en Mallorca (Macdonald 32).

Ya con una gran simpatía por España ese grupo de graduadas de Vassar iniciaron una carrera profesional en Nueva York. Dos de ellas, Nancy Macdonald y Mary MacCarthy, se vincularon pronto a los grupos izquierdistas neoyorquinos que vivían con un fuerte compromiso los sucesos que llevaron a la Segunda Guerra Mundial. Tanto la pareja formada por Nancy y Dwight Macdonald como la de Mary MacCarthy y su entonces marido Harald Johnsrud iniciaron una carrera profesional contribuyendo en revistas culturales izquierdistas y en diferentes grupos de apoyo que luchaban contra el ascenso de los totalitarismos en Europa. Todos fueron activos simpatizantes del Popular Front. Es decir de la alianza de las fuerzas de centro izquierda para contener el avance del fascismo que en Estados Unidos, como en muchas otras naciones, lideraba el Partido comunista (Denning 4). Sin embargo los Macdonalds, muy decepcionados con el estalinismo tras conocerse las purgas soviéticas, se acercaron al trotskismo y fueron críticos con las alianzas del Popular Front y con el liderazgo de los partidos comunistas pro soviéticos. En el año 1939 Nancy y Dwight se unieron al Socialist Workers Party y Nancy se involucró en el Trotskyist Committee for Emergency Aid to Refugees que ayudaba a trotskistas y otros disidentes perseguidos en Europa. Cuando en 1941 los dos, Dwight y Nancy Macdonald dejaron el Partido trotskista por desavenencias con su disciplina, Nancy se llevó el Comité de ayuda con ella y toda su experiencia en ayuda a los refugiados. De todas formas ya nunca militó pero sus simpatías estuvieron en la izquierda no estalinista: en el trotskismo y en al anarquismo (Healey 29-30).

Tras su alejamiento de las políticas partidarias Dwight y Nancy Macdonald dejaron de colaborar en revistas como *Partisan Review* y comenzaron una andadura cultural nueva. *Politics* fue creación de los Macdonald y se editó entre 1944 y 1949 y en ella colaboró activamente Mary McCarthy quién también se tornó en una fuerte anti estalinista. Además de McCarthy entre los articulistas de *politics*, con p minúscula como defendieron siempre los Macdonalds, destacaron James Agee, John Berryman, Bruno Bettelheim, Paul Goodman y Hannah Arendt. En *politics*, un grupo de escritoras y trabajadoras lideradas por Nancy Macdonald iniciaron su labor de ayuda a los refugiados. En 1945, concluida la Segunda Guerra Mundial, sus amigos europeos informaron a los Macdonalds, de la mala situación de muchos de los refugiados. Ello les impulsó a crear, vinculada a *politics*, la Politics Pacakges Abroad (PPA) pidiendo las mujeres del grupo, a otros refugiados amigos, como Hannah Arendt, Bruno Bettelheim, Nicola Chiaromonte y Victor Serge, listas de personas que pudieran estar en grandes apuros en la Europa liberada. Así comenzaron envíos de ropa, enseres, dinero, alimentos y medicinas organizados por ellas. La labor de recaudar, ordenar y distribuir las ayudas la lideró Nancy Macdonald que ya destacaba como una gran trabajadora y gestora. Dentro de los refugiados un grupo tenía un apoyo especial. Conocedora, Nancy Macdonald, de las divergencias surgidas entre comunistas estalinistas y trotskistas en la España republicana durante la Guerra Civil sus simpatías estuvieron con el Partido Obrero de Unificación Marxista, POUM, que era trotskista, y con los movimientos libertarios (Wreszin 112).

Con el cierre de *politics* en 1949 por problemas económicos y por lo tanto de su organismo de ayuda, la PPA, Nancy Macdonald comenzó a trabajar en otra organización de ayuda a los refugiados, el International Rescue Comittee (IRC) y allí continuó su interés por los refugiados españoles sobre todo los residentes en Francia.

También la antigua compañera de Nancy Macdonald y de Mary McCarthy en Vassar, Louise Crane, se comprometió con el anti estalinismo aunque desde una posición liberal y sin militar en partidos de izquierda. Louise Crane, que no rompió con las simpatías hacia el partido republicano de toda su familia, se tornó desde los pactos entre la Alemania nazi y la Unión de Repúblicas Socialistas Soviéticas en 1939, en una anti estalinista comprometida y donó cantidades ingentes de dinero para ayudar a los refugiados de los totalitarismos ya desde finales de la Segunda Guerra Mundial en 1945 (de la Guardia 51-67).

Mujeres exiliadas y la ayuda a los refugiados

De la misma forma que las graduadas de Vassar College, muchas mujeres españolas y latinoamericanas que habían vivido el exilio y la petición de asilo de ellas y sus compatriotas se comprometieron con los refugiados.

Victoria Kent había salido de España en plena Guerra Civil para ayudar a los niños españoles de la zona republicana a buscar asilo en Francia y en otros países europeos. Esta abogada, fuertemente comprometida con la II República española —había sido directora general de Prisiones en 1931 y diputada en las legislaturas de 1931 y en 1936— fue nombrada delegada del Consejo Nacional de la infancia evacuada, creado en julio de 1937 y se trasladó a París como secretaria primera de la legación española en la capital francesa. Allí trabajó incansablemente para organizar la evacuación de los niños de los combatientes o caídos del ejército republicano. Buscarles hogares, trasladarlos, supervisar su bienestar, recaudar fondos entre organismos internacionales y entre sus propios amigos, mantuvieron muy ocupada a Victoria. En París entabló una gran amistad con una mujer tan comprometida con la democracia y con los demás como ella. Adéle de Blonay llevaba años trabajando con refugiados y exiliados. Adéle era la directora de una organización, el Service social d'aide aux émigrants (SSAE), fundado en 1924. La SSAE continuó activa durante la ocupación alemana de Francia teniendo que afrontar la estrecha vigilancia del ejército invasor y ayudando a los refugiados sobre todo a los judíos y también colaborando estrechamente con la labor de ayuda, ya clandestina, de Victoria Kent con los refugiados españoles (Ramos Palomo 251-283).

Victoria Kent y Adelé de Blonay para sus empresas relacionadas con los refugiados contaron con el apoyo de muchas amigas latinoamericanas. Tanto Gabriela Mistral como Victoria Ocampo contribuyeron con generosas donaciones a su labor. Gabriela Mistral entregó los derechos de *Tala* a Victoria para ayudar a los niños españoles[1].

Tras la liberación de Francia en 1944, Victoria Kent permaneció en París pero en 1947 la vemos exiliarse primero en México y a partir de 1950 a Estados Unidos. Allí, en Nueva York, lugar de la nueva residencia de Victoria Kent, otra vez las redes formadas por exiliadas españolas, vinculadas al institucionismo, y por licenciadas de los *colleges* femeninos estadounidenses tuvieron importancia. Victoria Kent conoció en la neoyorquina casa de la familia de los Ríos Garcia Lorca, que se habían exiliado allí, a la que se convirtió en su compañera afectiva y de trabajo durante 37 años: Louise Crane. Está relación impulsó todavía más los

---

1   Victoria Kent a Gabriela Mistral, París 20 de julio de 1939. Fondo Gabriela Mistral, Biblioteca Nacional de Chile.

contactos entre las amigas de Louise, todas licenciadas de Vassar College, y las de Victoria Kent provenientes del Instituto Escuela, la Residencia de Señoritas y el International Institute for Girls de Madrid (Zulueta 154-164).

Otra exiliada española, maestra pero proveniente de Cantabria, se instaló en Nueva York en 1941. Carmen Aldecoa, anarco sindicalista, mujer de Jesús González Malo, miembro de las Sociedades Hispánicas Confederadas y colaboradora de *España Libre* también formó parte de la red de mujeres comprometidas con las empresas de Nancy Macdonald de ayuda a los refugiados. Tan es así que las Hispánicas Confederadas nombraron a Nancy miembro de honor de la organización en 1954. Carmen Aldecoa fue profesora adjunta de lengua y literatura española durante todos sus años de exilio de diferentes *colleges* y universidades neoyorquinas (Feu17-75).

Esta red de mujeres será importante para el futuro de los refugiados españoles. Creemos, además, que no es casualidad la fuerza de las mujeres en las nuevas asociaciones de cuidado y de ayuda. La representación tradicional de lo considerado como femenino les acercaba más a la compasión y al cuidado de los otros. Pero siendo como eran mujeres feministas y vinculadas a las vanguardias hicieron activa esa representación y la transformaron en un compromiso social a través de organismos que supieron crear y liderar de forma eficaz.

Muy poco después de la llegada de Victoria Kent a Nueva York de forma definitiva, en 1952, la financiación pública estadounidense a los organismos que se ocupaban de refugiados perjudicados por los conflictos bélicos en Europa occidental cesó. Fue una de las consecuencias del viraje que estaba tomando la política estadounidense en la Guerra Fría que era cada vez más pragmática y alejada de los valores de las presidencias de Franklin Delano Roosevelt, ahora considerados "románticos". Las políticas estadounidenses de la Guerra Fría, desde el segundo mandato de Harry S. Truman y, sobre todo, desde la llegada a la presidencia de Dwight Eisenhower, tenían otras prioridades y así se firmaron pactos y tratados con regímenes no democráticos en su lucha de contención del comunismo. Eisenhower y Franco firmaron los Pactos de Madrid en 1953 convirtiéndose Estados Unidos y España en aliados (Viñas 55-80).

Todos aquellos que como Nancy Macdonald trabajaban en la ayuda a los refugiados vieron peligrar sus trabajos. Nancy, como muchos otros cooperantes, perdió por los recortes en ayuda humanitaria de la presidencia de Eisenhower, su trabajo en el IRC. Pero consideró que debía seguir ocupándose de los que denominó, siguiendo el término acuñado por su marido Dwight Macdonald, "the Forgotten people": los refugiados españoles no comunistas que seguían en Francia y que requerían su ayuda.

La fundación en Nueva York de la Spanish Refugee Aid

Nancy Macdonald, que como hemos visto, tenía ya una larga experiencia en labor humanitaria, que había conocido la difícil política de los años treinta y cuarenta de forma activa, que conocía España, que había seguido la Guerra Civil con preocupación y que había sido crítica con la política soviética desde las purgas del estalinismo, estaba cada vez más preocupada por los "márgenes" que el inicio de la Guerra Fría podía dejar. Si Estados Unidos ahora pactaba con Franco, si los militantes comunistas exiliados de España tenían el apoyo de la Unión Soviética, ¿qué pasaría con los otros activistas y sus familias que seguían en el exilio, que eran izquierdistas pero que no tenían el apoyo ni de la URSS ni del bloque occidental?

Si hacemos caso a Nancy Macdonald al producirse el viraje en la política gubernamental estadounidense con los refugiados, en 1952, existía en Nueva York una gran confusión sobre lo ocurrido con los refugiados españoles en Francia. Para muchos, entre ellos para Federico de Onís, profesor de español de la Universidad de Columbia, "Los refugiados españoles o estaban muertos o no necesitaban ayuda" (Macdonald). Pero aquellos que llevaban años trabajando con ellos, como era el caso de Nancy, sabían que seguían allí, cada vez más solos, menos protegidos y casi en tierra de nadie. La preocupación de Nancy Macdonald y de sus amigas neoyorquinas, entre ellas el antiguo grupo de Vassar College y el de las exiliadas españolas, era grande.

En el verano de 1952 Nancy Macdonald se embarcó con sus dos hijos en el Queen Elizabeth I, costeándose el viaje, para explorar *in situ* la situación de los refugiados españoles. Sus conclusiones fueron que todos ellos seguían necesitando ayuda material y confort espiritual. En total en su viaje cuantificó que existían en Francia unos 160.000 refugiados españoles muchos de ellos en condiciones pésimas. Macdonald recordaba en su informe que después de la Segunda Guerra Mundial aquellos supervivientes españoles con necesidades fueron ayudados por la International Refugee Organization (IRO). Esta organización fue desmantelada en septiembre de 1951 pasando los refugiados españoles al cuidado del Service Sociale d'Aide aux emigrants (SSAE). Esta organización independiente, por falta de medios, no podía ayudar sola a los refugiados españoles algunos con enfermedades graves como la tuberculosis y otros con discapacidad por las heridas de guerra.[2]

Este informe demoledor sobre la situación real de los refugiados llevó a que Nancy Macdonald se decidiera a actuar. Al regresar a Nueva York, Macdonald inició una campaña a través de telegramas y cartas que se publicaron en todos los medios de comunicación relevantes y que llegaron a los organismos gubernamentales denunciando la situación de los refugiados españoles en Francia. Todo su grupo de amigas, españolas y estadounidenses, le apoyó. Así los telegramas estaban firmados por Mary McCarthy, Hannah Arendt, Louise Crane y Victoria Kent, entre otros. La falta de respuesta oficial fue la causa de que Nancy optara por la fundación en 1953 de la Spanish Refugee Aid (SRA) para ayudar a los refugiados españoles que residían en Francia y que no tenían el apoyo ni de Estados Unidos ni de ningún otro país (McCarthy 18). Querían ocuparse junto a la SSAE de aquellos que habían quedado en tierra de nadie. "En ese primer año", contaba en un informe sobre la SRA Nancy Macdonald, "Con Pablo Casals y el General Lázaro Cárdenas como presidentes honorarios, James T. Farrell como presidente con una impresionante lista de apoyos (que incluía a Albert

---

2   NYU Libraries | Tamiment Library & Robert F. Wagner Labor Archives, Collection SRA, Box 174, Macdonald Nancy, Articles, Drafts.

Camus, Mary McCarthy, Sir Herbert Read y Norman Thomas) el comité fue capaz de recaudar 22.000 dólares".[3]

Desde el principio la organización estuvo integrada y tuvo un gran apoyo de las mujeres. El grupo de compañeras de Vassar y las exiliadas españolas en Nueva York se involucraron. Algunas en el comité de apoyó como Carmen Aldecoa y Mary MacCarthy y otras de forma menos visible como Louise Crane y Victoria Kent. "Louise estaba a punto de comenzar a publicar la revista Ibérica y su amiga íntima, Victoria Kent (…) sería la editora (…) discutimos nuestros intereses comunes y Louise se comprometió a ayudarnos" (Macdonald 112). La contribución económica de Louise Crane comenzó ese mismo año con una cantidad de 500 dólares. Su ayuda no cesó en 31 años aportando un total de 106.775 dólares (de la Guardia 194).

La SRA primero abrió una oficina en Nueva York en el 45 Astor Place. En 1954 Nancy trasladó las oficinas neoyorquinas a 80 East 11th Street (Macdonald 118). Después también se abrieron tres oficinas en Francia: en París, en Montauban y en Toulouse.

La ayuda que obtuvieron los refugiados españoles de la SRA fue muy diversa. Ropa, comida, dinero, ayuda médica, máquinas de coser, cámaras de fotos y máquinas de escribir. También crearon becas de escolarización y asesoramiento legal para los refugiados. Y la ayuda permaneció mucho tiempo porque la muerte de Franco en 1975 y la llegada de la democracia a España no supuso un cambio de actitud inmediato hacia los refugiados republicanos en el exilio. La opción de una transición consensuada y sin ruptura hizo que los gobiernos de la Transición española fueran cautos a la hora de reconocer sus derechos a los antiguos combatientes republicanos y a sus familias algo que aquellos que tanto habían colaborado con ellos, como la propia Nancy Macdonald, no pudieron comprender. Nancy tenía el deseo, no por egoísmo sino porque consideraba que era bueno para España, que esta y los españoles del interior se ocuparan de sus refugiados. Quería que España fuera justa con su propia historia.

---

3   NYU Libraries | Tamiment Library & Robert F. Wagner Labor Archives, Collection SRA, Box 174, Macdonald Nancy, Articles, Drafts.

Se estimaba que en 1975 había todavía más de 40,000 refugiados en Francia. Y tras la ley de amnistía, de 1977, algunos volvieron a España pero otros eran ya muy mayores o estaban enfermos o habían construido una familia en Francia y no quisieron regresar. En 1976 el gobierno español aceptó otorgar pensiones a los veteranos de Guerra republicanos con discapacidad pero la realidad es que fue difícil en la práctica acceder a ellas. Las propias necesidades de los españoles mayores residentes en España causaron que las pensiones para todos fueran muy bajas. A pesar de que Francia revocó el estatuto de refugiados a finales de los setenta, los antiguos refugiados españoles recibían ayuda sanitaria y educativa como todos los franceses. Todas estas razones llevaron a que muchos refugiados permanecieran en Francia y que la SRA continuase su labor (Macdonald 26). En marzo de 1984 una nueva organización: los Amigos de los Antiguos Refugiados Españoles se fundó y comenzó a contribuir con fuerza para ayudar a los refugiados existentes. Por fin una organización española ayudaba a sus compatriotas, ya muy mayores. Cuando en el año 2006 la SRA decidió cerrar sus puertas solo quedaban en Francia menos de cien acogidos a sus ayudas. De ellos pasó a ocuparse la International Rescue Committee.

Conclusiones

Las redes de mujeres establecidas durante años por los contactos entre Vassar College y otras universidades estadounidenses y los organismos vinculados con el institucionismo español fueron importantes para la creación y consolidación de asociaciones de ayuda y protección a los refugiados. La Spanish Refugee Aid creada por la graduada de Vassar Nancy Macdonald y financiada por sus compañeras de Vassar y por las exiliadas y exiliados españoles fue un claro ejemplo. La fuerza de las mujeres en la creación y organización de instituciones de ayuda a los refugiados forma parte de una tradición de la cultura femenina muy vinculada a la transformación de valores tradicionales considerados propios de las mujeres, como el de la compasión y el cuidado, en virtudes activas y eficaces.

Bibliografía

Denning, Michael. *The Cultural Front. The Laboring of American Culture in the Twentieth Century*. New York: Verso, 1996.

Feu, Montse, ed. "Estudio preliminar". *Correspondencia personal y política de un anarcosindicalista exiliado (1943-1965)*. Santander: Editorial Universidad de Cantabria, 2016. 17-75.

Guardia, Carmen de la. *Victoria Kent y Louise Crane en Nueva York. Un exilio compartido*. Madrid: Sílex, 2016.

Haley, Marta H. "'Somebody understand us' Nancy Macdonald and the Spanish Refugee Aid." Masters Thesis, University of Massachusetts-Amherst, 2007.

Macdonald, Nancy. *Homage to the Spanish Exiles. Voices from the Spanish Civil War*, New York: Insight Books, 1987.

Magallón, Carmen. "El laboratorio Foster de la Residencia de Señoritas. Las relaciones de la JAE con el International Institute for Girls in Spain, y la formación de las jóvenes científicas españolas". *Asclepio: Revista de historia de la medicina y de la ciencia* 59.2 (2007): 37-62.

Niño, Antonio. "Las Relaciones culturales como punto de reencuentro hispano-estadounidense". *España y Estados Unidos en el siglo XX*. Eds. Lorenzo Delgado y Dolores Elizalde. Madrid: CSIC, 2005. 57-94.

Ramos, María Dolores. "Exilio, historia y memoria. Victoria Kent: Cuatro años en París (1940-1944)". *París ciudad de acogida. El exilio español durante los siglos XIX y XX*. Eds. Fernando Martínez López, Jordi Canal i Morrell, Encarnación Lemus López. Madrid: Marcial Pons Historia, 2010. 251-283.

Viñas, Ángel. *En las garras del águila. Los pactos con Estados Unidos de Francisco Franco a Felipe González (1945-1995)*. Barcelona: Crítica, 2003.

Wreszin, Michael. *Interviews with Dwight Macdonald*. Jackson: U P of Mississippi, 2003.

Zulueta, Carmen de. *Compañeros de paseo*. Madrid: Renacimiento, 2001.

EL PODER DE LOS VENCIDOS. REDES EDUCATIVAS Y EXILIO REPUBLICANO EN VASSAR COLLEGE, 1922-1968[1]

Elena Sánchez de Madariaga
Universidad Rey Juan Carlos

En estas páginas se estudian las redes educativas del exilio como redes de poder en el marco de la evolución del departamento de Español de Vassar College, universidad privada elitista para la educación de las mujeres situada en Poughkeepsie (Nueva York). El estudio abarca desde 1922, cuando el departamento inició una andadura independiente, hasta 1968, último año en que Vassar fue una institución dedicada exclusivamente a la educación femenina. Se examinan las conexiones personales que vinculaban el institucionismo en España y el hispanismo en Estados Unidos con el exilio republicano y se muestra el funcionamiento de la red en relación con la selección del profesorado y su contratación. Una parte de la documentación utilizada procede del archivo personal de Pilar de Madariaga, que fue profesora en Vassar College. Son principalmente cartas privadas inéditas que proporcionan una visión desde dentro de la red institucionista en el exilio.[2] El objetivo del trabajo es explorar la capacidad de ejercer poder que tuvieron colectivos desposeídos de poder, como eran los exiliados republicanos españoles y, más en particular, las mujeres exiliadas. Se pretende así contribuir a la reflexión sobre las posibilidades de reconstrucción de redes sociales y culturales

---

1   Este trabajo forma parte del proyecto HAR2012-32755 (MINECO).

2   He podido acceder a este fondo documental gracias a mi relación familiar con ella, que era hermana de mi abuelo materno. El archivo está en proceso de organización.

y la capacidad de actuación en una situación de pérdida de poder político y de desarraigo para unos grupos sociales que habían formado parte de las élites intelectuales y profesionales en la España republicana.

Las universidades de mujeres de la costa Este de Estados Unidos ocuparon un lugar destacado en las relaciones culturales y educativas de las primeras décadas del siglo XX entre España y Estados Unidos, en las que tanta relevancia tuvieron la Institución Libre de Enseñanza y el Instituto Internacional (International Institute for Girls in Spain). A estos *colleges* fueron numerosas estudiantes españolas pensionadas por la Junta para Ampliación de Estudios e Investigaciones Científicas (JAE). Destaca el Programa de Intercambio entre la Residencia de Señoritas y Smith College, pero también hubo acuerdos con Vassar, Bryn Mawr, Radcliffe, Barnard y Wellesley (Vázquez Ramil 217-232). Las redes educativas entre España y Estados Unidos tuvieron, de hecho, una gran importancia en la cuestión fundamental en la época de la educación superior de las mujeres (Piñón Varela).

Los lazos entre el institucionismo español y el hispanismo en Estados Unidos resultaron ser de capital importancia cuando la represión franquista impelió al exilio a los españoles derrotados en la Guerra Civil. El exilio republicano en Estados Unidos se caracterizó precisamente por la significativa presencia de intelectuales y profesionales vinculados al entorno liberal y laico de la Institución Libre de Enseñanza. Este tipo de emigración fue posible gracias a la existencia de esas redes sociales y culturales previas, que se activaron a partir de 1936 y resultaron ser eficaces en la acogida de refugiados (Guardia Herrero).

La asunción como profesores y profesoras de lengua, literatura y cultura españolas de un número elevado de exiliados permite considerar estas redes sociales como verdaderas redes de poder en el ámbito académico del hispanismo. Estamos hablando de cadenas de conexiones personales entrelazadas que, en el contexto traumático de la guerra y el exilio, permitieron rehacer sus vidas a numerosas personas en un país como Estados Unidos, que no reconocía el estatuto de refugiado político a los exiliados españoles. Estas redes educativas no sólo abarcaban Estados Unidos, sino también Puerto Rico, que tuvo una gran importancia en la acogida a exiliados y en los desplazamientos académicos que caracterizaron a este entramado cultural (Ruiz).

El Departament of Spanish de Vassar College se creó como departamento independiente en 1922, al desgajarse de un departamento en el que se compartía la enseñanza del español y del italiano. Ambos idiomas habían formado parte del Department of Ancient and Modern Languages and Literature, que era uno de los ocho primeros departamentos del *college*, fundado en 1861. En la configuración y desarrollo de los estudios de español tuvo mucha importancia Edith Fahnestock, quien se incorporó a Vassar en 1908 y fue *chairman* del departamento desde 1922 hasta su jubilación en 1939. Edith Fahnestock (1872-1956) se había formado en lenguas románicas (francés, italiano, español), si bien se decantó por el español en su larga carrera docente. Según las autoras de un ensayo biográfico escrito tras su fallecimiento, Edith Fahnestock poseía una visión cosmopolita e interdisciplinar de la enseñanza, en la que se enmarcaba su concepción del hispanismo y su relación con España y la Institución Libre de Enseñanza (Daniels et al.). Bajo su dirección, el programa de estudios de español se expandió con profesores y conferenciantes procedentes de España y de países latinoamericanos y con asignaturas impartidas en castellano sobre literatura y cultura hispanoamericanas.

Edith Fahnestock tuvo desde principios del siglo XX mucha relación con el institucionismo en España, lo que décadas después resultó ser crucial en la acogida de exiliadas. Participó desde sus inicios en 1912 en los cursos de verano de lengua y literatura españolas para extranjeros organizados por el Centro de Estudios Históricos, dirigidos por Ramón Menéndez Pidal (Daniels et al.). Formó parte de la Corporación del Instituto Internacional desde 1916, siendo representante de Estados Unidos en Madrid en 1922-1923, directora en Estados Unidos de 1923 a 1946, y miembro del Comité Ejecutivo permanente de 1928 a 1946 (Sweeney, carta a Mrs. Lockwood).

En los años 20, fueron a Vassar College varias estudiantes españolas pensionadas por la JAE. Entre ellas se encontraba Margarita de Mayo (1891-1969), maestra titulada en la Escuela Superior de Magisterio, cuyo encuentro con Edith Fahnestock en Madrid está en el origen de su ida a Estados Unidos en 1924-1925. Margarita de Mayo desarrolló su carrera profesional en Vassar desde 1927 hasta su jubilación en 1956. A comienzos de los años 50, fue la primera directora de Estudios del programa de Middlebury College en España para alumnos estadounidenses. El *Middlebury College Graduate School of Spanish in Spain* se inició en 1951-1952 con un semestre en Madrid y otro en Salamanca. En el primer semestre, el programa se estableció en el Instituto Internacional, que acababa de volver a alojarse en su sede de Miguel Ángel, 8, del que era secretaria Mary Sweeney.[3]

Varias de las pensionadas por la JAE en los años 20 y 30 coincidieron con Margarita de Mayo en el departamento dirigido por Edith Fahnestock. Allí inició también su trayectoria como profesora de español Mary Sweeney, que estuvo muchos años al servicio del Instituto Internacional (Sweeney, carta a Mrs. Lockwood). Algunas de las becarias en Vassar se vieron forzadas al exilio. Fue el caso de María Díez de Oñate, exiliada en Estados Unidos, que fue profesora en Wellesley College; de Carmen Ibáñez Gallardo, que se exilió en México con su marido Cipriano Rivas Cherif; de Carmen Huder Carlosena, exiliada en Venezuela, cuya hija Carmen Yárnoz fue estudiante en Vassar en 1946, cumpliendo los deseos de su madre (Vázquez Ramil 226, 455-457).

Pilar de Madariaga (1903-1995), hermana del político e intelectual Salvador de Madariaga, había sido becada por la JAE en 1929 para realizar estudios en el departamento de Química de Vassar College, donde obtuvo el Masters of Arts. Estaba especializada en espectroscopia y fue investigadora en Stanford University, en la Universidad de Columbia y en el equipo de Miguel A. Catalán en el Instituto Nacional de Física y Química en Madrid. En el exilio se reconvirtió en profesora de lengua y literatura en el propio Vassar College.[4]

---

3 Margarita de Mayo Folder, Vassar College Archives.

4 Archivo de Pilar de Madariaga (APM). En 1949 obtuvo en Middlebury College el Doctor of Modern Language degree con una tesis titulada "Las novelas de Azorín. Estudio de sus temas y de su técnica" dirigida por Pedro Salinas.

En enero de 1937, Edith Fahnestock escribía:
> Mi querida amiga Pilar, El curso próximo tendremos una vacante de *instructor* de español. Sé por Margarita que Vd. desea volver a los Estados Unidos. [¿]Aceptaría Vd. la plaza antedicha con el sueldo de $1.800?

Esta carta es la primera de una serie con varios intervinientes que se prolongó hasta el viaje de Pilar a Nueva York en barco en el otoño de 1939, con un pasaporte de la República española que ya no tenía validez y un affidavit tramitado en la embajada norteamericana en París. Este intercambio epistolar permite obtener una visión interna del funcionamiento de la red institucionista en un momento trascendental en la vida de Pilar de Madariaga, el de la difícil y traumática salida de la España en guerra en marzo de 1939 desde Alicante y la obtención de un puesto de trabajo en el exilio. La principal artífice fue Margarita de Mayo, educada en el medio institucionista pero que, frente a las ideas liberales predominantes en el institucionismo, había derivado hacia posturas conservadoras y antirrepublicanas. En sus cartas manifestó una intensa amistad por Pilar, que era republicana de izquierdas, que situaba por encima de las discrepancias políticas que había entre ellas. Margarita de Mayo anteponía expresamente la amistad a la política en una carta de 5 de octubre de 1937 escrita a Asita de Madariaga, hermana de Pilar: "No me importaba el que Pili tuviera o hubiera tenido exaltación política de ideas opuestas a las mías. Cuando media la amistad, es ésta la [que] pilotea nuestra vida, y nada puede lo circunstancial de la política". En la misma carta, Margarita ofrecía su ayuda en el radical cambio de profesión que tendría que afrontar Pilar: "Yo me encargaré de orientarla en los rumbos de la literatura española y antes de mucho estará en condiciones de hacer tan buena labor como cualquier especializado". Susan Huntington también intervino en la obtención del puesto de trabajo. La antigua directora del Instituto Internacional en Madrid desempeñó durante años un papel muy importante de intermediación entre el hispanismo y el institucionismo y fue una de las figuras clave en la recepción de exiliados en Estados Unidos durante la guerra y en la postguerra.

Presidía entonces la Casa de las Españas en la Universidad de Columbia, donde también se encontraban Federico de Onís y Ángel del Río. Requerida por Asita de Madariaga para ayudar a su hermana, Susan Huntington proporciona un testimonio muy vivo de la acogida a los refugiados que llegaban a Nueva York en una carta fechada el 14 de abril de 1938:

> Aquí se encuentra [José] Castillejo, el cual toma la palabra cuando puede. Ya se encuentra en la Universidad de Columbia después de su viaje a California. Aquí él tiene a muchos amigos entre los intelectuales.
> Adolfo Salazar llegó ayer de Habana y Puerto Rico. Hace poco que Américo Castro dio una conferencia en la Casa de las Españas. [Ramón] Menéndez Pidal se encuentra en casa de [Federico de] Onís. Laura de los Ríos estudia en Columbia y me parece encantadora y trabajadora. Su madre se encuentra no muy fuerte y la abuelita muy delicada. Laura es el consuelo de todos. Vd. habrá conocido durante muchos años en la Residencia a Sofía Novoa y ella también trabaja aquí con su música. Consigue ganar su vida y se encuentra contenta entre las varias chicas aquí de Fortuny. María Antonina Sanjurjo y [sic] Isabel Brugada trabajan juntas cerca de Nueva York y las veo a menudo, muy buenas chicas. Todos nos reunimos en la Casa de las Españas y ellas cantan las cosas de España como solían hacer en la Residencia; así las pobres se consuelan algo en estos días tan tristes.
> La semana pasada, María y Nora Sweeney me visitaron aquí unos días. Almorzamos con Miss Fahnestock el martes y vimos a varias en Nueva York pasando sus vacaciones de primavera. [¡]Ojalá que el año que viene esté Pilar aquí con nosotras!
> Con mis afectos de siempre, cuente V. con la sincera amistad de su amiga antigua Susana Huntington de Vernon.

Las cartas conservadas muestran cómo la densa red institucionista e hispanista funcionó con éxito, así como el protagonismo de las mujeres (españolas y estadounidenses) en el manejo de los hilos. También revela fisuras y tensiones internas, relacionadas con divergencias políticas y rivalidades personales. Margarita de Mayo se arrogaba la "preservación" del puesto para Pilar de Madariaga, que afirmaba haber defendido "a dentelladas" en un contexto de mucha competencia por la continua llegada de exiliados y manifestó un fuerte recelo hacia Susan Huntington, a la que llega a llamar "la bruja de Brooklyn" (Mayo, carta a Pilar de Madariaga).

A partir de 1939, Vassar College reclutó sistemáticamente en su departamento de Español a refugiados republicanos, sobre todo mujeres.[5] Formarían parte "de los afortunados, porque tenían empleos", en expresión de Zenobia Camprubí en una carta a su amiga Pilar de Zubiaurre escrita en diciembre de 1940 al referirse a los exiliados que veía en Nueva York (González-Allende 371-372).[6]

En el periodo que va de 1939 a 1968, el núcleo duro del departamento de Español estuvo formado por cuatro mujeres. Allí desarrollaron sus carreras hasta ser catedráticas y se jubilaron Margarita de Mayo (1924-1925 / 1927-1956), Pilar de Madariaga (1939-1968), Sofía Novoa (1942-1967) y Camila Henríquez Ureña (1942-1959). Las tres primeras, españolas, fueron quienes dirigieron el departamento a lo largo de estos 30 años, con la excepción del curso 1958-1959 en que fue *chairman* Camila.[7]

Sofía Novoa (1902-1987), nacida en Vigo, se había educado en el medio institucionista. Como relata Susan Huntington en su carta de 1938, Sofía conocía a Pilar de los tiempos de la Residencia de Señoritas. Era pianista y había desarrollado una

---

5   La información sobre la evolución del profesorado procede principalmente de los *Bulletin of Vassar College*, publicados anualmente en marzo, que contienen los catálogos de los programas de las asignaturas. Se han consultado los boletines de 1939 a 1968 en la Biblioteca de Vassar College.

6   Zenobia Camprubí menciona a Santullano, Paquito García Lorca, Navarro Tomás, Isabelita G. Lorca, Fernando de los Ríos, Pilar Madariaga y Sofía Novoa.

7   Además de los *Bulletin of Vassar College*, se han consultado las carpetas personales de las cuatro profesoras en Vassar College Archives.

excelente carrera musical. Se diplomó en el Conservatorio de Música de Madrid en 1922 y continuó sus estudios en Lisboa y París pensionada por la JAE. De familia republicana, se exilió en Estados Unidos en 1937. Se incorporó a Vassar College en 1942.[8] Ese mismo año entró en el departamento Camila Henríquez Ureña (1894-1973), inicialmente como *visiting professor*.[9] Nacida en la República Dominicana y nacionalizada cubana, era doctora en pedagogía y en filosofía, muy culta, feminista, y con una sólida trayectoria como especialista en literatura e historia de las mujeres. Camila pertenecía a una familia de intelectuales, entre los que destacan su madre, la poeta Salomé Ureña, y su hermano el ensayista y crítico literario Pedro Henríquez Ureña (Yáñez).

Como otros miembros de su familia, Camila Henríquez Ureña conocía de cerca el exilio político. Su incorporación como profesora a Vassar College se debió a sus conexiones con el exilio republicano español. En la novela *En el nombre de Salomé*, la escritora de origen dominicano Julia Álvarez recrea la última conferencia en Harvard de Pedro Henríquez Ureña en 1941 y la despedida y homenaje de sus amigos del mundo académico. Retrata una reunión de exiliados en el Toro Triste, local de un español republicano. Ahí están, recitando poemas y cantando canciones, Camila y Pedro Henríquez Ureña, Jorge Guillén y su mujer Germaine Cahen, Pedro Salinas, Ángel del Río y su mujer Amelia Agostini, Joaquín Casalduero. En la conversación, Jorge Guillén le dice a Camila que hay una plaza vacante en Vassar y que allí tiene a su amiga Pilar, a la que podría llamar (Álvarez 133-136).

El predominio de mujeres en el profesorado fue un rasgo distintivo hasta finales de los años 50. La búsqueda de candidatas exiliadas formó parte de la política de selección del profesorado y está documentada en las cartas del epistolario estudiado. Mercedes Rodrigo, la pedagoga y pionera de la psicología aplicada exiliada en Colombia, respondía en septiembre de 1940 desde Bogotá:

---

8   Sofía Novoa Folder, Vassar College Archives.

9   Camila Henríquez-Ureña Folder, Vassar College Archives.

> Muy querida Pilar. Para que veas mi <u>eficacia</u>, no tengo una muchacha en las condiciones que pides sino dos y si me apuras, tres. Se trata de las hijas de [Luis de] Zulueta. Carmen está llegando en estos momentos a New York porque tiene una beca de estudio, en no sé qué College de Boston. Aquí quedan Concha e Inés, especialidad la primera en Archivos, Filología etc. y la segunda ya ha dado clases de español en Poitiers. Pero ... las dos están bien colocadas aquí, y no les es posible abandonar de repente sus respectivos destinos. Tu proposición les interesa muchísimo [...] se pudiera aplazar quizás para el próximo curso si falla la que tenéis a la vista actualmente. Lo mejor es que os pongáis pronto en relación directa con ellas. Realmente están hechas a la medida para lo que buscáis.

Carmen de Zulueta no se incorporó en 1940 al departamento, pero sí lo hizo en 1943, como relata en sus memorias (Zulueta 230).

El 17 de septiembre de 1940, Concha de Albornoz, que deseaba conseguir un trabajo en Estados Unidos relacionado con su profesión (era licenciada en Filosofía y Letras y profesora de lengua y literatura), se ponía en contacto con Pilar desde su exilio en México:

> Querida Pilar: Aunque no sé si usted me recordará, me tomo la libertad de molestarla por si acaso Vd. tuviera la bondad de recomendarme a la Srta. Mayo para la vacante que parece va a haber en el Vassar College en la enseñanza del español. Le he escrito ya a la Srta. Mayo enviándole mi "curriculum vitae", por eso no creo necesario remitírselo a Vd. también. María Zambrano, a quien fue ofrecido el puesto, y que no puede aceptar, me recomendó ya con interés a la Srta. Mayo.

En 1940 no fue posible su entrada en Vassar, pero sí lograría ir más tarde, en 1944, a Mount Holyoke, asimismo un *college* femenino.

Solita Salinas, la hija de Pedro Salinas, fue profesora en Vassar de 1945 a 1947. Lola Sacristán se incorporó en 1946 y permaneció hasta 1956. Era maestra y había sido pensionada por la JAE para estudiar organización escolar en Inglaterra (Junta 193). Tras su retiro, debido probablemente a una enfermedad, fue a vivir a México donde se encontraban exiliados sus hermanos.[10] Lucinda Moles, sobrina del científico Enrique Moles, pensionada por la JAE en Wellesley College en 1933-1934 (Vázquez Ramil 227), se exilió y dio clases en Vassar de 1955 a 1957.

A partir de 1957 se produjo un llamativo proceso de masculinización en el departamento. Los varones pasaron de tener una presencia testimonial —únicamente Federico de Onís figura en 1940-1942 en los *Bulletin of Vassar College*— a protagonizar la mayor parte de las nuevas contrataciones. No fue algo buscado por las profesoras que dirigían el departamento. El 7 de enero de 1959 Sofía Novoa relataba a Pilar de Madariaga, que se encontraba en España con un año sabático, las novedades en la contratación del profesorado. Señalaba la abundancia de hombres y la escasez de mujeres en el congreso de la Modern Language Association:

> Fui a la MLA a ver candidatos. Cientos de hombres. Parece que todas las mujeres han contraído el sagrado vínculo ese. Y he encontrado a un muchacho encantador, español, Germán del Río, del que Paco [García Lorca] me ha dado las mejores referencias. Este chico —casado, con hijo y medio, instructor ahora en M Holyoke— podría reemplazar a Néstor.

En 1957 se había incorporado Néstor Almendros, que permaneció hasta 1959, cuando fue a la Cuba revolucionaria. Era hijo del pedagogo Herminio Almendros, exiliado en Cuba. Néstor

---

10   En las cartas que escribió a Pilar de Madariaga desde México se refiere a su enfermedad y tratamiento.

trabó una buena amistad con Camila, Pilar y Sofía, reflejada en el epistolario. Dirigió con éxito obras de teatro en la Escuela Española de Middlebury College, donde se reunía todos los veranos buena parte del exilio español dedicado a la enseñanza de su cultura. Como él mismo relata, vivió varios exilios: de la España franquista, de la Cuba de Batista y de la Cuba castrista (Almendros 52). En 1965 se incorporó el poeta Alfredo Matilla, exiliado en Puerto Rico, que fue recomendado por Jorge Guillén en una carta de 1964, con su elegancia habitual:

> Mi querida Pilar: Le escribo hoy para hacerle una recomendación. (Y de paso enviarle un cariñoso recuerdo.)
> Es candidato a un puesto en ese departamento de Español el joven español Alfredo Matilla. Yo no le conozco personalmente. Pero me aseguran que es un hombre serio, inteligente y bien preparado. Me han pedido que le escriba a usted. —¿A Pilar de Madariaga? Encantado.
> Y, en efecto, así es. Le agradeceré, querida Pilar, que <u>considere</u> usted el caso de este joven Alfredo —hijo de un refugiado muy conocido en esta Isla.

En 1968, el último curso antes de la implantación de la coeducación, entraron en el departamento el hispanista estadounidense Inman Fox y el poeta español Germán Bleiberg. Este último, republicano y de familia judía, había sido encarcelado a comienzos del franquismo y emigró a Estados Unidos en los años 60. Fueron ellos quienes dirigieron el departamento de Español en la nueva etapa, rebautizado como departamento de Estudios Hispánicos.

Los españoles llegaron a representar el cincuenta por ciento del profesorado del departamento de Español entre 1939 y 1968. Todos estaban vinculados al institucionismo y/o al exilio. En su mayoría eran mujeres. El caso de Vassar College sugiere que las posibilidades de actuación y de ejercer poder de las mujeres exiliadas eran amplias en los espacios académicos netamente femeninos. El hecho de haber disfrutado de becas de la JAE emerge como un factor diferencial. Las exiliadas pensionadas por la JAE en los años 20 y 30 —en Estados Unidos o en países europeos— no solo pertenecían a la red institucionista, sino que poseían una experiencia internacional y una formación que favorecieron decisivamente su inserción laboral en el ámbito académico en Estados Unidos.

Bibliografía

Albornoz, Concha. Carta a Pilar de Madariaga. 17 de septiembre de 1940. Archivo de Pilar de Madariaga (APM).
Almendros, Néstor. *Días de una cámara*. Barcelona: Seix Barral, 1982.
Álvarez, Julia. *En el nombre de Salomé*. Madrid: Alfaguara, 2002.
Bulletin of Vassar College. Poughkeepsie, Nueva York: Vassar College, 1939-1968.
Daniels, Elizabeth A. Josephine M. Gleason, y Pilar de Madariaga. "Fahnestock, Edith, 1872-1957. Memorial Minute." Digital Collections, Vassar College Archives. Web.
<https://digitallibrary.vassar.edu/islandora/object/vassar%3A31847>
Fahnestock, Edith. Carta a Pilar de Madariaga. 7 de enero de 1937. APM.
González-Allende, Iker. "Hermandad femenina en el exilio: escritura terapéutica
en cartas inéditas de Zenobia Camprubí". *RILCE* 32.2 (2016): 364-387.
Guardia Herrero, Carmen de la. "Diásporas culturales. Los republicanos españoles y la transformación del hispanismo estadounidense". *Miríada hispánica*, 1 (2010): 117-128.
Guillén, Jorge. Carta a Pilar de Madariaga. 27 de abril de 1964. APM.
Huntington, Susan. Carta a Asita de Madariaga. 14 de abril de 1938. APM.

Junta para Ampliación de Estudios e Investigaciones Científicas. *Memoria correspondiente a los cursos 1933 y 1934*. Madrid: Góngora, 1935.

Mayo, Margarita de. Carta a Asita de Madariaga. 5 de octubre de 1937. APM.

---. Carta a Pilar de Madariaga. 3 de abril de 1939. APM.

Novoa, Sofía. Carta a Pilar de Madariaga. 7 de enero de 1959. APM.

Piñón Varela, Pilar. *Go West Young Woman! Redes transatlánticas e internacionalismo cultural. Las mujeres como protagonistas del intercambio académico entre España y los Estados Unidos (1919-1939)*. Tesis Doctoral, UNED, 2016.

Rodrigo, Mercedes. Carta a Pilar de Madariaga. 18 de septiembre de 1940. APM.

Ruiz, Emilio F. "La acogida de universitarios españoles en Puerto Rico a raíz de la Guerra Civil española (1936-1939): los primeros momentos". *Migraciones y Exilios*, 9 (2008): 49-72.

Sweeney, Mary. Carta a Mrs. Lockwood. 27 de noviembre de 1956. APM.

Vázquez Ramil, Raquel. *Mujeres y educación en la España contemporánea. La Institución Libre de Enseñanza y la Residencia de Señoritas de Madrid*. Madrid: Akal, 2012.

Yáñez, Mirta. *Camila y Camila*. La Habana: Ediciones La Memoria, 2003.

Zulueta, Carmen. *La España que pudo ser. Memorias de una institucionista republicana*. Murcia: Universidad de Murcia, 2000.

U.S. AND SPANISH WOMEN: INFLUX AND ACTIVISM IN THE SEVENTIES[1]

MONTSERRAT HUGUET
Universidad Carlos III de Madrid
FRANCISCO J. RODRÍGUEZ
Universidad de Salamanca, Universidad de Extremadura

As happened in early feminist movements in the 19th century, women have commonly had several reasons for creating specific organizations to defend their rights, and vindicate their commitments to protect children or family life. The long-lasting experience of war and destruction has usually been an important and specific driving force for women to get involved in social movements. There is a tradition of western women organizing (Banaszak) against those that they think hurt humankind, for example the protests against Nuclear Proliferation during the second half of the 20th century. In the United States, women started to mobilize against nuclear experiments in areas where those tests took place or where nuclear facilities were established throughout the 1950s. Women feared the possible terrible birth defects of their children.

But it was not until the seventies and eighties that those women's anti-proliferation movements reached a higher level of organization and intensity: namely in the UK, U.S., Australia, Italy, and Germany (Huguet and Branciforte). A reason behind

---

[1] This text was written in the framework of the research projects: "Diccionario Biográfico de mujeres universitarias en las universidades de Salamanca, Valladolid, Madrid y Sevilla" (Ref: SA233U14) and "Mujeres y Saber. El acceso femenino a la sociedad del conocimiento en España" (Ref: HAR2014-58342-R); both directed by professor Josefina Cuesta Bustillo. Our gratitude for her support and advice.

'women-only' anti-nukes activism was for effectiveness, even if forgetting the most relevant gender goals (Cohn). In many countries the anti nukes movements mobilized against conventional systems of power (Giugni), that —as Feminists say (Love)— predisposes society to danger and conflict (Brown and Brutoco). In the following pages, we will first focus on describing an example of this women's activism in the U.S., and then on analyzing the possible influence in Spain of U.S. actresses and models.

CALIFORNIAN *MOTHERS FOR PEACE* NO NUKES MOVEMENTS

Since the Three Mile Island accident (1979), the U.S. has not built new nuclear plants on its soil so that the risk of big new accidents would not increase. The exception to this was the creation in California of a Nuclear Power Plant in Diablo Canyon run by Pacific Gas and Electric (PG&E). Its construction started in 1968 and it went on line 1985 with a license to operate through 2014. In the 1960s, when PG&E announced its porpoise to build a nuclear power plant on the Nipomo Dunes in San Luis Obispo County, many civil groups, clubs, and associations —for example, the Scenic Shoreline Preservation, Conference and San Luis Bay Properties— strongly opposed it because of the impact of this plan on the shoreline. Finally, the construction went on with Diablo Canyon Unit One (1968). During the 1970's, people in California, including many women's organizations, exhibited an increasing concern and responsibility about environmental protection measures (Field). From those days up to now, the *Mothers for Peace* group has kept on doing its job, denouncing the risks of nuclear energy (Wills).

In the 1950's Cold War years, northern and central California's PG&E was planning to become a giant in nuclear energy. The civil battle against it started in 1958 when the Santa Rosa Press Democrat published the first story on PG&E's plans (Wellock). The site chosen near the San Andreas Fault Zone was only a few miles from the epicenter of the Great San Francisco Quake, where ground shifts of over 20 feet had occurred (1906).

In fact, the company planned the construction of more than sixty reactors along the Californian coast during the early 1960's. PG&E even said a reactor could be built in downtown San Francisco.

In California a nuclear incident occurred on January 31st, 1970, at the San Onofre Nuclear Generating Station, on the beach 45 miles north of San Diego, when a warning sensor detected a small escape in a recently installed steam-generator tube. According to the Nuclear Regulatory Commission, a small amount of radioactive gas was freed into the atmosphere. The plant had to be shut down as investigators tried to determine what had happened. Nevertheless, officials insisted that the public was never in danger and the power plant was not hazardous. After the 1971 earthquake in southern California, opposition mounted to the point that PG&E decided to cool its projects down. Again, in 1977, a reactor was shut down during refueling. On March 20th, 1979, a light bulb dropped into an instrument panel causing a rapid cool-down of the reactor that could have devastated the reactor vessel. That Californian incident was considered the 3rd worst nuclear accident during the 1970" in the US.

Figure 1. Source: Mark Raslton, App Getty. Source. CBS Los Angeles.

The anti-nuclear power movement in the United States —especially in California— peaked in 1979, with widespread protests and the No Nukes concert in New York City (Smith). Anti-nuke sentiment had become latent in people's reactions. The formation of collective emotion facilitates the consensus of the core framing tasks by functioning in four ways: identification of a common grievance, reinforcement of collectivity, the identification of the "enemy" through direct demonstrative action, and the formation of a platform for joint action. The process of identifying a common grievance affected the initial stages of No Nukes activism. It enabled the atomistic individuals to form a common platform on what issue to focus on. Emotional exposure also reinforced the feeling of "us," or the collectivity of the group. Sharing a common grievance helped individuals come together to mobilize themselves. The public meetings functioned as a site to identify the common enemy and to take direct emotional actions in such forms as speaking out about their complaints and raising fists. By expressing their anger directly toward the government or nuclear power plant officials, a clear distinction between "ally" and "enemy" was created.

Opposition to nuclear power in California coincided with the growth of the country's environmental movements (Gottlieb) that increased when President Richard Nixon called for the construction of 1,000 nuclear plants by the year 2000. The No Nukes grassroots campaigns succeeded in educating the region on the disadvantages of PG&E's plans (Natti). Growing anxieties about the huge push for nuclear development in California culminated in a 1975 state-wide proposal —named Proposition 15, or Nuclear Power Plants Initiative— to restraint on the development of nuclear power and finish the erection of reactors (Hevly and Findlay 200-236).

The conflict between nuclear power supporters and ecologists grew to embrace non-violent civil disobedience (Barkan). In 1976, non-violent opposition against the plant enhanced when eight activists were arrested while protesting at the front entrances of the Diablo Canyon site. National media began to focus on the hostility to the plant. In 1976 the state of California placed a moratorium on new reactors until a solution to radioactive waste disposal was in place. On August 6, 1977, Abalone Alliance (AA) organized a protest blockade at the gates of the reactor site. Meanwhile, 47 people of a 1,500-person in a rally at a proximate site were arrested. A year later, 1978, 487 Abalone Alliance activists were jailed in a bigger demonstration (5,000 protesters blocking the gates) at Diablo Canyon. After the release of *The China Syndrome* film (1979), residents participated in a march from the San Luis Obispo movie theater to the PG&E office. In June, AA organized the U.S.' largest anti-nuclear power rally, with 40,000 people. Protesters wore t-shirts with slogans such as "Remember Three Mile Island" or "Make Mine Sunshine" in support of solar energy. Those days, popular artists —such as Jane Fonda or Ralph Nader— contributed to popular anti-nuclear discourses.

Beginning in 1973, a young group of progressive mothers, *Mothers for Peace* (MFP) started acting against the horror coming from nuclear power plants. The idea of nuclear soil brought the *Mothers* dark images of the future. For 42 years the MFP has been fighting against Diablo's existence. Nuclear power was dangerous to the state, to the people, to the kids, that was all those women wanted to know about Diablo Canyon. As the activists they were, in 1969 MFP had started out opposing the Vietnam War (Surbrug). But when their members came to know that a big excavation was going on near Avila Beach to build a nuclear power plant, MFP changed their goals. The Anti-Vietnam MFP did not know yet what a nuclear power plant meant, but as soon as the MFP studied and learned about nuclear power and its dangers (in the seventies), the MFP women said that, as the citizens they were, they had the legal right to decide how the plant was to be regulated.

Figure 2. Aballone Alliance member group, The Mother Bear Brigade, meets the Sheriff's Department inside the main gate of the plant during the two-week-long major direct action effort against Diablo Canyon in 1981.
Source: *Steve Stallone/Abalone Alliance*

"Petitionism" is a long-time tradition in U.S Women's civil right's history. *Mothers for Peace*, as a local NGO that used direct action as well as legal intervention to promote peace and fight nuclear power and weapons, stated its opposition to the proposed reactors based on the lack of an evacuation plan in case of an explosion or meltdown. Throughout the 1970s, the MFP joined with other groups, including many concerned professors at California Polytechnic State University, who started to fight together the plant's ongoing construction. They were, however, patronized by the Atomic Energy Commission (now the Nuclear Regulatory Commission). MFP members attended meetings or held marches and hearings, filed motions, and hired lawyers to constantly challenge PG&E plans. However, all that effort proved useless as the plant was finally built in the 1980s.

In 1977, a new ally joined the Mothers' fight. It was the above-mentioned Abalone Alliance, founded in the Bay Area. That year they held their first blockade at the entrance of Diablo Canyon, many of them arrested for crossing the symbolic *blue line*. Women with their kids and babies tried to cross the *blue line*. Young women with sons and daughters didn't know what was going to happen if they committed civil disobedience, though they figured they would be arrested. Ultimately, the protests, petitions, sit-ins, and lawsuits were unsuccessful: in August 1984 the NRC granted full operating license to the Unit One reactor at Diablo Canyon. A year later, the Unit Two reactor was licensed to operate. By 1987, the Diablo Canyon Power Plant was fully operational. Abalone Alliance disbanded, and many other groups went on to other causes. However, *Mothers for Peace* stayed together and kept on fighting.

American women's models in Spain

Spanish women's activism related to civil rights or motherhood during the late 1960s and 1970s evolved in a political context quite different from that of their American counterparts. First of all, it must be remembered that during the 1940s and 1950s the adoption of the *American woman model* in Spain was obstructed by the conservative ideology of economic austerity and *moral purity* imposed by the Falange —the only political party allowed by the Franco regime. The following decades offered a more fertile ground for such development. Gradually, the previous political rigidity was transformed into a more open attitude toward cultural transfer from abroad (Ruiz). For instance, *Ama*, a magazine targeting Spanish housewives dedicated some of its first issues to extolling the advantages of *the American way of life*.[2] Clothes styles followed American patterns and Spanish fashion started to look west rather than to the north (mainly Paris) for sources of inspiration.[3] However, not all sectors of Spanish society favorably received that *Ms. Consumerism model*, with American flavor. There were likewise irritated denouncements against the supposed Americanization of Spanish customs, by both right and left political groups.[4]

A channel for reducing the transatlantic gap came from the various educational, cultural, and personal exchanges stimulated by U.S. Diplomacy, with the Foreign Leaders and the Fulbright Programs being the flagships (Scott; de Lima; Delgado). The democrat senator who encouraged the creation of the latter in 1946 described that aspiration as follows: "High academic standards are important (...) but the purpose is not only the advancement of science nor the promotion of scholarship. These are by-products of a program whose primary aim is international

---

[2] *Ama: Revista para las Amas de Casa* 7 and 9, April 15 1960 and May 15 1960, respectively. For more details see Carmen Romo Parra's "El desorden de la identidad persistente. Cambio social y estatus de la mujer en la España desarrollista". *Arenal* 12.1 (2005): 91-109: Josefina Cuesta Bustillo's *Historia de las mujeres en España*. Madrid: Instituto de la Mujer, 2003; or Timothy Joyce's *The New Housewife*. London: British Market Research Bureau, 1967 (the latter quoted in de Grazia 664).

[3] Edwards, J. P. "New Roles for Spanish Women". *Cosmopolitan*. (October 1964): 58. For more details see Rosendorf 287.

[4] "Congreso Internacional de la Mujer", Madrid, 1970. Archivo General de la Administración (AGA), (3) 51.41. Caja 638. "Discurso de Pilar Primo de Rivera", San Sebastián, March 1970. AGA, (3) 51.41. Caja 635. Our gratitude to Elena Díaz for sharing these documents with us. See also, Fernández 226, 296, 308.

understanding."⁵ However, that "praiseworthy-altruistic" idea could not avoid certain geopolitical imperatives. The evolution of the Program in the different scenarios was simultaneously structured by nationalist priorities, asymmetries of power, and the Cultural Cold War contest against the Soviet Union (Lebovic).

Inaugurated in Spain during academic year 1959-60, the Fulbright linkage has assisted hundreds of American lecturers to teach and study in Spanish classrooms, with their Spanish counterparts doing the same on American campuses. The total number of beneficiaries in Spain was meager, in comparison to the figures in countries, such as Germany, France or Italy. During the Franco regime, there were many more male (828) than female (201) grantees. There was also a clear gender difference with regard to the disciplines. Most of the women came from the social sciences and humanities (75.6 %) while very few came from the sciences and engineering (10 %); men grantees' distribution across disciplines was much more balanced (Groves, Montes, and Rodríguez).

As for the feminist movement, there was a wide-reaching revival during the 1960s, with some of the main voices emerging from U.S., such as Betty Friedan or Kate Millet. Building on the legacy of the seminal book *Le Deuxième Sexe* (Simone de Beauvoir, 1949), Friedan published *The Feminine Mystique* (1963). This volume denounced that the establishment and its rigid social rules did not "permit women to accept or gratify their basic need to grow and fulfill their potentialities as human beings, a need which is not solely defined by their sexual role."⁶ Friedan's manuscript obtained such a spectacular success worldwide that it is considered to be one of the catalysts of the so-called second-wave feminism. However, the struggle for women's rights evolved into different paths, some of them cross-fertilized by racial, decolonization, or anti-war movements that blossomed in the same period.

---

5   "The United States Communicates with the World: a study of U.S International Information and Cultural Programs and Activities" 25/08/1975. NARA RG 306, Post Publications, 1953-99, box 65.

6   Freeman, Lucy. "The Feminine Mystique." *The New York Times*. April 7, 1963: 46.

In Spain, the various opposition groups started, even if slowly, to pay more attention to those feminist tendencies occurring in other countries. For instance, *Cuadernos para el Diálogo* and *Triunfo*, two of the main platforms of anti-Franco campaigners dedicated various articles to echo the impact of *The Feminine Mystique*.[7] Even the conservative newspaper *ABC* gave some credit to Friedan's endeavor, highlighting that it had received the Pulitzer Prize.[8] The prologue to the Spanish version of this book was written by the famous tennis player and feminist activist Lilí *Álvarez*. She expressed her astonishment as to the way Friedan depicted gender relations in the U.S.: "Lo cierto es que nos da una visión de la mujer norteamericana que difícilmente hubiéramos sospechado, empapados como estábamos en todos los tópicos que circulan sobre ella" (11).

Thus, the debates held inside American feminism served as a sort of stimulus for changing Iberian society. Indeed, that influence was going too far for some Spanish conservative sectors. Especially censured was Kate Millet's controversial *Sexual Politics*. Originally published in 1969, the circulation of this book in Spain was, however, delayed, unless through official channels; similar to what happened with Shulamith Firestone's book, *The Dialectic of Sex: The Case for Feminist Revolution*. In 1971, *ABC* denounced Millet feminism, as a risky *fashion*, similar to the previous cases of *Black painters*, the demonstrations against the Vietnam War, or the revolts in Paris during 1968. For a journalist of that newspaper, this volume had converted into a sort of a bible of the new revolutionary actions. And even worse "si la revolución soviética había sido un fiasco porque no logró destruir la familia," now the family was in danger. According to these traditionalist observers, radical feminism's main goal was the complete eradication of the family.[9]

---

7 See, for example, "La cuarta dimensión de la mujer" (I y II), *Triunfo* 118 y 119, September 5 1964, and April 12 1964, repectively; and "La regresión del feminismo". *Cuadernos para el diálogo* extra nº 2, "La mujer," 1965.

8 Reseñas. *ABC*. Madrid, April 29, 1965.

9 "El 'Frente para la liberación de la mujer' protagoniza la última revolución." *ABC*. May 26, 1971.

Although not as much as these passionate interpretations affirmed, there was certain feedback between these social movements. Criticism against U.S. foreign policy, with the Vietnam as the epitome, agglutinated different social movements from Afro-Americans, to labor or feminists. Some on the extreme far left such as Jane Alpert justified their terrorist actions using Vietnam as an excuse and she would state, "photographs of children on fire from American napalm and adults shot down in cold blood by American soldiers had become part of the steady diet of news programs and part of our political assumptions as well" (qtd in Castro 168).

Notwithstanding, there was a significant gap between women and feminist social activism in Spain during the 1970s. This revealed that Spanish women were neglected from general civilian welfare movements. The contributions of the last few years permit the drawing of a broad sketch, but much remains in the shadows. However, some provisional conclusions can be drawn. For instance, it seems that Spanish feminist activism did not target specific women's rights, as American women were doing, but rather general social demands, shared by the majority of the anti-Franco opposition. This was perceivable in some anti-Nukes rallies. When Spaniards protested in the seventies against nuclear plants —for example, Lemoniz or Valdecaballeros— not many women joined the rallies (Val).

Even if women held banners or cried in the crowd, asking for the officials not to allow the reactors to operate, they did not build a gender-specific organization to protest as other European women did. Spanish women did not organize themselves as American (Diablo Canyon), English (Greenham Commons), Italian (Comiso), or Australian women (Pine Gap) did to stop nuclear facilities and arms-increasing politics. Inside social movements and lefties political parties, Spanish women did not involve themselves in visibly specific eco-feminism campaigns until the eighties and nineties.

Figure 3. Spain, antinuclear protest.
Source: Greenpeace voluntariado. Worldpress

Of course many Spanish women saw Jane Fonda's movie *The China Syndrome* (1979), that controversial environmentalist thriller about the dangers of nuclear power and a near-meltdown at a fictional California facility, which predicted a real-life accident at the Three Mile Island nuclear plant in Pennsylvania (Walker) just weeks after the movie's first showing (Perrine).

Figure 4. Jane Fonda address a crowd (New York, 1981).
Source: Ari Mintz/AP /Press Association Images.

But the influx of Fonda's model as a modern anti nuke woman is difficult to trace on Spanish soil. Maybe her provocative 70's haircut was copied by the youngest Spanish women. But it is not yet clear if the real meaning of Fonda's hair style was completely understood: the selfishness, the independence, her critical attitude against the Vietnam War or against the American nuclear facilities and arms; those were problems different from Spanish priorities by then. In Spain, Fonda became a Style Icon —a kind of hippy Betty Boop— a cinema actress, even a kind of modern sex symbol (Vadim, *Barbarella* 1967).

Figure 5. Barbarella Movie Poster.
Source: Movie Poster Museum

Probably Fonda did not represent to Spanish women the Civil Rights protester or the pro-Peace and Eco-feminist celebrity she was. In the same vein, it is difficult to find something similar to the Californian *Mother for Peace* among Spanish women organizations during the 1970s (Magallón, 2006). The latest were more inclined to contribute to the long-desired social and political change from the previous restrictive society prevailing during the Franco dictatorship, rather than to embrace the Anti Nukes campaigns that Anglo-Saxon and some other European women were fighting.

Works cited

Álvarez, Lilí. Prologue. *La mística de la feminidad*. Betty Friedan. Barcelona: Sagitario, 1965.

Banaszak, Lee Ann. *Women's Movement in Global Perspective*. London: Rowman & Littlefield Publisher, 2006.

Barkan, Steven. "Strategic, tactical and organizational dilemmas of the protest movement against nuclear power." *Social Problems* 27 (1979): 19-37.

Brown, Jerry, and Rinaldo Brutoco. *Profiles in Power: The Antinuclear Movement and the Dawn of the Solar Age*. New York: Twayne Publishers, 1997.

Castro, Ginette. *Les Femmes dans l'histoire américaine*. Nancy: Presses Universitaires de Nancy, 1988.

Cohn, Carol, et al. "The Relevance of Gender for Eliminating Weapons of Mass Destruction." *Disarmament Diplomacy* 80 (2005). Web.

< http://www.acronym.org.uk/old/dd/dd80/80ccfhsr.htm.>

de Grazia, Victoria. *El Imperio Irresitible*. Barcelona: Belacva, 2006.

Delgado, Lorenzo. *"Viento de Poniente" El programa Fulbright en España, 1958-2008*. Madrid: LID-AECID, 2009.

De Lima, Antonio F. "Student's Corner. The role of international educational exchanges in public diplomacy." *Place branding and Public Diplomacy* 3 (2007): 234-251.

Fernández, Daniel. *El Enemigo Yanqui. Las Raíces Conservadoras de Antiamericanismo Español*. Madrid: Genueve Ediciones, 2012.

Field, Douglas, ed. *American Cold War Culture*. Edinburgh: Edinburgh University Press, 2005.

Gottlieb, Robert. *Forcing the Spring: The Transformation of the American Environmental Movement (Revised Edition)*. Washington, D.C.: Island Press, 2005.

Groves, Tamar, Estrella Montes, and Francisco J. Rodríguez. "Gender, the Fulbright Program and Women careers during the Franco regime." *Donne e Scienza. Dall' esclusione al protagonismo consapevole*. Dir. Antonella Cagnolati and Sandra Rossetti. Roma: Aracne, 2016. 169-190.

Hevly, Bruce W. and John M. Findlay, eds. *The Atomic West*.

Seatle/London: University of Washington Press, 1998.

Huguet, Montserrat, and Laura Branciforte. "Herstorys. Activismos de mujeres y proliferación de armas nucleares en los años ochenta." *La Guillotina del Poder. Género y acción sociopolitical*. Eds. Laura Branciforte and Rocío Orsi. Madrid: Plaza y Valdés, 2015. 131-158.

Lebovic, Sam. "From War Junk to Educational Exchange: The World War II Origins of the Fulbright Program and the Foundations of American Cultural Globalism, 1945–1950." *Diplomatic History* 37 (2013): 280-312.

Love, Barbara, ed. *Feminists Who Changed America, 1963-1975*. Urbana and Chicago: U of Illinois P, 2006.

Magallón, Carmen. *Mujeres en pie de paz*. Madrid: Siglo XXI, 2006.

Natti, Susanna and Bonnie Acker. *No Nukes: Everyone's Guide to Nuclear Power*. Boston: South End Press, 1979.

Rosendorf, Neal. *Franco Sells Spain to America. Hollywood, Tourism and Public Relations as Postwar Spanish Soft Power*. New York: Palgrave, 2014.

Ruiz Carnicer, Miguel Ángel. "Falange y el cambio político y social en la España del desarrollismo." *Falange, las culturas políticas del fascismo en la España de Franco*. Zaragoza: Instituto Fernando el Católico, 2013. 381-400.

Scott, Giles. *Networks of Empire: The US State Department's Foreign Leader Program in the Netherlands, France, and Britain 1950-1970*. Brussels: Peter Lang, 2008.

Smith, Jennifer, ed. *The Antinuclear Movement*. San Diego: Greenhaven Press, 2003.

Surbrug, Robert. *Beyond Vietnam: The Politics of Protest in Massachusetts, 1974-1990*. Amherst: U of Massachusetts P, 2009.

Val, Alfonso del. "El movimiento ecologista y la política ambiental en España." *Documentación Social. Revista de Estudios Sociales y de Sociología Aplicada* 38 (1980): 157-172.

Wellock, Thomas R. *Critical Masses: Opposition to Nuclear Power in California, 1958-1978*. Madison: The U of Wisconsin P, 1998.

Wills, John. *Conservation Fallout: Nuclear Protest at Diablo Canyon*. Reno: U of Nevada P, 2006.

FRIEND OR FOE?
SPAIN, THE UNITED STATES AND NATO AFTER THE ARRIVAL OF THE SOCIALIST PARTY IN GOVERNMENT IN SPAIN, 1982–1983

GEMA PÉREZ HERRERA
Universidad de Navarra

My aim is to present the attitudes of the United States' administration and Spain's administration in the autumn of 1982, when the Socialist Workers Party (PSOE) came to power in the general elections of November 28th, 1982. Specifically, my research is focused on the North Atlantic Treaty Organization (NATO) issue, one of the common threads in the relationship between Spain and the western allies during these years.

I am aware that the Spain-United States relationship is a topic that is widely understood, especially due to the excellent work of Charles Powell and Lorenzo Delgado (Powell; Delgado, "Public diplomacy" and "La apertura"). However, the opportunity to research in the Perez-Llorca personal archive (the last Minister of the Foreign Office for the Union of the Democratic Centre, or UCD, and the person who led Spain's entry into NATO), as well as the sources I found in the United States Congressional Archives and general CIA records, has revealed a better understanding of the American strategy during Spanish wavering regarding NATO.

Through some of these documents, I shall briefly try to portray the main strategy and attitude of the United States' administration and the last UCD government before the socialist change in Spain during those months, what threatened them, and how they faced up to a change in plans.

Two Meetings in Washington, D.C.

Let me start with a small, but meaningful, event that took place on November 29th, 1982 in Washington, D.C. On this morning, one day after the general elections in Spain which gave power to the PSOE, the Spanish Ambassador to the United States, Nuño Aguirre de Cárcer, and his advisor, Eudaldo Mirapeix, were asked to meet with two officials in the United States government.

The first was with George W. Balder, Deputy Principal Director of European and NATO Policy. He met with Eudaldo Mirapeix and was clear in his statement about the government change in Spain (Aguirre, "Letter"):

1. Although Spain had been a NATO member since May 1982, its presence at the next NATO meetings in November and December would not be welcome nor appropriate. The reason was the ambivalent state of Spanish foreign policy before the PSOE's arrival.
2. NATO allies' attitude toward Spain would be an issue to be decided, considering the new situation.
3. If Spain halted its integration into the NATO military structure, as the PSOE had assured they would want to do if they reached power, that decision would be unacceptable to the United States. Military integration into NATO had been an implicit condition in the negotiations to welcome Spain into the Atlantic Alliance, and Spain had assured NATO several times that it would not copy the French, and leave the military structure. The United States administration would not accept partial "French-style" membership from Spain only a few months after entry into NATO (France had withdrawn its troops from the NATO military structure in 1966, although the country remained a member of the Alliance).
4. Balder also stated that the United States Congress might reject supporting Spain with funds to cooperate with development and military improvements, as had been agreed between the two countries in 1982. He also stated that the legislative powers in the United States were

extremely annoyed with European "selfishness," seeing Spain as trying to receive all the benefits of Alliance membership without performing its duties as an ally.

His last sentence was clear: "Spain is a full-fledged member in NATO, or it is not."

Meanwhile, the other conversation, between the Deputy Secretary of State, Lawrence Eagleburger, and the Spanish Ambassador, Nuño Aguirre de Cárcer, was running in a more diplomatic way. Eagleburger had already spoken with Elena Flores, Felipe González's confidante about foreign policy, and he thought that the PSOE would not want a confrontation with the United States about NATO. Eagleburger's approach to the new Spanish landscape was to be calm and let the new socialist administration better understand the real issues of the international framework.

Even though these two meetings had different moods, both of them mirrored the United States' concerns and attitudes regarding Spain's future in NATO, the future of the bilateral agreement that had been signed in May 1982 between the two countries, as well as the role of Spain on the global chessboard during the Cold War.

What did Spain's Decision Mean to the United States?

Until this point, the United States had strongly supported Spain's entry into NATO, ever since Franco's death. Spain had played its own role in the new global strategy, especially since 1980.

In 1980, Ronald Reagan won the Presidential election with a specific program for America and its foreign policy, in which his administration would implement a new strategy to win the Cold War (Streusand). They wanted to turn America's foreign policy upside down, by getting rid of containment and détente policies, which had not only not guaranteed peace, but had also strengthened Soviet power around the world (Marlo).

Two of the key strategies were to enhance the military strength and security of the Western bloc and to reinforce the North Atlantic Alliance (Bailey). In this framework, the entrance of Spain in 1982 had meant a great deal to the Western bloc.

In a 1982 report from Allan S. Nanes (10-11) used in Congressional debates, the author considers the implications of Spanish membership for NATO and the United States. He argued that what Spain could offer NATO was a geostrategic role. Spain, due to its position on the map, could play a role in the Mediterranean scene that involved:

1. Strengthening the Alliance in the South, where NATO members, Greece and Turkey, were in conflict with each other, weakening the Alliance;
2. Helping to reinforce security in Southern Europe, which faced Soviet threats coming from Algeria and Libya;
3. Controlling the axis between Canary Islands, Gibraltar Strait and Balearic Islands, and
4. Serving as a transit center and supply depot for reinforcements from the United States, in case of conflict in Europe against the Warsaw Pact.

Socialist policy also threatened the Bilateral Agreement with the United States. In July 1982, within the frame of the NATO Alliance, Spain had renewed its Bilateral Agreement of Friendship and Cooperation. The treaty had not been signed until Spain entered into NATO, as it was supposed to complete Spain's role in the Western bloc. NATO was the framework in which that which had been agreed about defense and cooperation could work.

Fears of the United States

There were three aspects which made the Unites States fear for the future of Spain and the NATO Allies.

Firstly, Spain's withdrawal from NATO and its rejection of support for the Western bloc would also draw other allies away from the new strategy that the United States was trying to promote to win the Cold War. In some countries, such as Italy, Germany, and Belgium, there were many opponents to this new strategy and to nuclear warfare ("NATO's 16th Nation").

Secondly, the Unites States feared that Spain's withdrawal from NATO would also mean a change in the Agreement of Friendship with the United States, which was not willing to accept half membership from Spain nor willing to keep giving financial aid. The new agreement might not be ratified by the United States Congress, which meant losing facilities in Spain and its geostrategic support.

The third aspect was the relationship with the new socialist administration. A report from the CIA states that: "A socialist–led government would —in our view— be a less reliable partner for the United States than the current regime (UCD). We expect they will be more prickly in bilateral matters than their predecessors" ("Socialists Threshold", 7). The report points out the main friction points with the socialists: the United States' use of the military base at Torrejón (Madrid, Spain), nuclear submarine visits to Spanish ports, the refueling of nuclear-capable aircraft by tankers based in Spain, and transiting or flying over Spanish territory to the Middle East ("Socialist Foreign Policy", 5).

In summary, the United States government was concerned, not only that PSOE foreign policy could drive Spain away from its developing Western ties, but also that the policy could obstruct United States policy in Europe and the Middle East.

The CIA report shows a gloomy but significant view of Spain at this time:

> We believe Spaniards do not have the same sense of responsibility for collective security as many other Europeans, a judgment that is reinforced by opinion polls indicating that Spaniards worry that entry into NATO has increased the risk of war for their country. To the limited extent that the public thinks about foreign affairs, it often looks away from Europe. ("Socialist Foreign Policy", 2)

The UCD's Last Effort: Trying to Enter NATO

The Minister of the Foreign Office, José Pedro Pérez-Llorca, and his team, were perfectly aware of what withdrawal from NATO would mean, and that the international consequences could drive a wedge between them and the United States administration. All the work the UCD government had done would be for nothing.

The conversations between NATO commanders and Spain to outline Spanish strategy within the NATO military structure were ongoing during these months but they were frozen by the new socialist administration in October 1982 (Rupérez). The UCD political work was about to be lost, but the Foreign Office team tried to save their work and Spain's place in the Western bloc.

They tried the only way possible: to make the socialists aware of the implications of NATO withdrawal. The last reports worked up by Pérez-Llorca's team in the Foreign Office and addressed to the new socialist cabinet insist on the following points (Aguirre, "Cable"):

1. Spain could lose support from the United States, which is required in order to enhance Spain and be able to defend it.
2. The United States would not accept the Bilateral Agreement of Friendship signed with Spain in May 1982 if Spain pulled out of NATO. Could there be a new agreement? Would the United States be favorable to that? And did Spain have a better and realistic bid to offer?
3. Spain would lose the trust of the allies, and would be excluded again from the political councils.
4. What would a non-aligned position give Spain in the current international framework?

The United States' Strategy

The United States' attitude was exactly what the Deputy Secretary of State, Lawrence Eagleburger, had announced to the Spanish

Ambassador, Aguirre de Cárcer: to be calm and let the new socialist administration better understand the real issues of the international framework.

However, in addition to that, the United States promoted a lobbying effort among the allies for Spain's full integration into NATO ("NATO-Spain"). The Chief National Intelligence Officer for Western Europe wrote to the Europe Chief in 1983: "We must be patient but persistent in making the case for Spain's fuller participation in the Alliance" ("Spain and NATO").

The French and German socialists had a special role in this lobbying effort. A cable from the CIA in December 1982 reveals that these European governments instructed their embassies in Madrid to engage the Spanish socialists in a dialogue that was to focus on the need for military integration.

> There is general agreement among the Allies that a low-key approach, giving the new government time to confront the issues involved in membership, is most likely to pay off. They are aware, in any case, that there is little they can do if Spain fails to proceed with integration. Most Allies seem inclined merely to let the Spanish know they will be unable to realize the potential benefits of belonging to NATO if they fail to accept military responsibilities. ("NATO-Spain", 1)

The opinions of the United States Ambassador to Spain, Terence Todman, also raised the United States' hopes. He thought that Felipe González (the new socialist president) would not be an obstacle since González feared a military coup d'état in his country, and also he believed that withdrawal from NATO at that time could be the catalyst for the military ("NATO's 16th Nation" 14). Other reports from the CIA stated that the socialist administration had to deal with more urgent and serious problems: the economy and the terrorism. It was no time to take risks and flirt with the Third World:

> On balance we doubt that they would act on such an impulse. Neither Spain nor the Third World

has much to offer the other. Greater experience in foreign affairs should increase the Socialists' awareness that, no matter how frustrating Spain's relations with the West, it is the Atlantic community that provides the defense, economic, and political support the Socialist government really needs to further its interests at home and abroad. We expect that these lessons will have a particularly strong impact on González himself and will reinforce his commitment to keep Spanish diplomacy on a basically pro-Western —but probably less accommodating path. ("Socialist Foreign Policy", 7)

The United States' administration came to a conclusion: maybe the socialist administration in Spain would not be as radical as they were as a party in opposition.

The PSOE's Change of Heart

The United States' analysts and diplomats were not too far from reality. What we have taken from the reports is that a change of heart took place in PSOE policy. Therefore, they were allowed to take part in NATO meetings, although the military integration was stopped.

The deadline to ratify the Bilateral Agreement of Friendship with the United States was May 1983, and it was signed without too many changes. It is very significant, as Ambassador Todman said about the ratification:

> The Socialists signed and accepted the exact same treaty, with no changes, except the cosmetics of taking some paragraphs from within the body of the treaty and putting them up front. For example, to say that either side can denounce this treaty and have its termination within 90 days, or whatever it was. It was right there in the body, but no one

would have seen it. (…) You bring it up front: "This is what we made them do." No nuclear weapons will be based on Spanish soil, again in the body of the treaty. But you bring it up front, and you can say, "We made sure of that," and several things like that, that were done. But, basically we had negotiated an agreement, which was fair, which was beneficial to both sides, and when they came to power and sat down and looked at it, they didn't need the rhetoric of denunciation anymore, because the opposition government was gone, and they had to deal with it (Todman).

The "realistic view" predicted by the United States government began to have an influence in the socialist administration; at the same time the party also suffered a breakup due to this issue.

On the issue of NATO membership, even though Felipe González publicly displayed an ambiguous stance, the CIA reports revealed he had committed to remain in the Atlantic Treaty since January 1983. The "French" style of membership ended up as the best solution for the socialists: being in NATO but not belonging to the military structure as well as refusing nuclear weapons and storage within the country. It was a way to combine a realistic policy with the idealism of the PSOE.

Spain remained in NATO. This decision took place after the Spanish referendum in 1986, supported by the PSOE. However, Spain did not become a full NATO member, as they were only integrated into the military structure in 1996, at which time, the socialists had left power.

Conclusions

In conclusion, from my point of view, the sources display at least three remarkable points:

1. The new socialist administration in Spain, in 1982, at first stirred up United States concerns about Spain's membership in the Western bloc, with two reactions:
   - Firstly, to halt Spain's participation until the country had clarified its position.
   - Secondly, to remain calm with the hope that the PSOE would moderate its views on foreign policy. I think this was a risky move, especially for the United States, who had given financial support to Spain.

   The triumph of their predictions, in addition to the lobbying campaign, reveals the nature of the Reagan administration, which was quite trusting in the success of a realistic policy.

2. The sources reinforced the idea of ambiguity that pervaded the PSOE's NATO policy, although they also show that, in private, the socialist president had committed to a Spanish presence in NATO since the beginning of his term. It was his previous opposition to NATO that made the new government publicly cautious.
3. This attitude, and subsequent historic events, reveal the value of the UCD administration and its policy, so often forgotten and dismissed.

Works Cited

Aguirre de Cárcer, Nuño. Letter to José Pedro Pérez-Llorca. 29 October 1982. Documentary Collection 263, Box 064, Folder 4. Archivo General de la Universidad de Navarra.

---. Cable to José Pedro Pérez-Llorca, 16 November 1982. Documentary Collection 263, Box 061, Folder 1. Archivo General de la Universidad de Navarra.

Bailey, Norman A. *The Strategic Plan that Won the Cold War*. Virginia: The Potomac Foundation McLean, 1998.

Delgado, Lorenzo. *U.S. Public Diplomacy and Democratization in*

Spain. Selling Democracy. New York: Palgrave Macmillan, 2015.

---. et. al. *La apertura internacional de España. Entre el franquismo y la democracia, 1953-1986*. Madrid: Sílex, 2016.

Nanes, Allan S. "Spanish entry into NATO: status and implications." Washington, D.C.: CRS Report, Library of Congress, January 18, 1982. Reel 6, fr. 0959.

"NATO's 16th Nation: Spain's Prospective Role." CIA-RDP83-00857R000100100003-8. September 1982. Web. <https://www.cia.gov/library/readingroom/document/cia-rdp83-00857r000100100003-8.>

"NATO-Spain: Lobbying for Full Integration." National Intelligence Daily (Cable). CIA-RDP84T00301R000600010115-4. 1 December 1982. Web. < https://www.cia.gov/library/readingroom/document/cia-rdp84t00301r000600010115-4.>

Marlo, Francis H. *Planning Reagan´s War. Conservative strategist and America´s Cold War Victory*. Dulles, Virginia: Potomac Books, 2012.

Powell, Charles. *El amigo americano. España y EE.UU. de la dictadura a la democracia*. Barcelona: Galaxia Gutenberg, 2011.

Rupérez, Javier. *España en la OTAN, relato parcial*. Barcelona: Plaza y Janés, 1986.

"Spain and NATO." Memorandum from Milton Kovner, National Intelligence Officer for Western Europe. CIA-RDP87R00529R000200130012-6. 5 December 1983. Web. < https://www.cia.gov/library/readingroom/document/cia-rdp87r00529r000200130012-6.>

"Spain: Socialist Foreign Policy". CIA-RDP84S00555R000100050002-6. January 1983. Web. < https://www.cia.gov/library/readingroom/document/cia-rdp84s00555r000100050002-6.>

"Spain: The Socialists on the Threshold of Power". CIA-RDP83-00857R000100160002-3. October 1982. Web. <https://www.cia.gov/library/readingroom/document/cia-rdp83-00857r000100160002-3.>

Streusand, Douglas E., Norman A. Bailey, Francis H. Marlo, Paul D. Gelpi. *The Grand Strategy that Won the Cold War: Architecture of Triumph*. Lanham: Lexington Books, 2016.

Todman, Terence A. Interview by Michael L. Krenn. *Association for diplomatic Studies and Training Foreign Affairs Oral History Project*. June 13, 1995. Web. <http://hdl.loc.gov/loc.mss/mfdip.2004tod01.>

LA POLITIZACIÓN DE LA POLÍTICA EXTERIOR ESPAÑOLA EN SUS RELACIONES CON ESTADOS UNIDOS: DEL ANTIAMERICANISMO AL PRO-ATLANTISMO

Cristina Crespo Palomares
Instituto Franklin de la Universidad de Alcalá

Resumen

Las relaciones hispano-norteamericanas durante el siglo XX y parte del XXI han estado marcadas por una serie de acontecimientos utilizados como oportunismo político para generar un sentimiento pro y/o antiamericano en función de los intereses del momento. Mientras el antiamericanismo de derechas ha estado ligado a la guerra de Cuba y la pérdida de las colonias, y la religión, el antiamericanismo de izquierdas surge con la firma de los Pactos de 1953 y la vinculación del régimen franquista con la administración norteamericana. Con la llegada de la democracia española, los partidos de izquierdas se posicionaron en contra de políticas que consideraron en un primer momento proamericanas como era la inclusión de España en la Organización del Tratado del Atlántico Norte (OTAN), por lo que llevaron a cabo no solo una campaña en contra de la adhesión, sino una campaña lejana de la administración norteamericana con objeto de reequilibrar las relaciones bilaterales que se habían pactado en el 53.

Aún entonces, ya consensuados los ejes principales de la política exterior española —enmarcada en la UE en política y economía, y en la OTAN en seguridad— las relaciones con Estados Unidos no se han tratado como una cuestión de Estado, sino que se han utilizado por los distintos partidos políticos como parte de su programa electoral en una aproximación pro o anti-atlantista. Estas posiciones han determinado en cada gobierno la posición de España en la esfera internacional y su nivel de influencia en las relaciones de Estados Unidos con terceros países. En este artículo se estudiarán ejemplos de políticas pro y anti atlantista y sus consecuencias como estudio comparativo para defender la necesidad de establecer una política consensuada de Estado en las relaciones con la primera potencia del mundo, aún hoy Estados Unidos.

El antiamericanismo desde una perspectiva histórica

El sentimiento antiamericano podría estudiarse desde un plano histórico-temporal o también desde un plano político-social. En el caso de España el antiamericanismo se ha detectado claramente en tres momentos claves de su historia, como son la independencia de Cuba, Puerto Rico y Filipinas en 1898; la firma de los Pactos del 53 con la España del régimen de Franco; y la Cumbre de las Azores en marzo de 2003. Por otro lado, en referencia al plano político-social se distinguirían tres grupos de influencia en la sociedad española, coincidentes o no con estos períodos: la iglesia católica desde Roma y grupos católicos españoles contrarios a los movimientos protestantes en EE.UU., grupos derechistas próximos al franquismo y grupos de la izquierda socialista. Debilitados los dos primeros en el transcurso de la historia, solo el último permanece con influencia en la política activa de la última parte del siglo XX y principios del siglo XXI.

En ambos planos y sus correspondientes subgrupos se extraen características determinantes del sentimiento antiamericano, la mayoría de ellas cargadas de manipulación política y únicamente entendibles en su concreta contextualización.

La Guerra de Cuba 1898

Los inicios de este sentimiento antiamericano se podrían remontar a la guerra hispano-norteamericana y la consecuente independencia de Cuba por parte de la Corona española también trajeron el período calificado como negro (la crisis del 98) en la historia de la nación española. Período que originó sucesivos descalificativos hacia el país norteamericano y a su sociedad constituyente.

Desde el lado español, los calificativos o descalificativos al pueblo estadounidense se harían latentes en la iglesia católica, en su determinación de combatir la sociedad norteamericana de principios de siglo, a la que calificaba de materialista y sin escrúpulos (Sereigni). Esta campaña en contra del pueblo norteamericano encontró seguidores tras la pérdida de las colonias y el período negro de fin del imperio en una sociedad española que buscaba una explicación o un culpable a esta pérdida de influencia internacional y la profunda crisis económica derivada, en parte, de la misma.

A las campañas militares se unieron las campañas políticas entre la sociedad utilizadas para exaltar al pueblo español frente al enemigo y que gestaron en España el sentimiento antiamericano. Existirían entonces dos grupos cercanos entre sí próximos al antiamericanismo: los católicos conservadores que negaban la influencia del protestantismo en la sociedad y los conservadores nacionalistas que defendían la integridad de los entonces territorios españoles en la guerra de Cuba. Ambos grupos concibieron el americanismo como una amenaza del control social —ya fuera internamente en la sociedad española o en el exterior con la pérdida de territorios.

Por otro lado, el pueblo estadounidense ha renegado de su herencia hispana y sus similitudes con el pueblo español, y esto también podría haber influido a que ciertos descalificativos se hayan pronunciado a su vez por parte española. Así lo manifestó uno de sus historiadores más destacados al decir que "los angloamericanos heredaron la visión de que los españoles eran inusualmente crueles, avariciosos, traicioneros, fanáticos, supersticiosos, cobardes, corruptos, decadentes, indolentes y autoritarios" (Chislett).[1] Esta negación al pueblo español en su conjunto, no solo genera un sentimiento parecido en España, sino que sirve para que se reniegue de una historia común y se impida la gestación de unas relaciones bilaterales sólidas desde el comienzo de la historia. Aún más si se incluye el orgullo de la "raza", como indica Seregni, al contraponerse la raza anglosajona a la latina, se crean nuevas barreras y divisiones. Las referencias a la raza anglosajona se asociarían a una base ideológica liberal-demócrata, respaldada además por una economía fuerte. Esta idea es contraria *a priori* a la "nación moribunda" que representaba España, según palabras de Lord Salisbury, jefe del gobierno británico, en mayo de 1898.

La política iniciada con la guerra de Cuba continuará durante el primer cuarto de siglo, sobre todo después de la II Guerra Mundial, cuando España queda bloqueada en el exterior por los aliados y fuera del Plan Marshall. Entonces, el régimen de Franco realizará su política de crítica a la Administración norteamericana al haber sido excluido del grupo de benefactores de dicha ayuda, así como el hecho de que España no fuera admitida en la ONU en 1946.

Los Pactos del 53

Sin embargo, la relación más reciente con el antiamericanismo se debe a la asociación del régimen franquista con la Administración norteamericana a partir de los Pactos del 53 mediante los que la dictadura de Franco "sobre la base de una amistad estable" —tal y como citaba literalmente el acuerdo firmado el 30 de septiembre de 1953— le cedió a Estados Unidos la posibilidad de utilizar "en caso de evidente agresión comunista (...) las zonas e instalaciones en territorio español como bases de acción contra objetivos militares" ((Marquina 564, 565). El régimen de Franco, consciente del impacto que pudiera causar en la sociedad española ese cambio de postura liderado por sus grupos cercanos, llevó a cabo de esta manera una extensa campaña propagandística de simpatía

---

1 Véase también Tony Horwitz, "Immigration —and the Curse of the Black Legend" en *The New York Times* el 9 de julio 2006.

a los norteamericanos. En la misma proporción parecía crecer la animadversión a Estados Unidos por el lado de los exiliados de izquierdas, que interpretarían las negociaciones norteamericanas con el dictador como la pérdida de toda esperanza de regresar a España y la cercana instauración de una democracia. Asimismo, la firma de los Pactos del 53 provocó una división en el propio régimen con detractores a la intromisión norteamericana en territorio español y la negativa al cese de soberanía del Estado. Este grupo se comprendía principalmente de militares, cuyo mando y autoridad quedaban así compartidos con militares norteamericanos.

A partir de la intensificación de estas relaciones bilaterales, se produjo por consiguiente, un período de calma en el antiamericanismo de los grupos más allegados al franquismo. Los ultraconservadores y los militares cesaron públicamente las críticas al sistema y se volvieron de forma aparente partidarios de la política pro-norteamericana. Por el contrario, la implantación de las bases militares y la consecuente pérdida de soberanía ocasionaron conflictos de mando entre los altos cargos, detectándose así una animadversión por parte española.

En cuanto a la iglesia católica —uno de los pilares del franquismo— se transmitió de igual forma un sentimiento aparentemente positivo hacia la nación norteamericana. La falta de una verdadera opinión pública, derivada de la falta de libertades del régimen, hace difícil cuantificar el grado de antiamericanismo en la sociedad española durante los años cincuenta, sesenta y setenta. Como anteposición al franquismo surgió entonces un nuevo grupo que se posicionaría abiertamente en su sentimiento antiamericano, la izquierda española —aunque permaneció en la sombra en España hasta el final del régimen.

No obstante, el antiamericanismo español no es solo una asociación al franquismo, o a las guerras de principios de siglo XX. Algunos expertos opinan que la falta de apoyo norteamericano a la democracia española durante sus comienzos en el período de la transición fomentó también el sentimiento antiamericano, aunque los documentos citados en el apartado anterior atestiguan lo contrario.[2]

---

2   Véase por ejemplo, Chislett.

La izquierda y la OTAN

La entrada en la OTAN supuso el compromiso de seguridad para España que no se había conseguido anteriormente con los Pactos del 53, así como la confirmación de pertenencia al bloque occidental frente al bloque soviético. En el folleto informativo difundido por UCD titulado *España en la Alianza Atlántica* se explicaban las implicaciones que tendría formar parte de la OTAN, aclarándose que "no hay (había) traspaso de parcelas de soberanía de los estados miembros en favor del suyo".[3] Las bases seguirían siendo norteamericanas y no españolas o de la OTAN, aunque compartieran los mismos intereses del bloque y España se encontrara en el marco de seguridad atlántico.

En el XXIX Congreso del PSOE celebrado en octubre de 1981 se concluyó que los pasos necesarios para formar parte del sistema de defensa occidental debían realizarse con un margen de autonomía de acción española, planteando la desaparición de las bases norteamericanas en territorio español. En la práctica, la oposición de izquierda lideró una campaña conocida por su lema "OTAN de entrada, NO" que manifestaba claramente su rechazo a la participación de España en la seguridad occidental tal y como se planteaba en ese momento. Cuando un año más tarde debía tener lugar la ratificación de la adhesión, el gobierno decidió proceder a la suspensión de las negociaciones en el acuerdo de adhesión de acuerdo a los sondeos electorales que daban la victoria al PSOE y su conocida campaña anti-OTAN. Cuando el PSOE llegó al gobierno, respondió a la promesa electoral de paralizar el proceso de integración y convocar un referéndum sobre la permanencia de España en la OTAN. La campaña electoral protagonizada por el lema "OTAN, de entrada NO" se convirtió en un reclamo de mantener una neutralidad internacional y como una oposición al "instrumento del imperialismo norteamericano" y al antimilitarismo (Pardo 73-97).

En mayo de 1985 el presidente norteamericano Ronald Reagan visitó oficialmente España, coincidiendo con la llegada de

---

3   En Unión de Centro Democrático. Secretaría de Relaciones Internacionales. *España en la Alianza Atlántica.* Madrid: Lipal S.A., 1981.

Mijail Gorbachov al poder en la Unión Soviética. Originariamente la visita apuntaba como propósito negociar la renovación del acuerdo bilateral y tratar la retirada de las bases norteamericanas. Sin embargo, dicha visita se utilizó principalmente para hacer un despliegue de propaganda antiamericana, tanto desde el Gobierno socialista como desde la prensa. En definitiva, la prensa española se propuso reflejar una falta de estabilidad democrática y una crispación latente en las relaciones bilaterales con EE.UU., aunque las relaciones entre Reagan y González fueran cordiales.

Un mes más tarde González, una vez firmada el acta de adhesión a la CEE, cambió de ministro de Exteriores sustituyendo a Morán por Yáñez-Barreno, con una visión más pro-norteamericana, justificando así el nuevo giro en la política del Gobierno con respecto a la seguridad occidental y la campaña del referéndum de la OTAN. La adhesión a la Comunidad Europea era el motivo de peso para el apoyo de "sí a la OTAN", aunque siempre bajo la condición de no incorporación a la estructura militar. El referéndum sobre la permanencia de España en la organización se celebró el 12 de marzo de 1986, a pesar de que la permanencia ya había sido aprobada por casi la totalidad de los diputados del Congreso y que el resultado no era vinculante. Las argumentaciones se basaban en la seguridad de Europa y la defensa del proyecto europeo. Lo que en un principio se trataba de una promoción española a favor del proceso de integración en la CEE, se convirtió en un factor fundamental para no desligar la OTAN de la CEE. El referéndum fue también interpretado de forma indirecta como un sondeo a la opinión pública española no con referencia a la OTAN, sino a Estados Unidos. El resultado de la aceptación, y por tanto cambio de opinión en la sociedad española, pudo en gran medida ser consecuencia de la campaña de apoyo a la adhesión realizada por el gobierno socialista.

Lo más significativo de la renovación del acuerdo con Estados Unidos fue que quedó enmarcada dentro de las anteriores negociaciones con la Alianza Atlántica y que la seguridad de España vendría determinada por la OTAN, lo cual dejaba de ser un punto de disputa para las futuras renegociaciones. Las bases podrían ser utilizadas bajo cobertura de la OTAN y en caso de que los norteamericanos quisieran utilizarlas sería bajo autorización del Estado español.

La democracia española y su política exterior

Europeismo vs. Atlantismo

La imagen consensuada de la política exterior española —alcanzada en la democracia y enmarcada en la UE en política y economía, y en la OTAN en seguridad— se cuestionó cuando en marzo de 2003 se publicó la foto de las Azores en la que se situaba a un presidente español junto con el líder de la primera potencia mundial y el primer ministro británico en una cuestión decisiva de política internacional. España había adquirido protagonismo político en una intervención militar en la esfera internacional, y sobre todo, había priorizado su política exterior hacia un giro más atlantista.

En los últimos años se ha cuestionado el giro atlantista de Aznar y se ha interpretado como un abandono de la política europeísta. Parecen que existen distintas versiones de estos términos que disciernen entre europeo-europeísta y atlántico-atlantista. El atlantismo y europeísmo corresponden a una nueva tendencia en las relaciones internacionales abordada principalmente desde Europa como una reacción al apoyo de las políticas relacionadas con Estados Unidos.

El cuestionar si España debía seguir una política europeísta corresponde más a un período previo a 1986 cuando no existía un compromiso político en el marco europeo. Dicho lo anterior, si se focalizaba la política exterior española a través de Francia y Alemania —entendiendo esto como Europa— ¿se entiende entonces que estos dos países defendían los intereses de España como nación? O lo que parece aún más lógico, ¿compartían siempre Francia y Alemania una política exterior común, sacrificando sus intereses nacionales en detrimento de los intereses europeos comunes? Partiendo de la negativa lógica a tales cuestiones y teniendo en cuenta la pérdida de peso de España en la política de la UE, el gobierno español propuso un giro político hacia el lado más atlantista, entendiendo que "la estrategia atlantista (...) considera que la alianza con la potencia hegemónica debe ser la dimensión principal de la política exterior porque matiza todas las demás, sin sustituirlas ni perjudicarlas; al contrario, contribuye a fortalecer la posición internacional española en todos los terrenos" (Niño 14).

El nuevo pro-Atlantismo

Desde la llegada del gobierno popular al poder en 1996, Aznar promovió alcanzar una mayor capacidad de interlocución con la superpotencia con objeto de mejorar la presencia española en el exterior, participar en la toma de decisiones de los núcleos de poder y, aún más importante, combatir el terrorismo de ETA. La aproximación a EE.UU. se concibió como solución al terrorismo de ETA. Con el presidente Bill Clinton se diseñó la renovación de los acuerdos bilaterales "Convenio de Cooperación para la Defensa entre España y Estados Unidos" en abril de 2002, y que tuvo como preámbulo la firma de una declaración conjunta de intenciones entre España y Estados Unidos en enero de 2001 al final del mandato de la Administración Clinton, puso de manifiesto que: 1) Las relaciones bilaterales entre ambas naciones contaban con un alto contenido estratégico continuista independientemente del partido político de la Administración norteamericana, y 2) La inclusión de una nueva e importante cláusula referente a la cooperación antiterrorista que consistió, por primera vez, en un intercambio de información entre las policías científicas de ambos estados. Los datos recogidos en esta investigación reflejan que a partir del año 2001 se produjo una mejora sustancial en acción antiterrorista —de acuerdo a las cifras, en ese mismo año se detuvieron a 135 miembros o colaboradores de ETA— y que este hecho podría haber precipitado el cese de la actividad terrorista por parte de la banda (Crespo).

Pero el verdadero giro atlantista se produjo a raíz de los atentados terroristas del 11 de septiembre de 2001 en EE.UU. y los tres primeros años de la presidencia de George W. Bush (2001-

2004), coincidentes con parte de la segunda legislatura de Aznar. En ese momento, Aznar buscó una sintonía a nivel presidencial que le permitió ejercer cierta influencia sobre Estados Unidos. Asimismo, se planteó estrechar y potenciar las relaciones con terceros países distintos de los socios europeos tradicionales, ante la falta de apoyo en la propia comunidad europea.

El terrorismo fue identificado como uno de los problemas prioritarios de España durante la década de los 90. Posteriormente el 11S propició una dinámica de convergencia entre ambos países. A raíz de los atentados terroristas, que unieron a España y EE.UU. como países afectados directamente por el terrorismo, se produjo un contexto temporal para que los intereses de ambos países fueran dirigidos en un mismo sentido. El 11S convirtió a España en un aliado preferente por su experiencia y conocimiento en materia antiterrorista. Este contexto también posibilitó la capacidad de influencia para llevar a cabo la denominada "Estrategia Atlantista" (Crespo). El apoyo a la "Guerra contra el Terror" se enmarcó en la política antiterrorista de Aznar y como respuesta al compromiso político. La implicación española en el conflicto vino determinada por el marco de cobertura internacional correspondiente a una resolución de Naciones Unidas —la primera en relación a la reconstrucción iraquí después del conflicto fue la resolución 1.483 de mayo de 2003 y las tropas españolas de ayuda a la reconstrucción fueron enviadas en verano de ese mismo año.

El resurgir del Antiamericanismo

Tras las elecciones generales del 14 de marzo de 2004, el nuevo presidente de Gobierno, José Luis Rodríguez Zapatero, en su discurso de investidura, enumeró los cinco objetivos de su legislatura. El segundo de estos objetivos estaba relacionado con la política exterior de España "una política exterior marcada por una visión europea y europeísta".

Durante la Administración de George W. Bush el PSOE se reactivó en la izquierda el sentimiento antiamericano relacionándolo con la intervención en Irak y liderando una posición política que posteriormente tendría repercusión en las relaciones bilaterales. A este tipo de antiamericanismo se le ha calificado como "antibushismo", focalizando así en la Administración Bush el sentimiento contrario a las políticas generadas durante el período de su mandato (Chislett). Una muestra de dicho antiamericanismo por parte del PSOE puede ser considerada la que protagonizó el entonces dirigente en la oposición José Luis Rodríguez Zapatero, cuando no se levantó ante el paso de la bandera de los EE.UU. el día del desfile de las fuerzas armadas de octubre de 2003. Tal gesto supuso un tropiezo en las relaciones diplomáticas entre ambos países que implicó un descenso de la popularidad de España como país para los norteamericanos, que vieron el gesto como una ofensa a la bandera estadounidense y a lo que representa.

El gobierno de Zapatero se esforzó en demostrar que las tensas relaciones bilaterales se debían al desacuerdo en la cuestión iraquí y la política desarrollada por el presidente Bush. Por este motivo, Zapatero consideró que la llegada de Obama al poder cambiaría la concepción del gobierno español por parte de la Administración norteamericana y sería una oportunidad para recuperar la normalidad en las relaciones con Estados Unidos. Por ello, se mostró públicamente satisfecho por la victoria de Obama e intentó propiciar las visitas oficiales del presidente estadounidense a España, y viceversa, hecho que recogía el embajador Aguirre como *"unrealistic"*, al menos en cuanto a las expectativas alcanzadas en el momento en que debían producirse. Esto indicaba que el gobierno español no tenía conciencia del Estado de las relaciones bilaterales, independientemente del partido que gobernara en la Administración norteamericana.

El reto de establecer unas relaciones consensuadas

La política exterior de un país se rige por una serie de intereses, así como una serie de valores (identidades y principios). España enmarcada en el seno de la UE debe llevar a cabo políticas acorde con su situación, pero tampoco debe olvidar sus intereses nacionales y que como Estado puede llevar su propia política exterior.

Los distintos gobiernos españoles han entendido antes o después en sus mandatos que las relaciones con Estados Unidos son prioritarias. Está demostrado que existen vínculos históricos, intereses estratégicos y de seguridad, además de relaciones comerciales que hacen de Estados Unidos un aliado indispensable para España. Y así lo comparten todos los líderes políticos de la democracia. El mantener sus tradicionales relaciones con Estados Unidos no hace girar su acción política hacia un nuevo posicionamiento, sino complementarla con su relación triangular con Latinoamérica. Asimismo, está demostrado que existen vínculos históricos, intereses estratégicos y de seguridad, además de relaciones comerciales que hacen de Estados Unidos un aliado indispensable para España. Y así lo comparten todos los líderes políticos españoles de la democracia.

Por otro lado, la identidad de un país en sus relaciones con el exterior no se debe modificar sustancialmente sin contar con el cambio progresivo de la sociedad. Esto es, existe la necesidad de establecer una política consensuada de Estado en las relaciones con la primera potencia del mundo, pero esto no debe partir solo de la política. La academia y la sociedad deben reflejar ese consenso. El aumento de las relaciones comerciales entre ambos países, el auge de la lengua española en EE.UU., el incremento de estudiantes norteamericanos en España no hace más que mejorar estas relaciones especiales desde otro prisma.

Works Cited

"Cable sobre la evolución de las relaciones tras la victoria de Obama". *Wikileaks*. 31 diciembre 2008. *El País*. Web. <http://elpais.com/elpais/2010/12/07/actualidad/1291713429_850215.html>
Chislett, W. "El antiamericanismo en España: el peso de la historia". *Documento de trabajo*. Real Instituto Elcano. (DT) 47/2005, 15 noviembre 2005.

Crespo Palomares, C. *La alianza americana*. Madrid: Libros Catarata, 2016.

García-Cantalapiedra, D. "Entre Bandwagoning y Appeasement: la política exterior de España hacia EE.UU. 2001-2011". *UNISCI Discussion Papers* 27 (2011): 63-72.

Marquina, A. *España en la política de seguridad occidental*. Madrid: Servicio de publicaciones EME, 1986.

Niño, A. "50 años de relaciones entre España y Estados Unidos". *Cuadernos de Historia Contemporánea* 25 (2003): 9-33.

Pardo, R. "La política exterior de los gobiernos de Felipe González: ¿un nuevo papel para España en el escenario internacional?" *Ayer* 84 (2011): 73-97?

Revel, J. F. *La obsesión antiamericana. Dinámica, causas e incongruencias*. Capellanes: Urano, 2007.

Rodríguez Zapatero, José Luis. "Discurso de investidura del candidato a la presidencia del gobierno, José Luis Rodríguez Zapatero: Congreso de los diputados, 15 de abril de 2004". *El Mundo*. Web.
<http://estaticos.elmundo.es/documentos/2004/04/15/discurso.pdf>

Seregni, A. *El antiamericanismo español*. Madrid: Síntesis, 2007.

Unión de Centro Democrático. Secretaría de Relaciones Internacionales. *España en la Alianza Atlántica*. Madrid: Lipal S.A., 1981.

PART II.

ARTISTIC, CULTURAL AND RELIGIOUS EXCHANGES

PARTE II.

INTERCAMBIOS ARTÍSTICOS, CULTURALES Y RELIGIOSOS

THE RECEPTION OF SPANISH CIVIL WAR MUSIC IN THE USA (1937-2014)[1]

Alberto Carrillo-Linares
Universidad de Sevilla

2016 was the 80th anniversary of the start of Spanish Civil War (1936-1939). Throughout a dozen of discs I will try to illustrate the impact over these eight decades that the music had on the USA. I will show how Republican music was received by the public from the first recording in Barcelona (1937), to the digital compilation made by Smithsonian Folkways (2014), going over other discs that appeared on the market during those years. I will talk about the songs, the different editions and adaptations, who or what influenced them, their meaning, and also about the record labels and the most impactful authors on American culture.

The participation of American soldiers in the war, in the Lincoln Brigade, that formed the 57th Battalion of the XV International Brigade, created a direct cultural channel once they were evacuated and returned to the U.S. They took with them the songs that helped them reinforce a feeling of unity and comradery with other idealistic volunteers in an armed conflict a long distance from home; music that also collaborated in giving them the will to keep going in monotonous or hard moments, especially through group chants that had a revitalizing and stimulating power.

---

[1] This project is possible thanks to the help received from the R&D project "Orthodoxies and Rebelliousness. The plurality of interests in the convergence of the Peninsular countries towards Europe (1961-1986)" (HAR2015-65909-R), financed by MINECO/FEDER, EU; and the research group "El aprendizaje de la democracia" (HUM 420), of the Junta de Andalucía.

The International Brigades (IB) were made up by volunteers from more than 50 countries, from very different social and cultural backgrounds; a real universe that needed a musical front to bring them together (Labajo, "Compartiendo"; Labajo, "The Proof" 191-196; and, more recently, Labajo, "La práctica" 847-856; also Carrillo-Linares, "Surcos" 80-99; and Carrillo-Linares, "Acordes antifranquistas" 91-113). The person in charge of organizing the musical band was the German musician Ernst Busch, who collaborated with members of the XI IB, especially the Thaelmann Battalion, with whom he made the most well-reputed choir. There were also musicians of the XV Brigade who would interpret the songs that they would later carry with them in their bags and memories. Busch's work wasn't just the interpretation and direction but also he was responsible for making a compilation and a paper edition (1937, *ca.* 1938, respectively) to hand out with the songs for the militia to sing. Carlos Palacio (1939) would later join him in this job.[2]

In fact, the first meaningful recording of war songs was made in 1937 in Barcelona, while the city was being bombarded by National airplanes. It was named *Discos de las Brigadas Internacionales* and the man that made this possible was Busch with help from the musicians of the Thaelmann Battalion and was made up of three double-sided, 10-inch, and 78 rpm slate discs that contained 6 songs. One of the sides has a sticker that explained the difficulties of making the recording: "The defective impression of this record is due to interruptions of electric current during the air raid."[3] The cover was khaki green and had the title of the disc with a three-pointed red star (IB emblem), alongside the text «España 1937».

This was an important disc as it was the first one that arrived in the U.S., becoming over time the original reference of the tradition of making music about the Spanish Civil War. Over the years, the original melodies from that slate disc were recovered.

---

2 A more complete list of the main publications during the Spanish Civil War can be consulted in Carrillo-Linares, *Acordes antifranquistas* 92, note 1.

3 See: "Discos y partituras sobre la Guerra Civil Española": Incorporados, 1444. Centro Documental de la Memoria Histórica, Salamanca.

One of the most popular songs, inspired by the traditional "Los Cuatro muleros," was "Los Cuatro generales," also known as "Coplas de la defensa de Madrid," which was also remembered because Federico García Lorca created another version (García Lorca 1116).[4] Alongside a guitar, Busch interpreted it in Spanish and German. Another song he recorded was "Lied der International Brigaden" ("International Brigade Song"), whose original lyrics belong to Erich Weinert and the melody to Carlos Palacio and Rafael Espinosa; which became the official Brigades hymn.

An example of music being the mortar for human cohesion was "Das lied von der Einheitsfront" ("Song of the United Front"), an exaltation of the Popular Front that Busch interpreted in four languages (each verse in a different one: Spanish, English, French, and the original German), with Hans Eisler's music and lyrics from the playwright Bertolt Brecht.[5]

In November 1938, a fraternal goodbye was given to the members of the Brigades, among them the Americans that returned home with some of the discs and songbooks from the war. They would be the bearers of cultural heritage. That same year, the Exiled Writer's Committee of the League of American Writers sponsored the recording of three discs in Manhattan (New York): *Behind the barbed wire*, by Bart van der Schelling and the exiled choir, and directed by Earl Robinson.[6] Their objective was to obtain funding for writers exiled due to fascist persecution (Fishman 1).[7] It contained two Spanish songs, but they were not

---

4   The Generals he aludes to were Franco, Mola, Varela, and Queipo.

5   The other three records that the box contained were: «Die Thälmann-kolonne» («The Thaelmann Battalion») (lyrics by Karl Ernst and music by Paul Dessau, who signed as Peter Daniel); «Hans Beimler», general secretary of the German Comunist Party (KPD), who was prisoner in the Nazi concentration camp of Dachau from 1933 until he escaped and died defending Madrid in December of 1936; and «Die Moorsoldaten» («The soldiers of the peatbag») a sad *copla* from the fields of a Nazi concentration camp, before the Spanish Civil War (Börgermoor).

6   QB 1750, 3 discs, 78rpm, 10 in, New York [1938?]. Although Moe Fishman states the record was made in 1938 (see the next footnote), the disc was sold in *Times Magazine* 38.5, on August 4th, 1941 at the price of $2.75.

7   On Fishman, see Abraham Lincoln Brigade Archives (ALBA): <http://www.alba-valb.org/volunteers/mosess-moe-fishman> and "Moe Fishman dies at 92; Fought

amongst the most popular: "Els Segadors" and "La Joven Guardia," alongside the already-mentioned "The Thälmann-Bataillon."

In 1940 another emblematic disc appeared on the market, thanks to the work of the New York-based label Keynote Records, who reedited the three slate discs under the title *6 Songs for Democracy: Discos de las Brigadas Internacionales*.[8] In World War II, the songs had the same revitalizing character that they had in the Spanish Civil War. According to Maurice Isserman (20), this was one of Eleanor Roosevelt's favorite discs. The cover of this triple disc, made of five happy militiamen armed with rifles and a guitar that is dropping musical notes, included a font (for number 6 a larger one) that adapted to American iconography.

The disc contained a small book that included a text by Paul Roberson, a black brigadist that dedicated himself, among other things, to music. It said:

> It contains songs recorded during heavy bombings, by men who fought for "the Rights of Man" themselves. Valiant and heroic was the role played by the International Brigades in the glorious struggle of the Spanish Republic.
>
> I was there, in that struggle, and my faith in man —and in the subsequent attainment of his freedom— was strengthened a thousand times—
>
> This album contributes to maintain that faith. It is a necessity.

Aside from the economic benefit of selling these discs, which probably wasn't very big, the interest in feeding the spirit or defend a noble cause through music was seen again in 1944. During World War II, Mose Asch's label went on another adventure making a studio recording in the city of New York, a compilation of emblematic songs from the Lincoln Battalion.

---

in Lincoln Brigade," *The New York Times*, 12-8-2007, digital edition: <http://www.nytimes.com/2007/08/12/nyregion/12fishman.html.>

[8] It had the same songs as the 1937 edition and said: *"The defective impression of this record is due to interruptions of the electric current during air raids."*

They made *Songs of the Lincoln Brigade*, a continuation to *6 Songs for Democracy*.[9] These discs contributed to the preservation and memory of Spanish Civil War songs in the U.S. The help from important musicians (some were already famous and some would become so in the coming years) helped the diffusion of these songs. Among them we had folk musicians like Pete Seeger, the brothers Baldwin, "Butch" and Bess Hawes, and Tom Glazer. All of them were members of the Almanac Singers, a socially and politically involved band which was lead by Woody Guthrie, who had a sticker in his guitar that said: "This machine kills fascists," just like Seeger.[10] The American style was present in some songs as they had a bit of country style with instruments such as the banjo or the harmonica ("Jarama Valley" and "The young man from Alcalá")[11] There were a total of seven recorded pieces, in six tracks (the second one contained "Cookhouse" and "The young man from Alcalá"). The repertoire opened up with an allegorical ballad, "Jarama Valley" in memory of the battle of Jarama, where the Brigades defended Madrid against the Nationalist troops who were advancing very fast. "Quartermaster song" had a joyful and festive tone, and was a reinterpretation of the old English song "Quartermaster's Store." The rest of the songs were also very popular: "Viva la Quince Brigada" ("¡Ay Manuela!" version), "El Quinto Regimiento" and "Si me quieres escribir," all of them musical composition from the front line.[12]

---

9 See LC nº 52-8048, sign. RBA 77-79. Library of Congress of USA (cataloged as *Songs of the Lincoln Battalion*). On this record see: The Tamiment Library, New York University, Colection ALBA #19, box 21, folder 24. Reissued in digital in *The sea, the soil & the struggle (1941-1942)*, Naxos Records, 2 vols., Ref. 8.120 733, 2004.

10 Pete Seeger remembered that it was recorded in one weekend in 1941, during a military leave before being mobilized to the Navy. Hear the explanation, interchanged with an interpretation of "Jarama Valley," registered on the digital CD *Spain in my Heart*.... If they both refer to the same song, Jeff Place, archivist of Smithsonian Folkways Recordings, states in the songbook that the recording was made in 1942, while the songbook of *Songs of the...* (2014: 18) suggests that it could have been in 1943 or 1944.

11 Both melodies had American origin: "The Young..." came from a 19th century song named "Yip-Ay-Addie-I-Ay," and "Jarama Valley" was an adaptation of the popular song "Red River Valley."

12 "El Quinto Regimiento" referenced the battalion formed by the PCE to defend

Before the start of McCarthyism in 1950, two new slate discs appeared with four songs alluding to different areas of Spain. *Songs We Remember* (1947) wasn't really a war songs disc, but it did reference the repression suffered by some areas and people. These songs were recorded in vinyl about Spanish Civil War music edited in the U.S. (1962).[13] The disc contained a text that explained the songs, signed by Milton Robertson, and its cover had an engraving of a traditional Spanish dance where men and women were dancing, singing, and playing the guitar out in the fields.

In the 1950s no new civil war discs appear on the market, and the number of publications and the amount of academic work on the topic likely decreased as well. The pressure exerted by the senator of Wisconsin over supposed communist and anti-American activities reduced the freedom of conscience both as an individual and in the music, television, or movie industries.

The 1960s brought better luck. In 1961, coinciding with the 25th anniversary of the start of the Spanish Civil War, Folkways Records, heir of the record label Asch Recordings, released a disc —which would become a double disc in 1962— with civil war songs, titled *Songs of the Spanish Civil War*. Its cover —which only had military references and no musical ones, with the image of a militia group— meant it was an authorized disc, and had a message from President John F. Kennedy about individual input towards the defense of democracy. This was really a broad compilation of songs that had appeared on other albums.

This 1961 vinyl recovered the IB songs from 1937, which were later commercialized by Keynotes (1940), and *Songs of the Lincoln Brigade* (1944), interpreted by Seeger and others.

Madrid; "Si me quieres escribir" was located in the battle of Gandesa (1938) and tried to give strength to the front line. There was an English and Spanish version by The Limeliters, "The Battle at Gandessa" (*The Limeliters*, 1960). It was re-edited in same format in 1970 by Elektra/Everest LEG 113, in *The Limeliters: Their first historic album*.

13 *Songs We Remember*. DISC Records & Veterans of Abraham Lincoln Brigade, 720, 2 disc, 78 rpm, 10 in. I will immediately refer to the 1962 vinyl disc. Of the four songs contained in the 1947 disc, only *"Quelli Quelli Quer,"* from Galicia, wasn't included in the 1962 vinyl.

Regarding the 1962 disc, which had Picasso's Guernica on its cover, it contained various interpretations from different places: some pieces from *Behind the barbed wire* (1938), some from the International Brigades, three songs from *Songs we Remember* (1947) and songs from Spanish regions: Andalusia ("Sevillanos"), Catalonia ("La Santa Espina") and Asturias ("Caminito de Avilés"). The 1962 edition contained explicit political intention, contrary to the 1947 version, which didn't explicitly mention the war. On "Caminito de Avilés," Milton Robinson wrote:

> The Asturians are a brave and noble people. We will not forget the Asturian miners the Dinamiteros who went to meet the fascist tanks with a song on their lips and a stick of dynamite in their hands. We will not forget the heroic mountain men who hurled rocks at the tanks when there were no more bullets. (Songbook from *Song of the Spanish Civil War* 7)

"La Santa Espina," defined as the "Catalan National Sardana," would be hummed during the Second Spanish Republic and linked to nationalistic and regionalist movements. The version which was added was instrumental. "Sevillanos," also known as "Cruz de Mayo," in fact were two fragments of two different *sevillanas*. One of them, based on a song from *La Niña de los Peines*, called "Si te llamas Dolores," talked about putting war cannons in Seville's Tobacco Factory. Although there are doubts about the real date of the recording, the booklet contained by it says "193- (?)" It is hard to imagine a group of people interpreting songs against Franco or recording these in Seville, occupied by Queipo de Llano, known as the Viceroy of Andalusia. The only thing we know for sure is that the song appeared for the first time in a 1947 disc and that it did not give any information regarding the date of the recording.

In the same year that various discs appeared in Europe (1962), the Californian record label Stinson Records released on a vinyl *Songs of the Lincoln and International Brigades,* bringing back some old *coplas* (1940 and 1944 editions).

The 1970s meant the beginning of the end for the Spanish

dictatorship created by the Civil War. Related to this war, many songs charged with emotional and symbolic meaning were made. Slowly, most members of the brigades would pass away, the last member of the Lincoln Brigade, Delmer Berg, in 2016; and these songs, full of Spanish history, seemed to fade with the new generations. Gladly, this didn't happen and the songs continued creating interest in the twenty-first century, proven by the many editions over the years, and now in digital form. Many of the activities and events organized by the Abraham Lincoln Brigade Archive (ALBA) include music. Also, some melodies that are reminiscent of times of war appear in some movies, and some countries are still affected and show interest.[14]

In the U.S. in 2003 the Spanish-American edition of the CD *Spain in My Heart. Canciones de la Guerra civil española* was recorded and released. Pete Seeger and the son of Woody Gunthrie, Arlo, collaborated in creating different versions of old songs by adding modern rhythms.

More recently, in 2014, Smithsonian Folkways Recordings prepared, under the title *Songs of the Spanish civil war*, a collection of pieces from the previous albums that have already been mentioned. The pieces come from five places: *Behind the barbed wire* (1938), *Discos de las Brigadas Internacionales / Six Songs for Democracy. Discos de las Brigadas Internacionales* (1937 and 1940), *Songs of the Lincoln Brigade* (1944), *Songs of the Spanish Civil War* (1962), and finally, a series of five songs from the last disc, interpreted by the American singer-songwriter Woody Gunthrie and the German singer Ernst Busch.

The creation of the 2014 CD, 80 years after the war, does not assure the transmission of knowledge. The edition of these cultural products has another meaning. Although the Internet and certain websites provide easy access to these songs, they lose the romanticism of secrecy or the emotion of the story it

---

14 The most complete anthology with political and social songs related to the Second Spanish Republic, the Civil War, and the dict atorship that followed is the collection of 7 CDs which contain 127 tracks and trilingual songbook: *España en el corazón. Canciones de la guerra civil española / Spain in my heart. Songs of the Spanish Civil War / Spanien in Herzen. Lieder des spanischen Bürgerkrieges*, Bear Family Records, BCD 16093 HL, Hamburg, 2014.

conveys. In any case, this shows the importance of the survival of the memories of the Spanish Civil War and how they are part of American cultural heritage.

The broadcast channels of this immaterial blessing that is music have been many over the years, but mainly members of the international brigades, discs, paper publications, singer-songwriters, academic research and the media that decided to cover the topic. All of them making an interesting painting to recompose.

Throughout this piece I have tried to illustrate the cultural influence, using music, of Spain in the U.S., identify the main broadcast channels, and calibrate the effect and the interest that the Civil War and Francoism still have on society. This is another example of the attraction towards Spanish history and music in the Anglo-Saxon world, where war and dictatorship are still key topics.

WORKS CITED

Birdsey, Lawrence H. "A *Lyrical War*": *Songs of the Spanish Civil War*. North Carolina: Kelley Honors Thesis, Davidson College, 2004. Digitalized edition. Abraham Lincoln Brigade Archives. Web. <http://www.alba-valb.org/resources/document-library/2019a-lyrical-war2019-songs-of-the-spanish-civil-war.>

Busch, Ernst. *Canciones de Guerra de las Brigadas Internacionales*. Madrid: Diana, U.G.T., 1937.

---. *Canciones de las Brigadas Internacionales*. Barcelona: Tip. Catalana, 1938.

Carrillo-Linares, Alberto. "Surcos de esperanza y gritos de libertad. Música contra el franquismo". *Historia Social* 73 (2012): 80-99.

---. "Acordes antifranquistas e identidad colectiva: cultura política y musical de la oposición a la dictadura". *Himnos y Canciones: imaginarios colectivos, símbolos e identidades fragmentadas en la España del siglo XX*. Ed. Carlos Collado Seidel. Granada:

Comares, 2016. 91-113.

Discos de las Brigadas Internacionales. 1937. Slate discs.

Fishman, Mosess. "A few remarks." Songbook from *Song of the Spanish Civil War*. New York: Folkways Records,1962.

García Lorca, Federico. *Obras completas*. México DF: Aguilar, 1994.

Glazer, Peter. *Radical nostalgia. Spanish Civil War. Commemoration in America*. Rochester: University of Rochester Press, 2005.

Isserman, Maurice. *Which Side Were You On?: The American Communist Party during the Second World War*. Urbana & Chicago: IlliniBooks, 1993.

Labajo, Joaquina. "Compartiendo canciones y utopías: el caso de los voluntarios internacionales en la Guerra Civil española". *TRANS-Revista Transcultural de Música-Transcultural Music* 8, 2004. Web.

<http://www.sibetrans.com/trans/articulo/201/compartiendo-canciones-y-utopias-el-caso-de-los-voluntarios-internacionales-en-la-guerra-civil-espanola.>

---. "The Proof of Oblivion: The Journey of an Identity Forged in the Mythical Time of the Spanish Civil War." *Antropologia della musica nelle culture mediterranee: interpretazione, performance, identità*. Coords. M. Sorce Keller and P.V. Bohlman. Bolonia: CLUEB, 2009. 191-196.

---. "La práctica de una memoria sostenible: repertorio de las canciones internacionales de la Guerra Civil española". *Arbor. Ciencia, pensamiento y cultura*, 187-751 (2011): 847-856.

Six Songs for Democracy. Discos de las Brigadas Internacionales. Keynote Records, 1940. Slate discs.

Songbook from *Six Songs for Democracy. Discos de las Brigadas Internacionales*. Keynote Records, 1940.

Songbook from *Song of the Spanish Civil War*. Folkways Records, 1961.

Songbook from *Song of the Spanish Civil War*. Folkways Records, 1962.

Songbook from *España en el corazón. Canciones de la Guerra Civil española / Spain in my heart. Songs of the Spanish Civil War / Spanien in Herzen. Lieder des spanischen Bürgerkrieges*. Hamburgo: Bear Family Records, 2014.

Songbook from *Songs of the Spanish Civil War, vols. 1-2*. Smithsonian

Folkways Recordings, 2014.
Songs of the Lincoln Brigade. Asch Recordings, 1944. Slate discs.
Songs of the Spanish Civil War. Folkways Record and Service Corp., 1961 and 1962. LP.
Songs of the Spanish Civil War. Smithsonian Folkways Recordings, 2014. CD.
Spain in my Heart. Canciones de la Guerra Civil española. Appleseed Recordings, 2003. CD.
Murillo Amo, José Luis. *Mito y realidad en el cancionero de la Guerra Civil española.* Córdoba: Cabra España, 1999.
Palacio, Carlos, comp. *Canciones de lucha.* Valencia: Tip. Moderna, 1939.
Pérez López, Javier. "Creando una armonía internacional: la música en las Brigadas Internacionales". *Pasado y Memoria. Revista de Historia Contemporánea* 11 (2012): 239-254.
---. *La música en las Brigadas Internacionales: las canciones como estrategia de Guerra.* Dissertation, Universidad de Castilla La Mancha, 2014. Web.
<https://ruidera.uclm.es/xmlui/handle/10578/3989.>
The Almanac Singers. *The sea, the soil & the struggle (1941-1942).* Naxos Records, 2004. CD.
The Limeliters. "The Battle at Gandessa." *The Limeliters*, Rhino/Electra, 1960. LP
Vega Toscano, Ana. "Canciones de lucha: música de compromiso político en la Guerra Civil española". *Campos interdisciplinares de la Musicología.* Ed. Begoña Lobo. Madrid: Sociedad Española de Musicología, 2001. 177-193.
Viana Diaz, Luis. *Cancionero popular de la Guerra Civil española. Textos y melodías de los dos bandos.* Madrid: La Esfera de los Libros, 2007. Print.

THE FUNDAMENTAL ROLE OF JAMES JOHNSON SWEENEY IN PROMOTING SPANISH ARTISTS IN THE UNITED STATES (1934-1975)

Beatriz Cordero Martín
Universidad Complutense de Madrid

During the central decades of the mid-20th century, art critic and museum director James Johnson Sweeney (New York, 1900-1986) displayed a highly influential position in the art world, both in the United States and abroad. As a curator, Sweeney joined the Museum of Modern Art (MoMA) in the 1930s, becoming director of the Department of Painting and Sculpture between 1945 and 1947. From 1952 to 1961 Sweeney directed what had been called the Museum of Non-Objective Art, which he transformed into the competitive and distinguished modern art center that the Guggenheim Museum is today. During the 1960s, Sweeney was appointed to direct the Museum of Fine Arts in Houston with the specific purpose of bringing international prestige to the institution. While he curated historical exhibitions in these and other international museums, Sweeney also became a renowned art critic and exercised an authoritative international influence mainly through two organizations: the International Council of the MoMA and the International Association of Art Critics, both of which he joined in 1947. He became president of the latter in 1963. Commonly known as the AICA due to its French acronym, this instrumental association organized the art festivals of Venice, São Paulo, and Paris for nearly a decade.

With so many influential fronts open, Sweeney's views soon became part of the official narration of the history of modern art. His work as a curator, critic, museum director, and even as a private collector himself, was fundamental in the appreciation and dissemination of modern art, as well as its presence in public and private collections around the world.

This paper evaluates the specific interest Sweeney took in Spanish art throughout his entire career, and queries if without his scholarly advocation and mentoring its presence in American collections would be comparable today.

Figure 1.1 James Johnson Sweeney

II

Sweeney's initial contact with contemporary artists occurs in the bohemian Paris of the 1920s. He originally travels to Paris to study at La Sorbonne, after studying English Literature at Georgetown University (Washington D. C., 1918-1922) and Jesus College (Cambridge, England, 1922-24), but ends up living in Paris for a few years while writing for the *Chicago Evening Post* as an art critic. After meeting Joan Miró (1893-1983) in Pierre Loeb's gallery in 1927, Sweeney builds life-long rapports with the Catalonian painter and some of his friends, like the American sculptor Alexander Calder (1898-1976) and the Barcelona-born architect Josep Lluís Sert (1902-1983). A few years later, Sweeney's interest in Spanish contemporary art is revealed in his acquisitions for his emerging art collection.

Figure 2. Pablo Picasso, *Still Life with Plaster Head* (1925). Oil on canvas acquired by Sweeney for his personal collection in 1939.

In 1934 Sweeney publishes his first book: *Plastic Redirections in 20th Century Painting*, edited by The Renaissance Society at the University of Chicago. With this work, Sweeney intends to elucidate the new tendencies in painting since the final decades of the 19th century, emphasizing the remarkable influence of the art of the young cultures. Already in this early work, Sweeney concedes great prominence to Spanish artists: sixteen out of the fifty-six artworks published in *Plastic Redirections* are by artists born in Spain. Sweeney's early contribution lies in connecting the work by the Spanish contemporary artists to other traditions further back in time. For instance, he relates Salvador Dalí's (1904-1989) work to certain aspects of the Flemish school,[1] Pablo Picasso's (1881-1973) Cubism to Iberian

---

1   Sweeney illustrates this idea with a reproduction of *The Visions of Tondal* (af-

sculpture,[2] and, further in his career, Sweeney will connect Miró's imaginative painting to Medieval Catalonian frescoes.[3]

In addition to publishing *Plastic Redirections* The Renaissance Society of the University of Chicago hosts Sweeney's first exhibitions: *Abstract Art by Four Painters of the Twentieth Century: Picasso, Gris, Braque, Léger* and *A Selection of Works by Twentieth-Century Artists*, both in 1934. The unquestionable leading role of Picasso, Gris, and Miró elaborated upon in *Plastic Redirections* gains life through the prominence of their works in these exhibitions.

Figure 3. Juan Gris, *Pipe and open Book* (1926), included in *Abstract Artists* (The Renaissance Society, Chicago, 1934).

---

ter 1479), a painting the attributed to Jheronimus Bosch (1450-1516). Sweeney's knowledge of this obscure painting suggests a visit to the private Museo Lázaro Galdiano in Madrid, likely during his honeymoon in 1927.

2   In *Plastic Redirections* Sweeney makes a conclusive connection between African sculpture and Picasso's cubist work. However, in 1941, he writes a definitive article on Picasso's "primitives" influences highlighting the role played by Iberian art in the painter's work in the 1900s: "Picasso and Iberian Sculpture," published in *The Art Bulletin* 23 (pages 191-198).

3   In the same year of the publication of *Plastic Redirections*, Sweeney writes an article in which he claims the painter is "[...] fundamentally a traditionalist, Miró is first and last a Catalan" (Sweeney, *Cahiers d'art*). The author will continue to explore Miró's inspiration drawn from Catalonian traditions and in 1941 he insists upon his debt to "that type of fantasist visionary [art] which, in the Middle Ages, produced the manuscript illuminations of Beautus' commentaries on the Apocalypse (*Joan Miró* 14).

Figure 4. Pablo Picasso, *The Studio* (1927-28), shown at *A Selection of Works* (The Renaissance Society, Chicago, 1934)[4]

III

In 1941, while working as a curator at the MoMA, Sweeney organizes Miró's first retrospective exhibition in America. This show, one of the most relevant ever curated by Sweeney, is of great importance for three key reasons. Firstly, the exhibition plays a significant role in shaping the canon of modern art, one of the museum's director Alfred Barr's (1902-1981) first goals. Along these lines, this show complements the monograph exhibit that two years earlier Barr himself had dedicated to the so called "hero of the MoMA's story of modern art:"[5] *Picasso, Forty Years of His Art*. Additionally, the Miró project (sometimes refered to

---

4 Donated to the MoMA in 1964, this painting will become a powerful icon for the young generation of painters in the United States. Willem de Kooning would recall that he had been "crazy about *The Studio* from first sight," and the painting will be an inspiration for his first series, a group of paintings made in 1937 (FitzGerald and Boddewyn 160).

5 Hal Foster: "The Hero of the MOMA Story of Modern Art", *Recodings, Art, Spectacle*, 1985, p. 182.

as the "Miró/Dalí exhibition") was very consciously opposed to a parallel exhibition that James Thrall Soby (1906-1979) dedicates to Salvador Dalí, offering a divergent perspective on art and aesthetics. Secondly, as the poet and Miró biographer Jacques Dupin (1927-2012) stated: "it is America that consecrates Miró, which recognizes him as one of the great artists of this century" (52). It is Sweeney's show and catalogue (first writen in English about the artists) what iniciates Miró's succesful career, which due to the political situation in Franco's Spain, could only happen abroad.

Finally, the Miró's exhibition causes a profound impression on the young artists who soon participate in the so-called New York School, especially Arshile Gorky (1904-1948), Jackson Pollock (1912-1956), and Robert Motherwell (1915-1991).[6]

Figure 5. View of the Miró/Dalí exhibition, MoMA, 1941.

---

6   As Hayden Herrera has noticed, Gorky would soon create floating shapes against a single colored ground, with the same feeling of suspension as in Miró's paintings. Miró's elimination of the horizon line in order to create an ambiguous and limitless space was soon taken on by other abstract expressionists as well (40). On his part, Pollock himself declared that the two artists he admired the most were Picasso and Miró. As art historian Luccy Lippard stated: "it was Miró (and Picasso) who most influenced the nascent New York School" (35). For Robert Motherwell's relation to Miró, see also Ashton 167.

Figure 6. Joan Miró, *Composition* (1933). Sweeney's personal collection. Included in *A Selection of Works* (The Renaissance Society, Chicago, 1934) and *Joan Miró*, MoMA (New York, 1941).

IV

In 1952, Sweeney is appointed director of the Museum of Non-Objective Painting. In the course of the decade he is the head of the museum, he succeeds in creating a more comprehensive collection, which from then on also includes non-abstract art. Sweeney even changes the name of the institution to the Solomon R. Guggenheim Museum (SRGM), and under his directorship the museum becomes a genuine center for modern and contemporary art. As part of his renewal plan, Sweeney makes acquisitions of significant works by founding fathers of modern art such as Paul Cézanne (1839-1906), important milestones of the avant-garde such as Alberto Giacommetti (1901-1966) and Constantin Brâncuși

(1876-1957), and contemporary American artists such as Pollock and de Kooning.

Similar to what had happened with Miró, Sweeney drives and promotes José Guerrero's (1914-1991) oeuvre since their first encounter in the painter's studio in 1954. For instance, it is through Sweeney's mediation that Guerrero is included in a two-man exhibition at the Arts Club of Chicago with Joan Miró, a crucial event in the young painter's career, as he states himself in his autobiographical notes: "Miró opened doors for me in America" (cited in Ortuño and Juste 129). Only a few months after his exhibition in Chicago, Guerrero begins working with the art dealer Betty Parsons (and does so until 1963). Meanwhile, at the Guggenheim Museum, Sweeney includes Guerrero in the collective exhibition *Younger American Painters* (1954), the same year that Guerrero obtains his American citizenship. Sweeney's support continues, and in 1958 the painter receives a scholarship of $10,000 from the Graham Foundation for Advanced Studies in the Fine Arts to promote public art in the city of Chicago. At the adjudication, Sweeney and architect Josep Lluís Sert are the strongest supporters of Guerrero's work.

Figure 7. José Guerrero, *Signs and Portens*, 1953. Shown in *Younger American Painters* (1954) and acquired by Sweeny for the Guggenheim Collection.

As with José Guerrero, Sweeney also seems to be behind most of Antoni Tàpies's (1923-2012) success in the United States, even before they meet personally in 1961. Three years before,

Sweeney had been on the jury that awarded Tàpies the Carnegie Institute first prize, a decisive distinction that meant international recognition for the artist. In the catalogue of Tàpies' first solo exhibition at the Martha Jackson Gallery (New York) in 1961, Sweeney praises Tàpies as "the leader of the younger generation of painters in Spain" (*A Catalog of Paintings in America* 4).

It is around this time that Franco's Spanish government decides to offer an image of openness and modernity in Spain. As a direct consequence of this cultural propaganda three exhibitions of contemporary Spanish Art take place simultaneously in the city of New York in 1960: *Before Picasso, After Miró*, organized by Sweeney at the SRGM, *New Spanish Painting and Sculpture* curated by the American poet and art critic Frank O'Hara (1926-1966) at the MoMA, and *Four Spanish Painters* (Millares, Canogar, Rivera y Saura) at the Pierre Matisse Gallery.

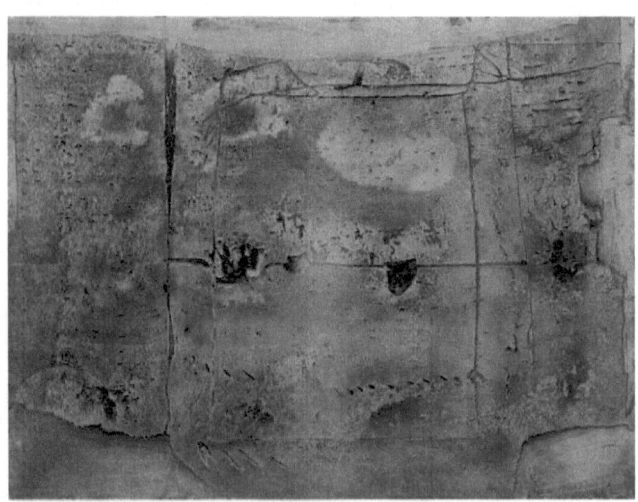

Figure 8. Antoni Tàpies, *Great Painting* (1958), SRGM

Sweeney's new line of study implies that it is Miró, and not Picasso, who has had a greater impact on the next generation of Spanish painters. For *Before Picasso and After Miró*, Sweeney selects almost thirty works of Catalan artist Isidre Nonell (1872-1911) and displays them together with those by Pablo Picasso, Joan Miró, and eighteen young artists.[7] Referring to this new generation, Sweeney comments:

Their basic regard for the material expression, and their pride of independence from alien influence and the individual talent [...]. The aim of this exhibition is to illustrate the continuing vitality of painting in Spain [...] And the range stretches back through Goya, through Velazquez, Zurbaran and medieval Catalan painting to the cave art of Altamira. (Sweeney, *Before Picasso, After Miró*)

Figure 9. Antonio Saura, *Goodbye* (1959). Included in the show
Before Picasso, After Miró (SRGM, 1960).

By reclaiming not only the masters of the Spanish school as an influence for the younger generation, but also medieval and prehistoric art as a source for new tendencies in art, Sweeney defends Spanish cultural independence in a moment in which the New York School had become hegemonic in the Western world.

---

7   Rafael Canogar (1935), Manolo Millares (1926-1972), Antonio Saura (1930-1998), Antoni Tàpies (1923-2012), Manuel Rivera (1927-1995), and Luis Feito (1929), among others.

V

By the time James Johnson Sweeney is appointed director of the Museum of Fine Arts in Houston, Texas (1962-1967), he is internationally recognized as "the man who is probably more aware than almost anyone else of what is going on in the various art centers of the world" (Culler 67).

As director of the MFAH, Sweeney continues exploring the connection between the art of the Spanish avant-garde masters with that of the young contemporary artists. This is precisely the goal of one of his first shows in Houston: *Three Spaniards: Picasso, Miró, Chillida* (1961). For this project Sweeney commissions a swimming pool with a trampoline in the museum yard in which he installs six sculptures by Picasso, the *Bathers*. This part of the show situated in the museum's garden, is also visible from the inside of the museum through the glass wall of the main gallery, a stunning design by German born architect Mies van der Rohe (1886-1969), the Cullinan Hall. The five remaining works of the exhibition complete the visual display from within the curvilinear gallery: *Nude under a pine tree* (Picasso 1959), a very abstract triptych by Miró titled *Blue Paintings* (1961), and *Abesti Gogora* (1960), an oak sculpture by Eduardo Chillida.

Sweeney and Mies van der Rohe had both been on the committee that had awarded Chillida with the Graham Foundation prize in 1958. Earlier that year, Sweeney had included one of Chillida's pieces in the exhibition "Sculpture and Drawings from Seven Sculptors," at the SRGM, and had acquired it for the museum's collection, installing it in the galleries for the opening show of the new building designed by Frank Lloyd Wright (1867-1959). Once again, Sweeney's mentoring means the starting point of Chillida's flourishing international career. Two years after his first contact with Sweeney, Chillida's work is included in the aforementioned *New Spanish Painting and Sculpture* (a collective exhibition at MoMA). In 1961 Sweeney writes the catalogue for Chillida's exhibition at the Maeght Gallery in Paris, and three years later Chillida is awarded with the Carnegie Prize in Pittsburg. In 1966 Sweeney organizes Chillida's first retrospective exhibition at the MFAH with fifty artworks, the most noteworthy being an extraordinary commission for a three-ton granite sculpture for the museum yard, *Abesti Gogora*.

Figure 10. Eduardo Chillida, *Abesti Gogora*, (1966)

In the catalogue of the exhibition, Sweeney names Chillida "the foremost sculptor of his generation, internationally" (Sweeney, *Eduardo Chillida* 21), and once again reclaims the connection between the work of a Spanish artist with the oldest traditions of European culture:

in his work Chillida is characteristically a twentieth century contemporary. Still, as a northern Spaniard, he is the inheritor of a rich tradition of wrought iron work which in that quarter of the world carried back even to Roman times. ("Tastemakers and Tastebreakers").

Conclusion

We have seen how through his work as an art critic and museum director Sweeney offers consequential support for Spanish artists in the United States. The importance of his championing must be considered in the context of the Cold War years, in which most of the critics were favoring American artists at the expense of the art produced in Europe. As a first-generation American, Sweeney's connections with Ireland (his whole family's home country), England, and France, where he spends a decade during his youth, allow him to develop a deeper understanding of European cultures and traditions. Pierre Daix and Joan Rosselet, authors of Cubist Picasso's *Catalogue Raisonné*, offer evidence of the significance of Sweeney's promotion when commemorate him as one who "strove to make the artist's work intelligible" (Daix and Rosselet 8).

By claiming local influences such as the Iberian art for Picasso, the medieval frescos for Miró, and the old tradition of iron in Chillida, Sweeney stresses the autonomy of Spanish art. He does not present Spanish contemporary art as a peripheral consequence of the *Triumph of American Painting*, as Irving Sandler called the New York School of the late 1940s; instead, he vindicates Spanish artists' independence from American influence. Nonetheless, exhibitions such as *Joan Miró* (MoMA, 1941) and *Before Picasso, After Miró* (SRGM, 1960) go a bit further, implying Miró's oeuvre as a common source for both the American abstract expressionists and the younger generation of Spanish artists.

Thanks to Sweeney's international promotion through specific commissions, prize committees, selections for international fairs, and museum exhibitions, many Spanish artists were able to achieve prominent positions among the creative minds of their century.

Works Cited

Ashton, Dore, ed. *The Writings of Robert Motherwell*. Los Angeles: U of California P, 2007.

Daix, Pierre and Joan Rosselet. *Picasso The Cubist Years, A Catalogue Raisonné of the Paintings and Related Works*. Boston: New York Graphic Society, 1979.

Dupin, Jacques. "Joan Miró et Pierre Matisse". *Pierre Matisse, passeur passionné: Un marchand d'art et ses artistes*. Hazan, Vanves Cedex, 2005.

Culler, George. "Interview: George Culler and James Johnson Sweeney." *Artforum* 1.1 (1962).

FitzGerald, Michael and Julia Boddewyn. *Picasso and American Art*. New Haven: Yale University Press, 2006.

Herrera, Hayden. *Arshile Gorky. His Life his Work*. New York: Farrar, Strauss and Giroux, 2003.

Lippard, Lucy. "New York Letter: Miró and Motherwell." *Art International* 9 (December 1965)

Ortuño, Pancho and Julio Juste. *José Guerrero*. Logroño: Sala Amós Salvador, 1996.

Schneider, Pierre. *Pierre Matisse passeur passionné : Un marchand d'art et ses artistes*. Paris: Hazan, 2005.

Sweeney, James Johnson. *Cahiers d'art*. 4 Vols. 1934.

---. "Picasso and Iberian Sculpture." *The Art Bulletin* 23 (1941).

---. *Joan Miró*. New York: The Museum of Modern Art, 1941.

---. "Tastemakers and Tastebreakers." *The Georgia Review*, 14.1 (1960)

---. *Before Picasso, After Miró*. New York: Solomon R. Guggenheim Museum, 1960.

---. *A Catalog of Paintings in America, 1959-1960*. New York: Martha Jackson Gallery, 1961.

---. *Eduardo Chillida*. Houston: The Museum of Fine Arts, 1966.

DIPLOMACY AND CENSORSHIP: THE RECEPTION OF *GENTLEMAN'S AGREEMENT* IN FRANCOIST SPAIN

Roberto Carlos Álvarez-Delgado
José Santiago Fernandez-Vázquez
Universidad de Alcalá

One of the most interesting aspects for examining relations between two nations is the way in which their respective cultural products are received and interpreted by the other.[1] In the 20th century, perhaps no other cultural manifestation has had a greater influence on the way in which Spaniards perceive the United States than the importation of films and television series produced by Hollywood, which became an artistic expression of the "American way of life." However, until the arrival of democracy, the presence of films produced by large cinematographic studios in Spain was obstructed by censorship, which dictated whether a certain film would be accepted to be shown before the general public, and under what conditions. Cinematographic censorship existed in Spain practically from the origins of the seventh art. On 27 November 1912 a Royal Order was passed which regulated cinematographic exhibitions and prior censorship was established (González Ballesteros 107). It was, however, during the long years of the Franco government when Hollywood's presence in Spain was most greatly influenced by censorship regulations and structures. Although censorship mainly had a function of internal control, sometimes the censors' activity became relevant from

---

[1] The research for this paper has been financed by the University of Alcalá (research project CCG2016/HUM-014). The authors would like to express their thanks to the personnel of the General Archive of the Administration and Ángel Sancho Rodríguez for their assistance in locating some of the bibliographic references consulted.

the point of view of international relations, particularly affecting relations between Spain and the United States. The censors' decision whether to authorise a film for its commercial exhibition in Spain or not, or even its age classification, had a direct impact on the commercial interests of the North American cinematographic production companies that hoped to export their products to the Spanish market. It should come as no surprise, therefore, that United States diplomatic authorities sometimes interceded before the Spanish government to lower the demands of censorship.[2] This was the case in February 1940, when censors interrupted the showing in Spain of the film *The Rage of Paris*, produced by Universal, upon realising that the cast included Douglas Fairbanks Jr., an actor that the regime had included on a black list because of his activity against the Axis powers. In the face of protest from the North American consular authorities, the Spanish government ended up authorising the film, but with the condition that the actor would not be mentioned in its advertising (León Aguinaga 90).

In addition to taking into consideration the commercial interests of large production companies, during the Franco era the United States government was interested in maintaining the presence of American films on Spanish soil with the aim of guaranteeing its political influence. This interest became clear above all during the Second World War, when the United States was attempting to counteract German and Italian propaganda, which was received with great sympathy among Francoist authorities, especially in circles connected to the Falange. The combination of economic and political factors in defence of American cinema was clearly expressed in a report drafted by the Consulate of Barcelona in autumn 1940, which analysed the situation of North American cinematographic interests in Spain:

---

2   The main source we have used to offer an account of the relations between the North American cinematography industry and the governments of Spain and the United States is the magnificent study by Pablo León Aguinaga on the presence of North American film in Francoist Spain, cited in the final bibliography. This study offers a detailed examination of the economic obstacles Hollywood had to face in Spain between 1939 and 1960.

> ...from a broad point of view, it would seem better policy to remain in the field [i.e. in the Spanish market], keeping American pictures and American Stars before the public, and accumulating funds in Spanish currency which may some day be convertible, at least in part, rather than to withdraw and leave the field wide open to foreign competitors who are doing everything they can to exclude the United States from this market. (cited in León Aguinaga 91)

Two years later, consular authorities once again stressed the importance of maintaining American films in Spain when asking the Department of State to facilitate the export of commercial films to Spain, despite Spain's ambiguous position in the war:

> Since motion pictures are admittedly an effective means of propaganda and American productions ... would tend to preserve the goodwill which so many Spaniards harbor for the United States, and since such films would keep before the Spanish public, which is practically cut off from the rest of the world by censorship and control of the press, the American way of life and the excellence of American products, it is thought possible [that] the Department may for political purposes desire to expedite the granting of an export licence. (cited in León Aguinaga 110)

The arrival of Carlton H. Hayes to the United States embassy in Madrid, which he led from 1942 to 1945, only reinforced this ideological view. In a position that today we could almost qualify as visionary, Hayes was able to see the strategic importance of cinema to strengthening the relationship between the two countries, and even went so far as to intervene so that General Franco himself had access to some Hollywood premiers (León Aguinaga 108). In the years that followed the Second World War, relations between Spain and the United States experienced a clear distancing, which was evidenced by US support for the UN condemnation of Spain in December 1946, and which led the United States to leave the post of ambassador to Spain vacant until 1951. The beginning of the Cold War with the Soviet bloc, however, gave the Francoist authorities the hope of improving foreign relations "without having to change their policies at home" (García Rodrigo and Rodríguez Martínez 77).[3] In this context, censorship prohibiting the importation to Spain of the film *Gentleman's Agreement*, by Greek-American director Elia Kazan, caused a diplomatic conflict that came close to spoiling the efforts of both countries to rebuild relations.

Although the censorship of this film by Francoist authorities is fairly well known, the specific details surrounding this ban are less so, as are its repercussions for Spain-US relations. In this paper we aim to bring this historical episode to light, showing how the censors' activity turned a moral matter into an issue of politics and diplomatic relations. To do so, the main sources for this research were the censorship records that are preserved in the General Archive of the Administration, located in Alcalá de Henares (Madrid). Each of these records contains the request to import and censor the film, a brief plot summary, the reports that the censors filled out on the official forms for that purpose, and the official notification by the authorities to the distribution company regarding the conditions under which the film could be shown in Spain, along with various supplementary information. Although some of these records are incomplete, others include abundant correspondence between the authorities and the film distributors, or between the regime's authorities. These documents enable us to reconstruct the process followed in making decisions about censorship and the reactions they caused.

Gentleman's Agreement premièred in the United States in 1947 with considerable success both among audiences and critics, which led it to win three Oscars, including the Oscar for best picture. Its filming, however, was not without controversy, due to its favourable view of divorce (Black 106) and its open

---

[3] All quotations in Spanish have been translated into English.

condemnation of anti-Semitism. The film tells the story of a journalist (played by Gregory Peck) who pretends to be Jewish in order to write an article about anti-Semitism and who, from that point on, is rejected by those around him. The purpose of the film is to question the essentialist definitions of racial identity, showing how the opinion we have of a person is conditioned by their belonging to a certain ethnic group.

Precisely the way in which the film depicts relationships between Jews and gentiles, and above all the idea that there is not a distinction between the two from a moral point of view, motivated the film's rejection by Spanish censors. In July 1948, the Spanish subsidiary of Twentieth Century Fox, Hispano Foxfilm, registered a request to import the film, which would be entitled "La luz es para todos" [Light is for All]. According to the provisions of the legislation in force (Order dated 28 June 1946, Official State Gazette of 19 July), the film had to be examined by the so-called "Junta Superior de Orientación Cinematográfica" [High Council of Cinematographic Guidance], which was comprised of 12 members: the General Director and Secretary General of Cinematography and Theatre, who acted as President and Vice President, respectively, and ten members, nine of whom were designated by the National Ministry of Education and the tenth who was freely elected by the ecclesiastical authorities. Additionally, this last member had veto powers "in grave moral cases" which he designated as such. On 4 August the film was screened by the Council, which a month later decided to ban its showing it in all of Spain. Although this body's sessions were secret, the motives behind the ban emerged when one of its reports was leaked to the press. This report was signed by the ecclesiastical member, Juan Fernández Rodríguez, Official Notary of the Ecclesiastical Court of Madrid, who can be identified thanks to a handwritten note on the censorship record. In this note to the secretary of the Council, Santos Alcocer Badenas, Fernández told him that he had taken two scripts with him to censor while he spent the summer in a small town in Galicia. After apologising for the delay in issuing his report, Fernández stated his concern with the film, which he branded as pernicious: "the film 'La luz es para todos' has concerned me greatly and has made me think very carefully. In good conscience, I do not think that it should be authorised as is ... it seems to me it injects its poison very subtly."[4]

The reasons for this concern did not take long to emerge, to the outrage of the American public and the alarm of Spanish authorities. On 29 September, the General Press Director, Tomás Cerro, wrote to then General Director of Cinematography and Theatre, Gabriel Espina, attaching a copy of an article that the Spanish correspondent of the *New York Times*, Paul Kennedy, had sent to his newspaper the day before. In the article, which cited sources close to the High Council, Kennedy wrote that *Gentleman's Agreement* had been banned because the ecclesiastical member believed that the Christian duty to love thy neighbour could not be extended to Jews, as they were enemies of the Holy Church who God wanted to humiliate. The correspondent detailed the arguments put forth by the censor, six "theological errors" as he called them, which coincided in large part with the criticisms the film had already faced in the United States: its representation of divorce in positive terms; the reduction of the distinction between Christians and Jews to a mere nominalism; the negation of the moral superiority of Christians over Jews, an idea that, in the opinion of the censor, was maintained only by "the poison that millions of parents injected into the brain of millions of children"; the protagonist abandoning the Christian faith during the eight weeks that he posed as a Jew, which constituted a "grave sin" (a clear reference to apostasy); the vindication of the pride of being Jewish, despite being the people who had put Christ to death; and the aim of advocating for abolishing religion. All of this, according to Kennedy, had led the censor to oppose the film for moral reasons, not without first warning that it could also be rejected for historical and political reasons (Kennedy 11).[5] While we do

---

4   Unless otherwise indicated, all of the quotes and references that follow below have been extracted from the official censorship record located in the General Archive of the Administration (record number 8,443). When transcribing the documentation available in the censorship record, and with the aim of facilitating the reader's understanding, we have decided to disregard the numerous errors, lack of punctuation, and even spelling mistakes in some of the documents consulted.

5   With regard to the relationship between this ban and the treatment of religious minorities in Francoist Spain, see Rosendorf 124-125.

not have the original censor report, the documentation available in the record, and particularly the summary of the ecclesiastical member's report by another member of the Council, allows us to confirm the accuracy of the journalist's statements, and the almost textual nature of the opinions included in his article.

The effect that this information had on American public opinion was immediate. The day after the *New York Times* published the article, it was followed by declarations from religious leaders against the decision made by the Spanish authorities. Those that criticised the ban included the Jesuit John La Farge, editor of *America*, perhaps the most influential Catholic magazine in the United States at that time, along with the Archbishop of New York himself, Cardinal Francis Spellman, nicknamed the "American Pope" due to his enormous influence. In his statements, La Farge asserted that it was incredible that a person who believed in Jesus Christ could think that Jews did not have the right to feel proud of being Jewish, and he classified the censors' position as erroneous from the doctrinal point of view. Cardinal Spellman launched a direct reprimand against the Spanish Catholic hierarchy, by stating that loving thy neighbour, without exceptions, was part of the Church's universal doctrine: "This, I repeat, is Catholic doctrine in Rome, Jerusalem, Madrid and Kabul. It was Catholic doctrine 2,000 years ago. It is Catholic doctrine today, and will be Catholic doctrine forever" ("US Catholics"). The Cardinal's forcefulness was surprising, even more so given his extremely conservative profile, which would lead him to support the "witch hunt" launched by Senator Joseph McCarthy, in which anti-Semitism played an important role (see Bial 39-40); as well as to advocate for banning some films in the United States, including *Baby Doll*, also directed by Elia Kazan, which he did not hesitate to describe as "revolting," "immoral," "corrupting," and "malign" (cited in Black 275). The day after publishing these statements, the *New York Times* returned to the attack on two fronts: it published a letter to the editor by Robert W. Searle, Director of Community Relations for the Protestant Council of New York City, which claimed that the "voice of Madrid" did not represent the voice of Christianity, but rather its "antithesis" ("Banning" 14). It also published statements by Senator Theodore F. Greene, President of the Nationalities Division of the Democratic National Committee, in which he criticised the movements of some members of the Republican Party to re-establish relations with the Franco regime. Referring to a recent visit to Spain by Republican Senator Chan Gurney from South Dakota, during which Gurney had met with General Franco, Greene asked how it was possible for the Republican Party to support a regime that would ban a film for anti-Semitic reasons ("Gurney"). The proof of the political relevance that the censors' decision acquired in terms of Spain-US relations was the publication, five days later, of an editorial in the *New York Times* with the meaningful title "The Problem of Spain". This editorial gave credence to the Democratic theses that aimed to link the ban of *Gentleman's Agreement* with the decision the UN had to make about renewing diplomatic relations with Madrid, at the request of the United States. The article admitted the importance of Spain in the international geopolitical context, and its usefulness in the fight against Communism, but it called for caution when supporting a regime that had shown itself to be an enemy of freedom ("The Problem").

  The public outcry over the decision to censor the film caused deep concern within the Spanish government. The political and media campaign could not have come at a worse time for the regime, just as diplomatic efforts to build bridges with the United States were being doubled. In addition to the aforementioned visit by Senator Gurney, during 1948 other leading American dignitaries would visit Spain, including Senators Albert Barkley and William Fulbright, and diplomat William Pawley, representing the Secretary of State (León Aguinaga 243). In this context, the connection that the Democratic Party and the media aimed to established between the censors' actions and the role that Spain was called to play on the international stage could be lethal. To this was added the disconcerting fact that the main critics this time were not only from progressive sectors of American society, but also from the ecclesiastical hierarchy in the US. For a regime whose main educational and ideological support was the Catholic Church, this circumstance aggravated the situation even more. The concern caused by the leak of the censorship report in the Franco government, which we would go so far as to describe as authentic panic, is clearly evidenced by the telegram that Spanish diplomatic authorities sent to Madrid, informing them of the publication of Kennedy's article, and which is preserved in the censorship record. It is worth citing here in its entirety:

> ATTENTION KENNEDY ARTICLE PUBLISHED YESTERDAY NEW WORK TIMES [SIC] CENSORSHIP FILM GENTLEMAN'S AGREEMENT CAUSING A MOST GRAVE POORLY TIMED COMMOTION PERHAPS WITH WORSE CONSEQUENCES THAN MANY CAMPAIGNS ENEMIES OF SPAIN HAVE INCITED IN RECENT TIMES. EVEN CARDINAL SPELLMAN RAISED HIS VOICE TO CONDEMN SPANISH POSITION. WITHOUT EXPLAINING HOW KENNEDY WAS ABLE TO EXTRACT OR BRIBE TEXT REASONS SPANISH CENSORSHIP PROHIBITED DISTRIBUTION IN SPAIN TWENTY CENTURY FOX FILM GENTLEMAN'S AGREEMENT AND FROM SUCH DEDUCES AN OFFICIAL SPANISH BODY PROCLAIMS HATE AGAINST JEWS. ONLY SOLUTION COULD BE TO DECLARE TEXT USED BY KENNEDY WAS PRIVATE DOCUMENT. DISCREDIT THAT TEXT. DISCREDIT ECCLESIASTICAL MEMBER CENSORSHIP COMMITTEE. EVEN DISCREDIT CENSORSHIP ENTIRELY. CURRENT TIMES WHEN EVERYTHING WAS SMILING ON BETTER UNDERSTANDING BETWEEN SPAIN NORTH AMERICA IT IS VERY SERIOUS NORTH AMERICAN CATHOLIC CHURCH SAYING IN DISAGREEMENT WITH SPANISH CHURCH. FOR BETTER UNDERSTANDING I SEND TEXT KENNEDY CHRONICLE AND SUBSEQUENT REACTIONS WITH A WARNING. IF KENNEDY GOT THIS TEXT DISHONESTLY ANY ACTION AGAINST HIM WOULD BE WORSE TERRIBLE BOOMERANG AGAINST SPAIN

As the telegram recommended, the Spanish government launched its own campaign to try to discredit Kennedy's information. To do so, it requested a report on the reasons set forth by the ecclesiastical member for censoring the film. This report, without a date or signature, written by hand on the official censorship forms and with abundant corrections in red ink, contains the arguments which would later be reproduced in public statements by the President of the Council, Gabriel Espina, and in the official note issued by the Spanish embassy in the United States. The report begins by justifying the actions of the ecclesiastical member, whose opinions, it says, have been misinterpreted and were issued when the majority of the Council had already come out in favour of banning the film. The author argues that the problem of anti-Semitism "is totally unknown in Spain," as are racial problems. It defends the supposed protection that Spanish civil and ecclesiastical authorities provided to Jews during the Second World War, and it negates the existence of a "Censorship Committee," as the High Council "has many purposes" —although it does admit that these include that of "seeing errors against their faith and the immoral acts in cinematographic films that corrupt the nation." Although it details the "theological errors" in the film (the same ones that Kennedy had referred to in his article), the report concludes by saying that these doctrinal mistakes could be corrected in the dubbing, in which case the ban could be re-examined.

Espina's statements, along with the note from the Spanish embassy, which accused the *New York Times* of "calumny" and "distorting the truth," were reflected in the newspapers that had echoed the decision to censor the film (see, for example, "Spain Says"). However, as could be expected, they did not achieve their goal. Invoking "the beautiful and traditional Spanish idea of human freedom," or the "love of the Jewish people," as Espina did in his statement, seemed like sarcasm. And negating the Council's censorial nature, when its prior name was precisely "National Commission on Cinematographic Censorship" was almost an insult to intelligence.

The serious diplomatic conflict and conflict of public opinion caused by the censors was only resolved with the intervention of the Head of State himself, General Franco. Franco received the President of the Motion Picture Association of America, Eric Johnston, for over two and a half hours, and he personally promised that *Gentleman's Agreement* would be allowed to be shown in Spain. In exchange, Johnston publicly advocated for re-establishing diplomatic relations between the two countries ("Spain to Lift"). Keeping the promise made by Franco, on 6 December 1948 the High Council examined the film again. This time it was approved by the censors, with the requirements that its title be modified so as to not have religious connotations, to decrease the repeated kisses and hugs between the two protagonists, and to substitute some terms that the censors considered problematic (changing "metodista" ["Methodist"] to "abstencionista" ["abstainer"] and "escabrosos" ["lurid"] to "espinosos" ["prickly"]). On 13 January 1949 the definitive version of the film in Spanish was finally approved, with the title "La barrera invisible" [The Invisible Barrier]. Thus ended a conflict which had exposed the arbitrariness of the Francoist censorship system, and its detrimental nature for Spain's image abroad.

Works Cited

Bial, Henry. *Acting Jewish. Negotiating Ethnicity on the American Stage and Screen*. Ann Arbor: The University of Michigan Press, 2005.

Black, Gregory D. *La cruzada contra el cine (1940-1975)*. Madrid: Cambridge University Press, 1999 [1998].

García Rodrigo, Jesús, and Fran Rodríguez Martínez. *El cine que nos dejó ver Franco*. Toledo: Servicio de Publicaciones de la Junta de Comunidades de Castilla-La Mancha, 2005.

González Ballesteros, Teodoro. *Aspectos jurídicos de la censura cinematográfica en España. Especial referencia al periodo 1936-1977*. Madrid: Editorial de la Universidad Complutense, 1981.

"Gurney Scored on Franco; Greene Attacks Senator on Plan to Recognize Spain." *The New York Times*, 2 October 1948.

Kennedy, Paul. "Spain Bars 'Gentleman's Agreement' Movie; Church Censor Hits Film on Moral Grounds." *The New York Times*, 30 September 1948. 11.

León Aguinaga, Pablo. *Sospechosos habituales. El cine norteamericano, Estados Unidos y la España Franquista, 1939-1960*. Madrid: Consejo Superior de Investigaciones Científicas, 2010.

Rosendorf, Neal M. *Franco Sells Spain to America. Hollywood, Tourism and Public Relations as Postwar Spanish Soft Power*. Basingstoke: Palgrave Macmillan, 2014.

Searle, Robert W. "Banning of Movie in Spain." *The New York Times*, 2 October 1948. 14.

"Spain Says Theme Banned U.S. Movie." *The New York Times*, 4 October 1948.

"Spain to Lift Ban on Motion Picture." *The New York Times*, 9 October 1948. 11.

"The Problem of Spain." *The New York Times*, 7 October 1948.

"US Catholics Hit Spanish Film Ban." *The New York Times*, 1 October 1948.

BIENVENIDO, WALT DISNEY?: RETHINKING AMERICANIZATION, ANTI-AMERICANISM, AND CULTURAL IMPERIALISM IN POST-FRANCO SPAIN

Hamilton M. Stapell
State University of New York (SUNY), New Paltz

INTRODUCTION

The 1980s represent a kind of high water mark for American popular culture in Spain and in Europe in general. Europe's consumer societies were fully developed by this time, and American corporations and leisure industries tried to make the most of these opportunities. Blue jeans, college sweatshirts, baseball caps, Nikes, American cigarettes, and American blockbuster films were promoted and consumed in high quantities all over Europe.[1] Not surprisingly, it is also in the 1980s that Americanization became seen as a real cultural danger, especially in France and West Germany.[2] While French and West German resistance to Americanization has been well established in the existing scholarship, Spain's reaction has remained less clear.

It now appears that Spain may be somewhat of an exception to the European norm. The central argument of this paper is that the country simply did not suffer from the same

---

1 It is estimated that an average of eighty percent of all foreign movies shown in Western Europe during this time were American, see Dean.

2 French cultural insecurities are well established in the work of Ross; Kuisel. For a review of German resistance to Americanization, see Willett; Gemunden; Wagnleitner.

kind of cultural anxieties that plagued France and West Germany during this period. For instance, few examples of cultural insecurity can be found in the Spanish press. Instead, there are condescending and dismissive images that portray Ronald Reagan as a hobo, and as a diminutive woman, wearing a traditional Spanish flamenco dress (Peiro 17; "A Qué Viene Reagan" 1). In these cases, there appears to be little fear of American cultural imperialism or domination; there are also no images of phallic missiles, no menacing Rambos on the verge of destroying Spanish culture, and no Godzilla-sized Mickey Mouses smashing through Spanish cities. Another example of Spaniards' apparent confidence to resist Americanization was their persistent attempts to lure Euro Disneyland to the Iberian Peninsula in the mid 1980s.[3]

In fact, a headline in Spain's main newspaper, *El País*, on August 10, 1985, read: "Everyone Wants Disney Here at Whatever the Price" (Matías, "Todos Quieren Disneylandia" 31). The possibility of Disney coming to Spain was seen as such a prize that officials from various regions actually fought over locating the park in their districts. Tarragona, Castellón, Valencia, and Alicante all hoped to win the right to host the park. The mayor of the coastal town of Ametlla declared that locating the park in his area "would be like a kind of miracle that has never existed before. Greater than *el gordo* [Spain's national lottery], it would be *el gordísimo*" (Matías, "El Estado prevé destinar" 37). And it wasn't only Spanish politicians who wanted the park. *El País* reported that: "From Santa Pola, in Alicante, to Ametlla de Mar, in Castellón, the dozens of business men, hotel owners, and ordinary citizens interviewed for this newspaper stated that the area of development (...) would enormously benefit from the park" (Matías, "Todos quieren Disneylandia" 31). Another headline from the same period declared, "Everyone Loves Mickey Mouse" ("Todos quieren a Mickey Mouse" 66). And individual regional governments were so eager to bring the park to their regions that

---

3   At the same time when the Spanish were trying to lure Disney to the Iberian Peninsula, the French were adamantly against the prospect of Disney locating just outside Paris. In the most frequently cited quote from the period, the prominent theater director, Ariane Mnouchkine, declared that Disney's project was "a cultural Chernobyl" (Pells 309).

they even offered additional incentives above and beyond the official offer from Madrid.

Moreover, the Spanish central government never tried to ban the opening of the movie *Jurassic Park* or attempted to outlaw the sale of Coca-Cola —because it was seen as a threat to public health— as the French government had done during this same period. In fact, just the opposite is true. It appears that many Spaniards welcomed American investment, business know-how, and many cultural products (especially Hollywood) with open arms.[4] In these cases, Spanish men and women were ready and comfortably willing to adapt American cultural products to serve their own ends, namely economic development, and a feeling of full European integration. Overall, based on evidence from both the press and the academic literature, it appears that Spain's reaction to Americanization differed significantly from that of the rest of Europe, especially France.

However, it is also important to note that while there may have been no apparent animosity towards American cultural products, a certain degree of anti-Americanism did exist in Spain in the 1980s, mostly as a result of Cold War politics. In fact, debates surrounding the NATO referendum and the presence of American military bases and nuclear weapons provoked anti-American sentiment throughout Spain. America's militant anti-communist stance made European defense and rearmament a priority, which in turn incited many Spaniards to accuse the United States of warmongering and to write "Yankee Go Home" on the walls of many Spanish towns. However, there is little evidence that this political or strategic anti-Americanism was translated into a fear of American culture. While Spaniards may have had reservations when it came to hosting the American military, they appear to have no problem hosting American movies, Mickey Mouse, and McDonalds restaurants.

---

4   In the 1980s, Spain became one of the biggest importers of Hollywood movies, television programs, and even senior personnel, see Tunstall 210-214.

Understanding the Difference

This brings us to the fundamental question of why many Europeans —and especially the French— have been so wary of being seduced by American culture, while Spaniards have not. One answer to this question seems to lie in differences in national identity. Richard Kuisel has argued that French resistance to Americanization stemmed from a perception that their collective identity as a nation was at risk. For the French, America functioned as a foil that forced the country to assert what was distinctively French. To put it another way, America served as the "other" that helped the French to imagine, construct, and refine their collective sense of self. According to Kuisel, cultural anti-Americanism was specifically formed "during the first postwar decades, a period of sinking self-confidence about the nation's status, when the American other seemed on the verge of eradicating Frenchness" (235). In other words, it was their Frenchness, or France's national identity, that was threatened by American cultural influence.

The implication of Kuisel's argument, although he never quite states it as such, is that France suffered from an identity crisis in the postwar period. Brian Jenkins and Nigel Copsey make exactly this point in their work, namely that France's national identity was based on a series of irreconcilable contradictions after the Second World War. Specifically, it was France's new position as a second-class, post-colonial power that created first a crisis and then a contestation of national identity. Along the same lines, Etienne Balibar has argued that it was exactly France's experience as a former colonizer that allowed the French to interpret the postwar economic and cultural Americanization of France as a form of colonization (qtd. in Ross).[5] In this context, French resistance to American popular culture becomes more clear.

Again, for France, America was a kind of mirror in which the French viewed themselves. By inventing an America that reeked of materialism, vulgarity, and conformity, the

---

5 This process has also extended to other groups, such as to Muslim immigrants who are seen to pose a similar danger to national identity.

French separated themselves from the United States; but, more importantly, they attempted to redefine their own post-war identity through this process. Resistance to Americanization derived from a need to maintain a sense of French difference, superiority, and universal mission (i.e., the safeguarding of *civilization*) in a period of rapid change and uncertainty. In short, France's national identity crisis manifested itself in the form of anti-Americanism and fear of Americanization in the 1980s.

If the French fear of Americanization was a result of a weak national identity, does the lack of fear and anxiety in Spain mean that Spanish national identity was strong in this period? This conclusion would answer the question as to why Spaniards did not use America as a kind of mirror to reflect their insecurities. But it would also contradict the most commonly held interpretations of Spanish national identity and nationalism, namely that they have been historically weak or even non-existent. In fact, most scholars would argue today that Spanish unity, under an administratively weak state, was largely artificial well into the twentieth century; nor is nationalism seen as an important force for social or political cohesion in the post-Franco period.

In fact, no national flag existed in Spain before 1843, and the national anthem dates from the twentieth century. According to Stanley Payne, "in no other European country has nationalism been weaker than in Spain prior to 1936" (479). Nor is the Franco regime seen as a period that developed authentic nation identity. Francoist nationalism was not integrative; rather, it sought to Castilianize, by replacing all traces of Spain's liberal past with an intolerant, anti-secular, anti-intellectual, and anti-foreign Catholic conservatism (Jenkins and Copsey 157-58). Subsequently, Spanish nationalism was tarnished by its links with the dictatorship. Victor Pérez-Díaz argues that, "The very concept of Spain had become tainted by association with notions of grandiloquent and vacuous imperialism, enforced Catholicism and centralized and authoritarian unitarism" (197). In addition, elsewhere in Europe nationalism has been linked to economic modernization. However, Spain was a latecomer to industrialization. In fact, in some parts of the country, industrial development did not fully get underway until the 1960s and 1970s. Developments after the transition to democracy are not usually seen as fostering national unity, or identity, either. After the forcible suppression of regional identities for forty years under the dictatorship, the Spanish territory was divided up into 17 autonomous communities, each with its own statute of autonomy and regional assembly by 1984. Scholars have traditionally called on the combination of these factors to make the case for a weak Spanish national identity throughout the twentieth century.

Despite these arguments to the contrary, Spain indeed may have had some kind of a secure national identity, or at least cultural identity, by the 1980s. Even though this conclusion might not be acceptable to some, there is an important case to be made here. First, Spain, unlike France, never suffered defeat and occupation in the Second World War. While Spain may have been devastated by its own earlier civil war, the country was nevertheless rebuilt by the Spaniards themselves, or at least by a portion of them, and not Americans. Spain also never suffered a threat to national identity from an Allied occupation, not even temporarily. Nor did it receive a single penny of Marshall Plan aid. More importantly, it is also reasonable to suggest that Franco's forty-year effort to construct an official national identity had a lasting impact as well. While many Spaniards, especially those on the left, may have wished to distance themselves from the central state after the dictator's death, they may have nonetheless retained a certain sense of "Spanishness." Even though this Spanishness had been unwanted and "artificially" created, it is reasonable to argue that it left a lasting imprint on many Spaniards nonetheless. In addition, Spain's many regional identities probably play a role here as well. It may be that strong regional affiliations further prevent a feeling of cultural "insecurity" during this period.[6]

Perhaps most importantly, Spaniards' enthusiastic acceptance of American culture may also be due to the fact that the process of Americanization first made its way into Spain in disguise. This is a key point. Franco's decision in the late 1950s to move from autarky to a European economic development plan

---

6   For more in the strength of regional identities during this period, see the work of Xosé Manoel Núñez Seixas, including "Regions, nations and nationalities."

based on open markets and increased consumption may have unknowingly embraced Americanization. Scholars agree that France, West Germany, and Austria took, or were "persuaded" to take, the American-funded path towards a mass consumer society immediately after World War II. While Spaniards were still suffering the effects of autarky at home, the rest of Europe rushed to develop consumer societies in the 1950s, quickly adopting most of its key products: televisions, refrigerators, and —the dream of Marshall Plan missionaries— the automobile. Western Europe "engaged in the pursuit of abundance and in so doing developed, among other things, a more productive and more service oriented economy, a higher standard of living, a social status dependent on levels of consumption, and a more commercialized culture" (Kuisel 231-32). This process also happened in Spain, but a decade later and in the form of "Europeanization." After the self-sufficiency failure, Franco's technocrats hoped to trade economic development for political stability and acceptance in the 1960s. Just like the Marshall Plan officials, they hoped for a *Siescentos* for everyone. It may be in this shift that we find the origins of Spain's apparent inoculation against the perceived evils of Americanization. In other words, Americanization first came to Spain in the 1960s, but it came dressed as "Europeanization" and "modernization."

Then, later in the 1980s, after the end of the dictatorship, when the rest of Europe was wrestling economically and intellectually with the long-term effects of Americanization, Spaniards increasingly set for themselves the goal of becoming ever *more* European and, perhaps unknowingly, *more* American. This is another key point. After the end of the authoritarian regime, rather than forging a new form of collective identity through "opposition," as the French had done after World War II, Spaniards tried to negotiate a new democratic identity through "inclusion," namely the inclusion of Spain in the rest of Europe. In fact, many Spaniards eagerly hoped for "convergence." In other words, they hoped to reach the same standard of living and way of life as their European neighbors. That desire translated into more home stereos, refrigerators, and cars. But this desire to catch up with the rest of Europe also meant openly embracing mass consumerism and, by extension, a more American lifestyle. Spaniards thus unquestioningly and unwittingly accepted the process of Americanization as "normal" in their attempt to identify themselves with the rest of Europe. From this perspective, the process of Americanization in Spain may be hidden —from both Spaniards and from outsider observers— by its attempt to "normalize" after the transition to democracy. The combination of these factors may account for many Spaniards' willingness to accept American cultural influences into their country. It may also be the case that just as Spain was a decade behind realizing a mass consumer society, the backlash against the effects of Americanization/Europeanization may also be lagging behind.[7]

Conclusion

This leaves the final historiographical question of whether or not Spain's development in the twentieth century is different from the rest of Europe's. In the context of Americanization, this is a difficult question to answer. First, I would argue that Spaniards had some kind of secure cultural identity in the 1980s due to almost forty years of attempted cultural homogenization under Franco, and from the lack of direct American influence immediately following World War II. This seems different from other European examples. Second, I would argue for the somewhat contradictory thesis that Spain is not necessarily different from the rest of Europe, but suffers only a difference in timing. Americanization happened in Spain. But it first happened in the 1960s under the guise of "Europeanization," rather than in the 1950s with literally American "boots on the ground." Later, in the 1980s, the process of Americanization accelerated further with the drive toward European convergence. These factors

---

7 For example, the recent popular demonstrations in Spain (post 2008 crisis) can also be understood as a manifestation of that backlash.

may account for many Spaniards' greater willingness to accept American cultural goods and practices into their country. It is also possible that current and future criticisms from Spain concerning "modernization" and "Europeanization" actually address the issue of Americanization, and therefore should be read as such. With this understanding, we might be better able to insert Spain into the current debates over Americanization in the future.

Speaking of the future, much more work on this subject needs to be done. I would call on other scholars of Spain to pose additional questions related to Americanization. For example, is it possible to identify specific segments of the population that embraced American culture as a way to chart or establish a new identity? I'm thinking here of the various youth movements both before and after the transition to democracy. Also the question whether or not American culture threatens or reinforces established norms in Spain, such as traditional gender norms and notions of racial hierarchies, needs to be considered. The answers to these questions will hopefully allow us to better understand how Spain, and European societies in general, have come to terms with the increasingly pervasive presence of American culture since the end of World War II.

Works Cited

"A qué viene Reagan". *Cambio 16*. 2 Nov. 1985: 1.

Dean, John. "The Diffusion of American Culture in Western Europe since World War II: A Cross-Cultural Survey." *Journal of American Culture* 20 (1991): 11–25.

Gemunden, Gerd. *Framed Visions: Popular Culture, Americanization, and the Contemporary German and Austrian Imagination*. Ann Arbor: U of Michigan P, 1998.

Jenkins, Brian, and Nigel Copsey. "Nation, Nationalism, and National Identity in France." *Nation and Identity in Contemporary Europe*. Ed. Brian Jenkins and Nigel Copsey. London: Routledge, 1996.

Kuisel, Richard F. *Seducing the French: The Dilemma of Americanization*. U of California P, 1997.

Matías, Gustavo. "El Estado prevé destinar 20.000 millones para las expropiaciones de terrenos del parque de Disneylandia". *El País*. 9 August 1985: 37.

---. "Todos quieren Disneylandia a Cualquier Precio". *El País*. 10 August 1985: 31.

Núñez Seixas, Xosé Manoel. "Regions, Nations and Nationalities: On the Process of Territorial Identity-Building during Spain's Democratic Transition and Consolidation." *Spanish and Latin American Transitions to Democracy*. Ed. Carlos H. Waisman and Raanan Rein. Brighton: Sussex Academic P, 2005. 55–79.

Payne, Stanley. "Nationalism, Regionalism, and Micronationalism in Spain." *Journal of Contemporary History* 26 (1991): 479–491.

Peiro, Luis. "Adiós, Mister Marshall." *Cambio 16*. 23 November 1987: 16–22.

Pells, Richard. *Not Like Us: How Europeans Have Loved, Hated, And Transformed American Culture Since World War II*. New York: Basic Books, 1997.

Pérez Díaz, Victor. *The Return of Civil Society. The Emergence of Democratic Spain*. Cambridge, MA: Harvard UP, 1993.

Ross, Kristin. *Fast Cars, Clean Bodies: Decolonization and the Reordering of French Culture*. Cambridge, Mass.: MIT P, 1995.

"Todos quieren a Mickey Mouse". *El País*. 30 June 1985: 66–67.

Tunstall, Jeremy. *The Anglo-American Media Connection*. Oxford: Oxford UP, 1999.

Wagnleitner, Reinhold. *Coca-Colonization and the Cold War: The Cultural Mission of the United States in Austria after the Second World War*. Chapel Hill: U of North Carolina P, 1994.

Willett, Ralph. *Americanization of Germany: Postwar Culture, 1945-49*. London: Routledge, 1992.

ESPAÑA: TERRITORIO DE RODAJE PARA EL CINE ESTADOUNIDENSE[1]

Víctor Aertsen, Agustín Gámir y Carlos Manuel
Universidad Carlos III de Madrid

Estado de la cuestión

Es conocida la presencia del espacio geográfico español en las producciones de películas de ficción anglosajonas y, en particular, estadounidenses. Esta aportación se centra en el análisis de la dimensión territorial de las producciones estadounidenses que, de forma total o parcial, se han rodado en España entre 1922 y 2010. Se trata de películas bien acogidas por la crítica y por los espectadores, y que gozan de un reconocimiento internacional notable, acrecentado por la capacidad de distribución del cine estadounidense.

A partir de estas películas se han analizado los factores que han llevado a escoger España como lugar de rodaje y como escenario para determinadas temáticas narrativas. El material utilizado permite ahondar en la distribución cronológica de la muestra, pudiendo establecerse fases diferenciadas según la frecuencia en el número de producciones, así como atender a las causas subyacentes. El énfasis se dirige, por una parte, a establecer una cartografía que diferencie, a nivel provincial, los

---

[1] El presente documento es el resultado de los proyectos *Cine y Geografía: las implicaciones entre producciones cinematográficas y espacio geográfico en España* (2009/00028/001) y *El espacio geográfico de Madrid en el cine: generación de imaginarios y potencialidad turística* (CSO 2013 46835-R), financiados por el Ministerio de Ciencia e Innovación y por el Ministerio de Economía y Competitividad, respectivamente.

ámbitos más utilizados en estos rodajes; y, por otra, a destacar la importancia de la práctica de las suplantaciones geográficas, pues se tiene constancia de que en un porcentaje elevado la filmación se desarrolla en España aunque la historia transcurra en otros ámbitos. El objetivo final de este análisis es ahondar en los imaginarios geográficos vinculados a este material cinematográfico.

En los últimos años la nueva geografía cultural aborda el estudio de las variables espaciales contenidas en producciones artísticas diversas, tanto procedentes del campo de la literatura como del cine. En esta investigación se ha llevado a cabo un estudio de carácter introductorio y generalista con una metodología esencialmente inductiva, que se relaciona con el tratamiento exhaustivo de un conjunto amplio de películas foráneas rodadas en España. Su visualización y posterior análisis ha permitido determinar dos aspectos de contenido netamente geográfico: la localización de los puntos de rodaje de un amplio volumen de fragmentos que conforman cada una de las películas, y su grado de correspondencia con los lugares a los que representan en la historia narrada.

Las producciones cinematográficas estadounidenses en España

El material utilizado comprende un total de 266 producciones rodadas en España entre 1922 y 2010. Como se puede observar en la figura 1, antes de 1950 el número de películas resulta escaso y caracterizado, generalmente, por su componente tópica, tal y como ejemplifica *The Spanish Jade* (Robertson) o *Blood and Sand* (Niblo).

El incremento en la frecuencia de rodajes comenzaría a mediados de los cincuenta, con títulos como *Alexander the Great* (Rossen), *Moby Dick* (Huston), *It started with a Kiss* (Marshall) o *Solomon and Sheba* (Vidor), para adquirir especial notoriedad en las dos décadas siguientes.

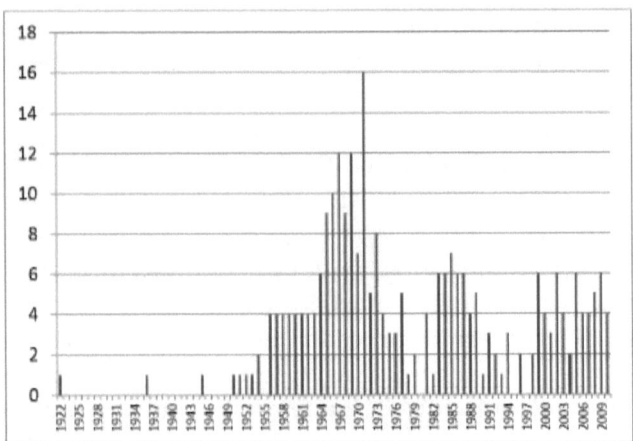

Figura 1. Películas estadounidenses rodadas en España según año de estreno, 1922-2010.

En efecto, será desde 1960 y hasta el fallecimiento de Franco, en el periodo conocido como el "desarrollismo español", cuando se ruede en nuestro país un número considerable de producciones estadounidenses, incluyendo entre ellas títulos tan significativos como *Spartacus* (Kubrick), *Mysterious Island* (Endfield), *Lawrence of Arabia* (Lean), *55 Days at Peking* (Ray), *Circus World* (Hathaway), *Doctor Zhivago* (Lean), etc. Se trata de un período en el que se asiste, por un lado, al descubrimiento cinematográfico de nuestro país (no solo por parte de los directores y productores, sino también por algunas estrellas de cine) y, por otro, a una cuidada operación de propaganda y difusión de imágenes que llevan a cabo los sucesivos gobiernos de Franco.

A mediados de los años setenta, coincidiendo con la Transición política española y la crisis económica, España pierde parte de su atractivo para los rodajes. En cierto sentido, se podría argumentar que, si bien mantenía sus condiciones naturales —como prueba el rodaje de películas como *Robin and Marian* (Lester), *March or Die* (Richards), *Clash of the Titans* (Davis)— prácticamente el resto de los factores que impulsaron las filmaciones en territorio español en las dos décadas anteriores habían desaparecido, progresiva o radicalmente. La producción cinematográfica foránea durante la década de los ochenta remontará ligeramente, pasadas las incertidumbres de la Transición, con títulos como *Conan the Barbarian* (Milius) o *The Empire of the Sun* (Spielberg), pero nunca alcanzaría la relevancia cuantitativa del periodo anterior.

De las 266 películas rodadas en España durante estas décadas, 69 corresponden a largometrajes cuya narración transcurre en nuestro país: *The Pride and the Passion* (Marshall), *It Started with a Kiss* (Marshall) o *The Bourne Ultimatum* (Greengrass). Pero esta aportación se centra en las 197 restantes, en las que España suplanta a otros países. De todas formas, únicamente en 150 películas de este conjunto se ha podido determinar el lugar, o al menos el país, al que se refiere la historia, ya que en 19 casos la narración se remite a un lugar indeterminado o fantástico y en otros 28 no ha sido posible identificar el lugar narrativo.

Hollywood en España: factores explicativos

Son múltiples los motivos que explican el desembarco de Hollywood en España en el segundo lustro de los cincuenta. Algunos radican en la propia dinámica del negocio cinematográfico estadounidense (Wasko) (Elmer y Gasher), mientras que otros se relacionan con factores prácticamente exclusivos de España (Losada y Matellano).

Tras la Segunda Guerra Mundial, y de forma variable según los diversos géneros, comenzaron a prosperar las producciones con rodajes en exteriores, en la mayoría de los casos por cuestiones económicas, pero también por motivos estéticos, instaurándose así una vocación de "autenticidad" que pronto se convertiría en exigencia por parte del público. Ante la necesidad de competir con la creciente implantación de la televisión en los hogares americanos y europeos, Hollywood se decantó por el desarrollo de superproducciones donde la magnitud del espectáculo visual y narrativo podía aventajar competitivamente a la producción televisiva: exteriores impresionantes, acción trepidante, espectaculares efectos especiales, miles de extras, exhibiciones en color en pantallas de creciente dimensión y definición... Además, los estudios cinematográficos, en un contexto de internacionalización de las empresas industriales y de servicios norteamericanas, procedieron a penetrar en el mercado europeo, lo que llevó inevitablemente a plantear producciones más "cercanas" a este público, influyendo sobre los personajes, espacios y conflictos de las películas producidas.

En algunos casos se dio, también, una motivación personal por parte de algunos creadores para trabajar en Europa; una "inclinación individual" generalmente relacionada con desavenencias políticas con el Gobierno de su país, o económicas y creativas con la industria hollywoodiense. Son ejemplos del primer caso el director Robert Rossen (por estar incluido en la lista negra macarthista) y William Wyler y John Huston (por su rechazo explícito a la "caza de brujas"), que deciden hacer lo posible por llevar sus proyectos fuera de Estados Unidos.

Pero junto a las causas estéticas o cinematográficas fueron muy relevantes las motivaciones económicas (Guback). Los países de la Europa de la postguerra aplicaron una política económica proteccionista con el objeto de atraer inversiones norteamericanas pero, a la vez, evitar la descapitalización de la riqueza generada en ellos y la destrucción del incipiente tejido productivo local. En el caso de España esta circunstancia movió a las productoras estadounidenses a ofrecer como solución la reinversión de parte de los beneficios en forma de películas. Como resultado, se estableció un primer acuerdo en 1951 entre las productoras estadounidenses agrupadas en la Motion Picture Export Association of America Inc. (MPEAA) y el gobierno español, seguido de otro en 1953 y un tercero en 1959, que sería renovado automáticamente en los años sucesivos (León de Aguinaga). Estos acuerdos fijaban la proporción de los beneficios que podían ser repatriados a los Estados Unidos (entre un 40 % y un 30 %) y el porcentaje de los mismos que debían ser reinvertidos en España en forma de "producción de películas", "gastos de explotación de películas norteamericanas", "gastos de propaganda cinematográfica", o de "inversión técnica en laboratorios cinematográficos y estudios de doblaje o de rodaje" (entre un 60 % y un 70 %).

Sin embargo, en este contexto propio de la postguerra, España destaca sobre otros países europeos como lugar privilegiado de rodaje por la confluencia excepcional de tres factores clave. En primer lugar, la colaboración gubernamental del régimen español, que facilitaba permisos de rodaje y ofrecía apoyo para las producciones. Los excelentes resultados económicos que proporcionó para ambas partes el rodaje de *Alexander the Great* (Rossen), estrenada en 1956, motivaron una disposición mucho más favorable del gobierno español, como se demostró en la filmación, un año más tarde, del largometraje *The Pride and the Passion* (Marshall) (NO-DO nº 705). De este modo, a pesar de su reticencia inicial, el gobierno de España no tardó en descubrir que la colaboración con las productoras norteamericanas le permitía proyectar su imagen en un momento clave de búsqueda de reconocimiento en el exterior del gobierno de Franco (Rosendorf; NO-DO nº 1.086).

Una muestra de la importancia concedida a esta colaboración se evidencia en las facilidades ofrecidas por el ejército español a la hora de aportar tropas, circunstancia que se publicita en algunos noticieros-documentales de la época[2] (NO-DO nº 705; NO-DO nº 1.375). Este apoyo no solo venía marcado por las ventajas en la contratación laboral —con un Sindicato Vertical que poco defendía los intereses del trabajador— sino que además incluía la participación del ejército, pudiendo las productoras "alquilar" a un precio asequible destacamentos de soldados para recrear cualquier tipo de ejército de la época antigua, medieval o moderna. Esta práctica se generalizó tanto que motivó la creación de la figura del oficial de enlace encargado de las relaciones entre el ejército y los estudios de cine (León de Aguinaga). A ello se unía otro componente nada desdeñable, especialmente en las películas bélicas: la ingente cantidad de material militar procedente de la Segunda Guerra Mundial, tanto del bando alemán como estadounidense, que el ejército ponía a disposición de los productores.

Un segundo factor tiene que ver con la reducción de los costes de rodaje, especialmente en el caso de las superproducciones,

---

2   Los NO-DOs eran documentales de carácter propagandístico de obligada exhibición en las salas de cine antes del inicio de cualquier película comercial. Se produjeron y emitieron entre 1943 y 1981, pero con carácter voluntario desde 1976.

al resultar notoriamente más barata la contratación de figurantes y personal técnico de apoyo, y la adquisición de semovientes, vehículos y otros elementos. Dentro de este apartado resultarían también decisivos los costes de la construcción de decorados, cada vez más grandes y ostentosos, en un doble impulso hacia el realismo (con escenarios de escala real, frente a otros trucajes) y la espectacularidad. Su construcción exigía un fuerte desembolso económico tanto en materiales como en mano de obra, y España los proporcionaba a unos costes sustancialmente menores. Se pudo así recrear en Las Matas —una localidad próxima a Madrid— la China imperial de *55 days at Peking* (Ray); el Moscú prerrevolucionario de *Doctor Zhivago* (Lean) en el barrio madrileño de Canillas; o la ciudad jordana de Aqaba de *Lawrence of Arabia* (Lean) en la localidad de Carboneras, en el sudeste peninsular. De entre estos decorados destaca el foro romano de *The Fall of the Roman Empire* (Mann), levantado en Las Matas y calificado en su momento como "el decorado cinematográfico más grande de todos los tiempos" (NO-DO nº 1.066) y en el que llegaron a trabajar simultáneamente dos mil obreros.

El tercer factor que convirtió a España en un país idóneo para la externalización de rodajes es el descubrimiento de la variedad de paisajes tanto naturales como arquitectónicos que ofrecía el territorio español, unido a unas condiciones climáticas que facilitaban el rodaje en exteriores. Una variedad paisajística que, como tendremos ocasión de comprobar más adelante, permitió el rodaje en España de películas cuya historia transcurría en diversas partes de Europa y el norte de África.

La distribución en el mundo de los lugares suplantados

En el mapa de la figura 2 se muestran los países a los que España suplanta en las producciones analizadas. La representación, mediante círculos proporcionales, del número de veces en que cada país es parte de la narración permite apreciar las notables desigualdades existentes.

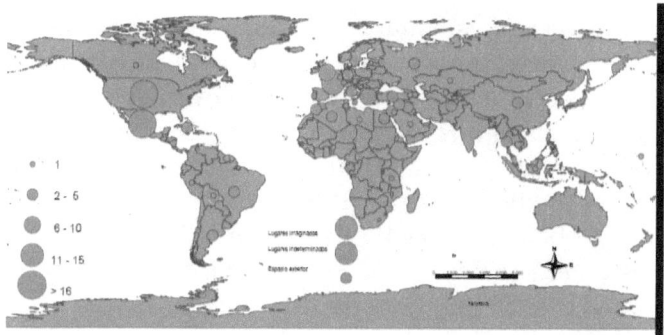

Figura 2. Países representados en las producciones estadounidenses rodadas en España (1922-2010).

Así, destaca la notable presencia narrativa de México con largometrajes como *The Bullfighters* (St. Clair), *100 Rifles* (Gries), *The Condor* (Guillermin), *Catlow* (Wanamaker) o *Pancho Villa* (Martín); y de Estados Unidos, con títulos como *Circus World* (Hathaway), *The Good, the Bad and the Ugly* (Leone), *Custer of the West* (Siodmak), *Once upon a Time in the West* (Leone) o *The Desperados* (Levin). En este último caso, resulta llamativo que las productoras estadounidenses hayan acudido a España para encontrar escenarios de historias que transcurren en su propio país.

Por lo que respecta a Europa, el protagonismo corresponde al Reino Unido con películas como *The Black Knight* (Garnett), *Cromwell* (Hugues) o *Robin and Marian* (Lester); Francia con títulos como *Camelot* (Logan), *100 Rifles* (Gries), *Papillon* (Schaffner), *The Three Musketeers* (Lester), *The Four Musketeers* (Lester) o *The Perfume* (Tykwer); y Alemania con los largometrajes *The Fall of the Roman Empire* (Mann) o *The Battle of Britain* (Hamilton). Otro ámbito destacado es el de los países ribereños del mar Mediterráneo: Italia con títulos tan conocidos como *Spartacus* (Kubrick), *A Funny Thing Happened on the Way to the Forum*, (Lester) o *Patton* (Schaffner); Egipto, con *Solomon and Sheba* (Vidor) o *Lawrence of Arabia* (Lean); y Marruecos, con *The Wind and the Lion* (Milius). Destaca igualmente la importancia de Rusia con películas como *Doctor Zhivago* (Lean), *Nicholas and Alexandra* (Schaffner) o *Reds* (Beatty), lo que llama la atención por los obvios contrastes paisajísticos entre este país y la mayor parte del territorio español.

Por otro lado, este mapa pone de relieve la existencia de grandes vacíos, destacando en este sentido las áreas comprendidas entre los trópicos, aunque se aprecian relevantes excepciones. Resulta significativo que territorios muy alejados de España y con rasgos ambientales y paisajísticos muy diferentes hayan sido representados mediante escenas rodadas en territorio español. Es el caso de Azerbaiján en *The World is Not Enough* (Apted), China en *55 Days at Peking* (Ray) o *The Empire of the Sun* (Spielberg), las Islas Salomón en *The Thin Red Line* (Marton), Eritrea en *Never say Never Again* (Kershner), Tanzania en *Crack in the World* (Marton) o el malecón de La Habana en Cuba en *Die another Day* (Tamahori).

Hay que señalar que en un número destacado de películas, como en *The Adventures of Baron Munchausen* (Gilliam) o *The Hill* (Lumet), no es posible la asignación de la historia a un determinado país, ya que la narración remite a conjuntos regionales como "Europa occidental", "país árabe", "América Latina", etc. Además, reforzando la idea de versatilidad paisajística del territorio español, cabe mencionar dos tipos de lugares singulares: historias ambientadas en otros planetas, como en *Star Wars: Attack of the Clones* (Lucas); y, sobre todo, mundos o territorios fantásticos, tal como corresponde a *Neverending Story* (Petersen) o *The 3 Worlds of Gulliver* (Sher). En este sentido, el paisaje español ha podido usarse por su capacidad de introducir en algunas narraciones un *plus* de originalidad y exotismo, aumentando el componente espectacular del filme desde la dimensión paisajística. Esto ocurre especialmente en relatos mitológicos y fantásticos, como *The 7th Voyage of Simbad* (Juran), *Clash of the Titans* (Davis) y *Conan the Barbarian* (Milius).

La variedad paisajística de España destaca especialmente en producciones cuya historia se desarrolla en diversos y contrastados espacios. Facilitó indudablemente la producción de un clásico de la fantasía, *Conan the Barbarian* (Milius), cuyo héroe recorre desde paisajes de alta montaña a zonas desérticas. Pero también resulta un factor relevante en producciones cuyas historias están ancladas a la realidad.

En el caso de *Patton* (Schaffner) la elección de España vino principalmente motivada por las facilidades procuradas por el gobierno y el ejército español a la hora de ofrecer material bélico y figurantes. Pero estas razones no habrían sido suficientes sin las posibilidades paisajísticas del territorio español, que permitió el rodaje de escenas en localizaciones que suplantaban diversos lugares reales del norte de África y de Europa. Así, varias localidades de Almería sirvieron para representar Kasserine o El Guettar (Túnez), Djebel Kouif (Argelia), la propia Argel (en el caso de Almería capital), pero también localidades italianas (Licata, Gela, Palermo, Centurine, Messipa), e incluso Malta. La Granja de San Ildefonso (Segovia) representó Palermo, mientras que el palacio de Riofrío (Segovia) hizo lo propio con Baviera (Alemania). Por fin, los bosques de Valsaín (Segovia) pasaban por Las Ardenas belgas y las sierras navarras de Urbasa y Andía se presentaron como Normandía (Francia).

Los lugares de rodaje en España

Una observación del mapa de la distribución de los rodajes por las provincias españolas (Fig. 3) evidencia dos áreas destacadas: Madrid y provincias limítrofes, y el sudeste español, con Almería como núcleo.

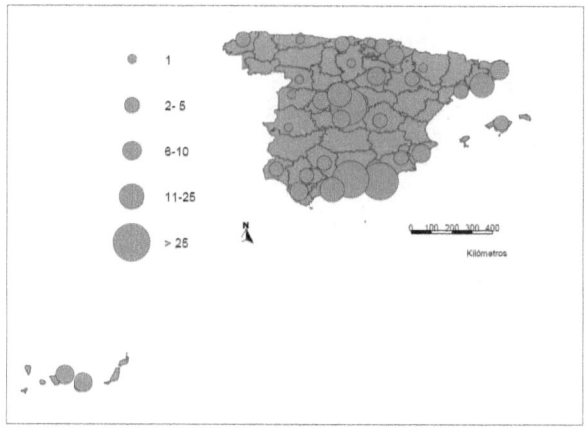

Figura 3. Distribución provincial de los rodajes de las producciones estadounidenses en España (1922-2010).

En el caso madrileño resultó clave su condición de centro de decisión política, su facilidad de acceso desde el exterior gracias al aeropuerto internacional, sus infraestructuras hoteleras, y la existencia de un tejido industrial cinematográfico desde fechas muy tempranas. Estas ventajas propiciaron la utilización recurrente de la cercana Sierra de Guadarrama (Matellano) (Alaminos), que se convierte en escenario de narraciones extremadamente variadas, tal y como ocurre en *The Fall of the Roman Empire* (Mann), *The Battle of the Bulge* (Annakin), *Custer of the West* (Siodmak) o *Black Arrow* (Hough).

En lo que respecta a Almería, la adecuación de su paisaje, sus condiciones climáticas y su escaso nivel de urbanización convirtieron rápidamente la región en el lugar privilegiado para el rodaje de historias ambientadas, ya sea en el oeste norteamericano —*The Savage Guns* (Carreras), *The Good, the Bad and the Ugly* (Leone), *Four rode out* (Peyser)—, en el norte de África —*Tobruk* (Hiller), *The Wind and the Lion* (Milius)— o en Oriente Medio —*King of Kings* (Ray), *Lawrence of Arabia* (Lean). El atractivo de estos paisajes se comprueba al observar que diferentes películas que relatan la misma historia han usado exactamente los mismos escenarios para representar idénticos lugares narrativos. Por ejemplo, el bosque de Valsaín —en las proximidades de Segovia— se ha utilizado para suplantar la batalla de Las Ardenas de la Segunda Guerra Mundial tanto en *The Battle of the Bulge* (Annakin) como en *Patton* (Schaffner). Y, por lo que respecta al Cabo de Gata en Almería, idénticos campos de dunas se han empleado para representar la batalla de Alejandría en dos obras diferentes sobre Marco Antonio y Cleopatra, *Cleopatra* (Mankiewicz) y *Antony and Cleopatra* (Heston).

Consideraciones finales

Si se recuerdan las causas que motivaron a principios del siglo XX la mudanza de la industria del cine estadounidense desde la costa atlántica a la costa del Pacífico (facilidades para la instalación de los estudios, benignidad del clima con abundantes horas de sol, condiciones más favorables para la contratación de mano de obra, etc.), encontramos que similares motivaciones propiciaron el traslado a España de un número significativo de rodajes —incluyendo algunos títulos claves en la historia de la cinematografía—, lo que permitiría calificar a este país como una "segunda California", especialmente durante la década de los sesenta y el primer lustro de los setenta.

Sin embargo, en la actualidad los factores de oportunidad que mostraba el territorio español ya no resultan tan exclusivos como en el pasado. En los últimos lustros, en un contexto de clara competencia geográfica, se han sumado nuevos nombres a la lista de países deseosos de figurar en los créditos de las películas[3].

Bibliografía

Alaminos, F. *Así es Madrid en el cine*. Madrid: Ayuntamiento de Madrid, 2008.
Elmer, G. y M. Gasher. *Contracting out Hollywood. Runaway Productions and Foreign Location Shooting*. Lanham: Rowan and Littlefield Publishers, 2005.
Guback, T. H. *La industria internacional del cine*. Barcelona: Fundamentos, 1980.
León de Aguinaga, P. *Sospechosos habituales. El cine norteamericano, Estados Unidos y la España franquista, 1939-1960*. Madrid: CSIC, 2010.
Losada, M. y V. Matellano. *El Hollywood español*. Madrid: T&B Ediciones, 2009.
Matellano, V. *Rocas en el celuloide*. Manzanares el Real: Ayuntamiento de Manzanares el Real. Concejalía de Cultura, 2003.
Rosendorf, N. M. *Franco Sells Spain to America*. New York: Palgrave, 2013.
Wasko, J. *How Hollywood Works*. London: Sage Publications, 2003.

---

3   Los autores han realizado un vídeo que se relaciona directamente con esta comunicación. Puede consultarse en: https://www.youtube.com/watch?v=nQ2Z-mW5NTp8&feature=youtu.be

Filmografía

100 Rifles. Dir. Tom Gries. 1969.
55 Days at Peking. Dir. Nicholas Ray. 1963.
A Funny Thing Happened on the Way to the Forum. Dir. Richard Lester. 1966.
Alexander the Great. Dir. Robert Rossen. 1956.
Antony and Cleopatra. Dir. Charlton Heston. 1972.
Black Arrow. Dir. John Hough. 1985.
Blood and Sand. Dir. Fred Niblo. 1922.
Camelot. Dir. Joshua Logan. 1967.
Catlow. Dir. Sam Wanamaker. 1971.
Circus World. Dir. Henry Hathaway. 1964.
Clash of the Titans. Dir. Desmond Davis. 1981.
Cleopatra. Dir. Joseph L. Mankiewicz. 1963.
Conan the Barbarian. Dir. John Milius. 1982.
Crack in the World. Dir. Andrew Marton. 1965.
Cromwell. Dir. Ken Hugues. 1970.
Custer of the West. Dir. Robert Siodmak. 1967.
Die another Day. Dir. Lee Tamahori. 2002.
Doctor Zhivago. Dir. David Lean. 1965.
El Cid. Dir. Anthony Mann. 1961.
Four rode out. Dir. John Peyser. 1970.
Indiana Jones and the Last Crusade. Dir. Steven Spielberg. 1989.
It started with a Kiss. Dir. George Marshall. 1959.
King of Kings. Dir. Nicholas Ray. 1961.
Knight and Day. Dir. James Mangold. 2010.
Lawrence of Arabia. Dir. David Lean. 1962.
March or Die. Dir. Dick Richards. 1977.
Moby Dick. Dir. John Huston. 1956.
Mysterious Island. Dir. Cy Endfield. 1961.
Never say Never Again. Dir. Irving Kershner. 1983.
Neverending Story. Dir. Wolfgang Petersen. 1984.
Nicholas and Alexandra. Dir. Franklin J. Schaffner. 1971.
NO-DO nº 1.066. 1963.
NO-DO nº 1.086. 1963.
NO-DO nº 1.375. 1969.

NO-DO nº 705. 1956.
Once Upon a Time in the West. Dir. Sergio Leone. 1968.
Pancho Villa. Dir. Eugenio Martín. 1972.
Papillon. Dir. Franklin J. Schaffner. 1973.
Patton. Dir. Franklin J. Schaffner. 1970.
Reds. Dir. Warren Beatty. 1981.
Robin and Marian. Dir. Richard Lester. 1976.
Solomon and Sheba. Dir. King Vidor. 1959.
Spartacus. Dir. Stanley Kubrick. 1960.
Star Wars: Attack of the Clones. Dir. George Lucas. 2002.
The 3 Worlds of Gulliver. Dir. Jack Sher. 1960.
The 7th Voyage of Simbad. Dir. Nathan Juran. 1968.
The Adventures of Baron Munchausen. Dir. Terry Gilliam. 1988.
The Battle of Britain. Dir. Guy Hamilton. 1969.
The Battle of the Bulge. Dir. Ken Annakin. 1965.
The Black Knight. Dir. Tay Garnett. 1954.
The Bourne Ultimatum. Dir. Paul Greengrass. s.f.
The Bullfighters. Dir. Malcolm St. Clair. 1945.
The Condor. Dir. John Guillermin. 1970.
The Desperados. Dir. Henry Levin. 1969.
The Empire of the Sun. Dir. Steven Spielberg. 1987.
The Fall of the Roman Empire. Dir. Anthony Mann. 1964.
The Four Musketeers. Dir. Richard Lester. 1974.
The Good, the Bad and the Ugly. Dir. Sergio Leone. 1966.
The Hill. Dir. Sidney Lumet. 1965.
The Perfume. Dir. Tom Tykwer. 2006.
The Pride and the Passion. Dir. George Marshall. 1957.
The Savage Guns. Dir. Michael Carreras. 1962.
The Spanish Jade. Dir. John S. Robertson. 1922.
The Thin Red Line. Dir. Andrew Marton. 1964.
The Three Musketeers. Dir. Richard Lester. 1973.
The Wind and the Lion. Dir. John Milius. 1975.
The World is not Enough. Dir. Michael Apted. 1999.
Tobruk. Dir. Arthur Hiller. 1967.

ESPAÑOLES Y CATÓLICOS EN MANHATTAN A MEDIADOS DEL SIGLO XIX

Miguel-Ángel Hernández Fuentes
Universidad de Salamanca

En la cripta de la vieja catedral de San Patricio en Nueva York yace un niño fallecido a los tres días de su nacimiento: Pedro Francisco del Hoyo Patrullo. Sus apellidos delatan el origen hispano de sus progenitores que también reposan junto a él. Se trata de una familia integrada en la incipiente comunidad de inmigrantes españoles que mantuvieron una notable actividad económica en Manhattan durante los años centrales del siglo XIX y que fueron también activos católicos. Por aquellas fechas Nueva York era el puerto de entrada para la mayoría de los españoles que llegaban a los Estados Unidos y uno de sus principales destinos. Con esta comunicación pretendemos acercarnos a la vida religiosa de aquellos españoles que vivieron en Manhattan durante los años centrales del siglo XIX señalando sus lugares de vivienda y trabajo, su adscripción social y su implicación en la naciente archidiócesis neoyorkina. No se trata de un análisis exhaustivo de la presencia española en Nueva York, pues las dimensiones de esta comunicación lo impiden. Tan sólo se pretenden apuntar algunos rasgos inéditos de la vida religiosa de los españoles que vivieron su fe en Manhattan durante el segundo tercio del siglo XIX.

Inmigrantes españoles en Nueva York durante el siglo XIX

Aunque no disponemos de cifras oficiales para toda la centuria, sabemos que los primeros españoles que arribaron a Nueva

York en los umbrales del siglo XIX formaban parte de una red de comerciantes que llegaban a los Estados Unidos atraídos por sus lucrativos negocios. Eran profesionales y trabajadores de cuello blanco, artesanos especializados y sus dependientes (Haslip-Viera 4), que estaban vinculados a las redes comerciales con el Caribe. Su asentamiento en los Estados Unidos constituía un paso más en la formación de una red transnacional que tejía sus contactos con los territorios del antiguo imperio colonial (Varela 22). El azúcar, el tabaco o el té eran algunas mercancías enviadas a las costas norteamericanas y distribuidas posteriormente por todo el país. En este negocio, la vitalidad del puerto de Nueva York hizo que Manhattan se convirtiera en el segundo enclave norteamericano con un mayor número de españoles tan solo superado por Luisiana. Sin embargo, en 1880 Manhattan se había convertido ya en la colonia española más numerosa del país (26), aunque numéricamente fuese muy inferior a la masa de inmigrantes irlandeses o alemanes.

Al comenzar la segunda mitad del siglo XIX, los españoles que vivían en Nueva York apenas llegaban al medio millar, lo que hacía de ellos una comunidad insignificante y diluida entre los más de setecientos mil habitantes de la metrópoli. A partir de 1850, esta colonia fue creciendo y distribuyéndose por los cuatro distritos del bajo Manhattan, lo que dotó a la emigración española de una de sus principales características: la dispersión geográfica. Otro de los rasgos característicos de esta colonia fue la ausencia de una fuerte identidad nacional, pues en la metrópoli se reflejaba la variedad social y cultural que existía en la Península. También se podían ver en Nueva York las distintas posiciones ideológicas existentes en España y para ello bastaba conocer los periódicos editados en español allende los mares (Varela 23).

Junto a los españoles, comenzaron a llegar también numerosos inmigrantes procedentes de Cuba y Puerto Rico que estadísticamente constituían la mayor parte de la población hispanoparlante de la ciudad. Según los datos oficiales, los caribeños presentes en Nueva York triplicaban a los nacidos en la Península Ibérica, pero unos y otros formaban parte del imperio colonial español. No obstante, entre los procedentes del Caribe se respiraba un sentimiento independentista y fueron muchos los que llegaron a Manhattan atraídos por una mayor libertad de expresión que se respiraba en sus calles. Huían de la presión española y desembarcaban en los Estados Unidos buscando apoyos para su causa, convirtiendo la isla en uno de los centros neurálgicos de la lucha por la libertad de las colonias (Varela 24).

A mediados del ochocientos, el número de españoles presentes en Nueva York se duplicó, pasando de 461 en 1850 a 809 en 1860. Una cifra creciente, pero exigua y poco significativa en una ciudad que rebasaba el millón de habitantes. Los que formaban parte de la clase acomodada vivían Uptown en una zona más salubre y elegante; pero cada vez se notaba más la llegada de empleados y trabajadores asalariados que encontraban su medio de subsistencia en las empresas tabacaleras o en los muelles donde operaban las compañías navieras con negocios en el Caribe (Beldad 57). Para orientar a los hispanoparlantes recién llegados a un país tan distinto, en 1837 se fundó la Spanish Benevolent Society, una sociedad de socorros sostenida por comerciantes de diversas nacionalidades cuyo fin era atender a los hispanos pobres de Nueva York y redirigir a los españoles que llegaban a Manhattan hacia otros destinos del Caribe, Sudamérica o Estados Unidos (Ernst 32). Los testimonios nos han dado cuenta de la bonanza económica de esta institución, que pasaba por ser una de las más ricas de la ciudad (*The Evening Post* 26 julio 1838); sin embargo, la dificultad de conciliar intereses dispares provocó su desaparición, algo de lo que se lamentaban Álvarez y Grediaga en 1863 (72). Años más tarde, los procesos de independencia y la extensión de la doctrina Monroe provocaron ciertas tensiones entre los españoles y los miembros de otras comunidades hispanas. Algunos peninsulares llegaban al consulado español reclamando auxilio y ante el aumento de demandas, se impulsó el restablecimiento de la Spanish Benevolent *Society* en 1868, aunque en esta ocasión estaba destinada solo a españoles y sería conocida popularmente como La Nacional.

La religiosidad americana y el crecimiento del catolicismo neoyorkino

Apenas tenemos información sobre la religiosidad de los católicos españoles que llegaron a los Estados Unidos durante el siglo XIX, pero podemos constatar algunas de sus primeras impresiones al desembarcar en el puerto neoyorkino y descubrir una presencia tan notable del hecho religioso. Una multitud de iglesias poblaban las calles de la gran ciudad en claro contraste con la imagen de una sociedad americana y materialista difundida por Europa. En una guía dirigida a los españoles recién llegados a los Estados Unidos, Rafael Pombo señalaba la sorpresa entre el estereotipo y la realidad:

> El siglo XIX, en que los artistas se hacen millonarios y en que viajamos, por así decirlo, montados en el pensamiento humano, tiene reputación de materialista, y los Estados Unidos muy especialmente andan de boca en boca como un pueblo sin más ley que el interés, ni otro Dios que el *Almighty dollar*. Para juzgar si esta es una de tantas generalizaciones vulgares, que por vulgares todos repetimos sin tomarnos la pena de preguntarnos a nosotros mismos si son justas o no, basta trepar en un día despejado las 208 gradas de la torre de la Trinidad, y ver el horizonte literalmente erizado por las 300 macizas torres y esbeltos chapiteles de las 285 iglesias de esta metrópoli comercial, y por las trescientas más de Brooklyn y pueblos circunvecinos. Un español echará de menos los importunos repiques de las campanas de su país, pero en cuanto al número de campanarios, ni Castilla la Vieja, ni México saldrán muy aventajados en el parangón. (*Guía del viajero* 76)

Muchos españoles pensaban que la sociedad norteamericana estaba formada por personas descreídas que tan solo se movían por intereses económicos (Álvarez y Grediaga

34), pero la religiosidad constituía una de sus señas de identidad más genuinas. Aunque Álvarez y Grediaga subrayaban la escasa piedad de los neoyorkinos (73), estos mismos autores señalaban que los domingos tenían una fuerte impronta religiosa en una ciudad donde se cumplía mayoritariamente con el precepto dominical (41).

Junto a la impronta cristiana presente en una amplia variedad de templos, los españoles que llegaron a Manhattan se quedaban sorprendidos por la pluralidad de cultos y de confesiones religiosas: "como en este país hay libertad omnímoda de cultos, rezaba la *Guía de Nueva York*, cada cual puede profesar la religión que mejor le parezca, sin que nadie se ofenda por ello" (73). No obstante, en medio de esta multiplicidad de cultos, Álvarez y Grediaga mostraban que la confesión religiosa que gozaba de una mayor vitalidad era la católica por su capacidad de acogida de los inmigrantes y por las obras de caridad desempeñadas. Bastaba acudir a un templo católico durante el domingo para comprobar la pluralidad de su feligresía, mientras que, según Rafael Pombo, la iglesia episcopal mantenía viva la preocupación de "razas, posición social y nacionalidades" (*Guía del viajero* 80-81).

Dejando al margen el debate sobre esta cuestión, el crecimiento de la Iglesia católica en Nueva York fue espectacular a lo largo del siglo XIX. Al comenzar la centuria, tan solo existía un templo católico en Manhattan, St. Peter Church, levantado en 1786. A esta parroquia acudían los primeros hispanoparlantes presentes en la ciudad que, hasta la fecha, se habían tenido que contentar con la celebración de la misa en casas particulares o en la sede de la legación española (Ryan 36-37; Calderón 281-282). El apoyo hispano para la construcción de este templo fue decisivo y, desde sus orígenes, se convirtió en la sede del catolicismo neoyorkino, cuyo párroco debía atender a una comunidad multilingüe (Miller 185). Una vez comenzado el siglo XIX, la llegada masiva de católicos de origen europeo hizo necesaria la construcción de nuevas parroquias en una ciudad que se expandía hacia el norte. Este crecimiento motivó la creación de la diócesis de Nueva York que fue segregada del obispado de Baltimore en 1808. Desde entonces, y hasta 1830, se abrieron cuatro templos en diversos puntos del bajo Manhattan y otros veinticinco más durante el segundo tercio del siglo XIX (Shelley 138; Cohalan 113). Durante esta etapa, que constituye el objeto de nuestro estudio, la población de Manhattan pasó de doscientos cincuenta mil habitantes en 1830 a casi un millón y medio en 1870. Con este crecimiento, los moradores más pobres fueron quedándose Downtown, mientras que la ciudad se expandía hacia el norte y la población más acomodada iba mudándose al norte en busca de áreas más confortables. El crecimiento indiscriminado de la población inmigrante fue creando los hogares insalubres del Lower East Side donde la pobreza, la suciedad y la delincuencia se adueñaron de un área habitada por muchos católicos.

La participación española en algunas parroquias de Nueva York

Entre las parroquias donde los hispanoparlantes podían celebrar su fe podemos contar una decena de iglesias entre las que estaría St. Peter Church, dada su estrecha vinculación con la corona española que financió parte de su construcción (Caamaño 87-131). Con el paso de los años, el crecimiento de la ciudad y la modificación de la emigración, los españoles que acudían a los oficios religiosos lo harían en aquellas parroquias cercanas a sus lugares de asentamiento o de trabajo. Ente ellas podemos contar con Saint James Church, ubicada en el número 23 de James Street, a poco más de cuatrocientos metros de los muelles del East River. Allí vivían los trabajadores y los sirvientes de origen español, pues los propietarios se habían mudado a otras áreas más saludables de la ciudad alta. Esta iglesia reclamaría la atención de buena parte de la población hispanoparlante que habitaba un área de fuerte presencia irlandesa y quizá también ejercería un poderoso atractivo sobre los hispanos el padre Félix Varela, enviado en 1827 a The Five Points, para trabajar con los irlandeses pobres que vivían en el área. Su encargo pastoral prioritario era la población angloparlante, pero su condición de cubano le facultaba para asistir a los hispanoparlantes allí asentados. En ese mismo entorno, pero veinticinco años más tarde, se erigió la parroquia de Santa Teresa, una santa española cuyo templo fue consagrado por el cardenal John Hughes en 1863 en Rutgers Street.

Sin embargo, el idioma suponía un problema para muchos españoles que querían participar en la vida de la Iglesia. La atención en su lengua materna no era habitual entre un clero de procedencia fundamentalmente irlandesa. Según la *Guía del viajero en los Estados Unidos* antes citada, solo cuatro sacerdotes hablaban español en Nueva York a mediados del siglo XIX (96): Jeremiah W. Cummings activo desde 1848 hasta 1866 en St. Stephen Church, George McCloskey párroco en The Nativity desde 1862; el jesuita Charles Hyppolite de Luynes presente desde 1848 en St. Francis Xavier y el arzobispo John Hughes que rigió los destinos de la iglesia neoyorkina desde St. Patrick Old Cathedral. Por su conocimiento de la lengua de Cervantes, estos sacerdotes serían un foco de atracción para los hispanoparlantes llegados a Nueva York y en sus parroquias ha quedado constancia de su presencia entre la comunidad católica.

Una presencia significativa de españoles en Saint Patrick Old Cathedral

No sabemos de muchos españoles asentados en el área, pero la pertenencia a la clase acomodada de la ciudad y la llegada de un obispo que hablaba español hacían de la catedral un lugar especialmente atractivo para los españoles acaudalados que encontraban en la iglesia un espacio para vivir su fe y establecer vínculos personales. Haciendo una cata en los voluminosos libros de registro sacramental hemos encontrado algunos niños con apellido español que recibieron las aguas del bautismo en este templo, aunque son escasos, como escasos eran los hispanos presentes en Manhattan: tres niños en 1850, cuatro en 1855, uno en 1860 y otro en 1870. Entre los 827 bautismos registrados en 1850, solo tres eran españoles, algo que encaja con los rasgos identificativos de la emigración española: su escasez y su dispersión. Sin embargo, este pequeño grupo que acudía a la vieja catedral de san Patricio estaba muy significado social y políticamente. Eran comerciantes de prestigio o independentistas cubanos que buscaban apoyos en Nueva York y encontraron un apoyo capital en el padre Varela. Este sacerdote que fue nombrado vicario general, era un adalid de la independencia cubana y trabajó en esta iglesia antes de ser destinado a The Five Points. Además, el arzobispo John Hughes tenía buenos contactos con la población caribeña y mexicana gracias a su conocimiento del español.

Entre los que llegaron de España y bautizaron a sus hijos en la vieja catedral, reconocemos a José F. de Navarro, un vasco español que emigró a Nueva York en 1855 y fundó la compañía bancaria Mora & Navarro con la que financió importantes proyectos de construcción, ganándose un notable prestigio entre los americanos. Como español, Navarro era firme defensor de la posesión colonial española y, como católico, fue un destacado miembro de la iglesia y un valioso colaborador en la construcción de la nueva catedral. Como muestra de esta implicación con la comunidad católica, el arzobispo Farley presidió su funeral (*The New York Times* 4 febrero 1909).

No obstante, aunque no hemos encontrado muchos datos en los registros sacramentales de la parroquia, la presencia de la clase acomodada de origen español en esta iglesia está bien atestiguada en la cripta. En su ángulo noreste existen cinco enterramientos que acogen los restos de una decena de españoles, sepultados entre 1847 y 1898. Fueron notables personalidades que brillaron por sus exitosos negocios y contribuyeron con la Iglesia neoyorquina de la época. El más antiguo fue erigido en 1847 en memoria de Peter Harmony y Leonardo Santos Suárez, quienes mantenían un exitoso negocio de importación y exportación de bienes (O'Brien 160-163). En el ángulo noroeste se encuentran dos nichos pertenecientes a Francisco del Hoyo y Eufemia Patrullo. Se trata de un comerciante de origen cántabro que colaboró en la fundación de la primera Spanish Benevolent Society y su esposa. Ambos contrajeron matrimonio en presencia del arzobispo de Nueva York, lo que muestra la influencia que este acaudalado hombre de negocios tenía en la vida católica de la ciudad (*La*

Crónica 14 abril 1849). Allí reposan también los restos de su hijo, al que nos referíamos al comienzo de este artículo y los del padre de Eufemia, Andrés Patrullo, que era un comerciante natural de San Sebastián que murió en Nueva York en 1856, donde fue enterrado con su esposa Sarah y su hijo Andrew. Las últimas tumbas acogen los restos de Luis A. Echeverría (1873-1882) y Andrew P. Echeverría (1869-1898), que también fueron dos comerciantes de origen vasco asentado en Nueva York.

En la cercanía de los muelles: españoles en The Nativity Church

Otra parroquia que manifiesta el crecimiento de los católicos en el Lower East Side es The Nativity Church. En 1842, el párroco de St. James Church, Andrew Byrne, vio crecer su feligresía y sintió la necesidad de construir una nueva parroquia. La llegada de los irlandeses católicos, generalmente muy pobres, y la suciedad y la delincuencia que comenzó a apoderarse del Lower Manhattan empujaban a los protestantes más acomodados hacia las zonas altas de la ciudad. En su huida, dejaban desiertas las iglesias ubicadas en el bajo Manhattan que, eran compradas por los católicos para convertirlas en sus parroquias. Así hizo el citado párroco de Saint James comprando dos iglesias protestantes en las que fundó las parroquias de Saint Andrew y The Nativity en City Hall Place y en la Segunda Avenida respectivamente. Para esta segunda fue nombrado párroco George McCloskey, que era uno de los que pocos que hablaban español. Sin embargo, en los registros sacramentales apenas tenemos noticia de bautismos oficiados por este sacerdote. Entre ellos destaca el de Paulina, una hija del escritor y comerciante americano Alfred Robinson y de su esposa Ana de la Guerra y Noriega. Esta última era una mujer de origen cántabro cuya familia había ejercido una notable influencia en California. Anita, como era conocida, se mudó en 1838 a la costa este de los Estados Unidos residiendo en Boston y Nueva York. Sabemos que en esta última ciudad frecuentaba los cultos católicos en compañía de otras mujeres. En 1852 bautizó a su hijo en St. Stephen y dos años más tarde se mudó a California donde falleció en 1854.

Católicos españoles en un área acomodada: Saint Stephen Church

La expansión de la ciudad hacia el norte y el crecimiento del número de católicos durante los años centrales del siglo XIX impulsó la construcción de catorce iglesias entre las calles 14 y 59. Una de ellas fue la parroquia de Saint Stephen, cuya atención pastoral se encomendó al padre Jeremiah W. Cummings. Este sacerdote originario de Washington, D.C. pero afincado en Nueva York tras concluir sus estudios en Roma, fue el encargado de promover la edificación del nuevo templo y de organizar su escuela parroquial en el cruce de la calle 28 con la Cuarta Avenida. La presencia notable de católicos en el área y su mejor posición económica, respecto a los suburbios del Lower Manhattan hacía de esta feligresía una de las más numerosas y selectas de la ciudad y a su templo acudían unas diez mil personas a celebrar la eucaristía dominical (Shelley 160). La calidad de los sermones y de la música atraía a muchos neoyorkinos a sus celebraciones (Smith 160), pues el padre Cummings era un reputado compositor y un conocido orador sagrado, autor de diversos libros sobre temas religiosos y de algunos himnos litúrgicos (Higginson). El elevado número de bautismos nos dan prueba de la vitalidad de esta parroquia que en 1855 superaban los ochocientos. Jeremiah Cummings murió el 4 de enero de 1866, pero durante los años que trabajó en la parroquia, además de ejercer una importante atracción sobre la población irlandesa, a la que estaba dedicado principalmente, era también una referencia para los católicos hispanoparlantes, pues podía sostener una conversación en castellano. Por ello, en los libros parroquiales podemos encontrarlo bautizando a la mayor parte de los niños descendientes de españoles o hispanoamericanos.

La procedencia de estos padres es muy variada. Hay

españoles vinculados a los negocios e incluso a los círculos carlistas como Manuel Echeverría, independentistas cubanos, personas procedentes de la alta sociedad mexicana e incluso un sudamericano que fue bautizado privadamente en 1865 del que solo conocemos su nombre. No podemos discernir con total claridad quienes eran de procedencia española, pero esto confirma una vez más el carácter disperso de la colonia hispana de Nueva York. Lo que podemos constatar también es la mezcolanza cultural, pues quienes arribaron a Manhattan eran mayoritariamente varones (Rueda 269), lo que les obligaba a emparentar con familias norteamericanas. Así, junto a los apellidos Domingo, Rafael, Pedrajas, Jiménez o González que aportaban los padres del neófito, nos encontramos con otros de sabor norteamericano como Fitzpatrick, Moore, Lancaster, Carrol o Buckley que aportaban las madres.

Tabla 1.

Bautizados en la parroquia de san Esteban con apellido español (1850-1870)

Fuente: Saint Stephen Church, New York, *Baptismal records*, 1849-1972.

Apellido español de los progenitores

Año	Bautismos en la parroquia	Del padre y de la madre	Solo del padre	Solo de la madre	Desconocidos	Total
1850	428	0	2	0	0	2
1855	850	1	2	0	0	3
1860	736	3	4	1	0	8
1865	658	3	5	0	1	9
1870	-	8	4	0	0	12
TOTAL		15	17	1	1	34

Los jesuitas de Saint Francis Xavier y su apostolado con los hispanoparlantes

El cuarto sacerdote que hablaba español en la ciudad de Nueva York era el padre Charles Hyppolite de Luynes, un integrante de la comunidad jesuítica presente en Manhattan. Los religiosos de la Compañía de Jesús se habían establecido en Nueva York en 1846, invitados por el obispo Hughes para hacerse cargo de St. John's College en Fordham. Al año siguiente abrieron la parroquia del Holy Name of Jesus, que desgraciadamente fue pasto de las llamas poco después (Shelley 69). Para la construcción de un nuevo templo, los jesuitas precisaban una importante cantidad pecuniaria y, con el deseo de conseguirla, los padres de Luynes y Maldonado viajaron hasta México, donde los religiosos gozaban de una mejor posición económica, esperando contar con su ayuda (Herbermann 142). La respuesta fue positiva y, además de obtener notables fondos y algunas obras de arte, durante su estancia en México, el padre de Luynes perfeccionó su conocimiento del español hasta convertirse en el único sacerdote de Nueva York que lo hablaba bien (145). Este dominio de la lengua le permitió dedicarse a los hispanoparlantes que vivían en los límites parroquiales. Sin embargo, la necesidad de captar fondos y su porte aristocrático redujo su actividad apostólica a los españoles más acomodados que vivían en el entorno. La distancia del área respecto de los muelles y de las viviendas de los trabajadores y la mayor salubridad de la zona hacían de este barrio un espacio apetecido por las clases pudientes cuya presencia se notaba en las celebraciones.

Conclusión

Tras este recorrido podemos constatar una presencia exigua pero significativa de españoles en Manhattan que practicaron su fe en las distintas parroquias diseminadas por la ciudad. Formaban parte de un conjunto de familias pertenecientes a la burguesía comercial que habían establecido sus lazos de parentesco y que, en ocasiones, habían entroncado con otros inmigrantes europeos. Eran pocos, pero participaban en los cultos católicos como expresión de su identidad hispánica y de su confesión religiosa, bautizaron a sus hijos y buscaron enterrarse en terreno sagrado. Al mismo tiempo colaboraron significativamente en la construcción de la naciente iglesia neoyorkina, con cuyas autoridades tuvieron buenos contactos. Sin embargo, diluidos en la gran ciudad y siendo una minoría tan dispersa y heterogénea, los hispanoparlantes neoyorquinos no lograron disponer de una iglesia nacional propia a lo largo del siglo XIX, como si lo hicieron otras comunidades lingüísticas. Dispersos geográficamente, los católicos españoles practicaron su fe en diversas parroquias diseminadas por Manhattan donde la presencia irlandesa era aplastante. Precisamente, los descendientes de Hibernia fueron los que configuraron la estructura eclesiástica de la arquidiócesis neoyorkina con un apoyo mínimo, pero significativo de españoles.

Bibliografía

Álvarez, Rafael e Isidor G. Grediaga. *Guía de Nueva York para uso de los españoles e hispanoamericanos*. Nueva York: Imprenta estereotipia y taller de encuadernación de John Gray, 1863.

Beldad, Henry G. *Guía ilustrada de Nueva York y sus alrededores*. Nueva York: Louis Weiss & Co., Impresores, 1903.

Caamaño Fernández, Rafael. *La Iglesia en los Estados Unidos en el siglo XVIII. Ayuda de España al desarrollo del catolicismo en Norteamérica*. Pamplona: Tesis doctoral, 1980.

Calderón Cuadrado, Reyes. *Empresarios españoles en el proceso de independencia norteamericana. La casa Gardoqui e hijos de Bilbao*. Madrid: Unión Editorial e Instituto de Investigaciones Económicas y Sociales Francisco de Vitoria, 2004.

Cohalan, Florence D. *A Popular History of the Archiodece of New York*. Yonkers, NY: United Catholic Historical Society, 1999.

Ernst, Robert. *Immigrant Life in New York, 1825-1863*. Syracuse, NY: Syracuse U P, 1994.

Guía del viajero en los Estados Unidos: Libro indispensable para las personas que hablan español. Nueva York: J. Durand, 1859.

Haslip-Viera, Gabriel and Sherrie L. Baver. *Latinos in New York. Communities in Transition*. Notre Dame, IN: U of Notre Dame P, 1996.

Herbermann, Charles G. "Reverend Charles Hyppolite de Luynes, S.J." *Historical Records and Studies* 10 (1917): 130-151.

Higginson, J. Vincent. *The Dictionary of North American Hymnology*, 1978. Web.
<https://www.hymnary.org/DNAH.>

Miller, Norbert H. "Pioneer Capuchin Missionaries in the United States (1784-1816)." *Franciscan Studies*, 10 (1932): 169-234.Web.
<https://www.jstor.org/stable/41974097?seq=1#page_scan_tab_contents.>

O'Brien, William Patrick. *Merchants of Independence: International Trade on the Santa Fe Trail, 1827–1860*. Kirksville, Missouri: Truman State U P, 2014.

Rueda, Germán. *La emigración contemporánea de españoles a Estados Unidos. 1820-1950. De "dons" a "misters."* Madrid: Mapfre, 1993.

Ryan, Leo Raymond. *Old St. Peter's: The Mother Church of Catholic New York (1785-1935)*. Nueva York: United States Catholic Historical Society, 1935.

Shelley, Thomas J. *The Archidiocese of New York*. Strasbourg: Editions du Signe, 2007.

Varela Lago, Ana-María. *Conquerors, Immigrants, Exiles: The Spanish Diaspora in the United States (1848-1948)*. University of California, 2008. Web.
<http://escholarship.org/uc/item/4m7181hk.>

LAS REDES CATÓLICAS ENTRE ESPAÑA Y LOS ESTADOS UNIDOS DE AMÉRICA (1939-1957)

José Ramón Rodríguez Lago
Universidad de Vigo

En septiembre de 1939 los ecos de la ocupación nazi de la católica Polonia alcanzaban a los asistentes a las sesiones del XVII congreso internacional de Pax Romana celebrado entre Washington DC y Nueva York. La elección de Joaquín Ruiz Giménez como nuevo presidente de la organización pareció constatar el éxito de las redes tejidas desde 1919 entre los católicos de España y de los Estados Unidos (Rodríguez). El cardenal Giuseppe Pizzardo, responsable de guiar la *Acción Católica* desde el Vaticano, había ejercido de máximo valedor del dirigente español. Su designación propiciaba una vía de conciliación entre el panamericanismo promocionado por la administración norteamericana y el hispanismo emergente entre católicos de España y Latinoamérica, reunidos sólo unos meses antes en Lima en el II congreso de la Confederación Iberoamericana de Estudiantes Católicos (CIDEC). Comunismo y nazismo se presentaban ahora como enemigos comunes a los que hacer frente y la colaboración entre católicos españoles y estadounidenses podría servir de protección para los intereses vaticanos en Europa y América.

La tentación del fascismo (1939-1945)

Amleto Giovanni Cicognani, delegado apostólico en los Estados Unidos, había visitado España entre julio y agosto de 1939, mientras su hermano Gaetano ejercía como nuncio en Madrid. El campo de batalla español había servido como laboratorio de experimentación de lo que podría suceder en Europa en los años siguientes, y la experiencia atesorada en el frente y la retaguardia ibérica otorgaba cierto aval para diseñar el papel que le tocaría jugar al catolicismo en el mundo que parecía avecinarse. El proyecto presentado ese verano por el cardenal primado de Toledo, Isidro Gomá, para que algunos obispos españoles realizarán una gira por los Estados Unidos en busca de financiación, contó con el rechazo de la National Catholic Welfare Conference (NCWC), poco dispuesta a mostrar su apego por un régimen de excepción como el de la dictadura franquista. Sin embargo, en noviembre de ese mismo año, la agencia News Service aprobó la publicación de *Noticias Católicas*, órgano emisor de información en español para toda la prensa católica de España y Latinoamérica, en una clara apuesta por establecer una alianza trasatlántica.

> News Service could in general, and at an important time, strengthen and help to more influence the Catholic Press of Latin America, which in many instances is struggling and weak. (Hall, *A special service*)

Pronto fue visible que el fascismo arraigaba con fuerza entre una buena parte de los católicos españoles, condicionados por la ayuda de Alemania e Italia al régimen de Franco, la propaganda promovida por ambos Estados totalitarios y las victorias logradas por los nazis en los campos de batalla europeos. Si en febrero de 1940 los agentes del News Service advirtieron a su antiguo corresponsal en España, el sacerdote Manuel Graña, sobre la peligrosa deriva de sus crónicas filofascistas; tras la ocupación de Francia por las tropas alemanas, la comunicación con su principal emisario en España resultó infructuosa y los agentes del episcopado norteamericano confesaron con preocupación cómo la católica España caía en las garras del fascismo.

> Seemingly, we are thoroughly tied up in getting a certain type of news from Spain. I do not blame

> Father Grana. [...] As I see it, the situation simply is that we can't get the word out of Spain. (Hall, Carta a Monseñor Ready)

En julio de 1940 *Noticias Católicas* se editó por primera vez con destino exclusivo en Latinoamérica. La causa española parecía perdida. En octubre la NCWC mostró su malestar con los crecientes conflictos suscitados, no sólo con sus agentes en Madrid, sino con los funcionarios de la embajada española en Washington DC.

> It is impossible to get satisfactory news on what is going on in Spain [...] There is nothing that can be done to expose the probable falsity of some correspondent's assertions. The days are indeed evil! (Ready)

En abril de 1941 Rudi Salat, secretario de Pax Romana, envío a la NCWC un informe sobre la debida coordinación con el episcopado norteamericano para la acción conjunta en Latinoamérica. *Noticias Católicas* concentraba entonces sus editoriales en denunciar la deriva pagana del nazismo.

> El día de hoy una generación atea se está desarrollando en Alemania y busca con medios activos y despiadados la destrucción del Cristianismo... verdadera amenaza del Catolicismo de todo el mundo ("Apuntes sobre la guerra")

En noviembre el News Service realizó un último esfuerzo infructuoso por contactar con Manuel Graña, su agente en Madrid durante los veinte años anteriores. El ascenso de las doctrinas nazis resultaba imparable y los conflictos con la embajada española en D.C. eran similares a los surgidos en la embajada estadounidense en Madrid (Thomas).

La entrada de los Estados Unidos en la guerra y la delicada situación de los agentes diplomáticos y militares desplegados en España forzarían a la Secretaría de Estado a cambiar de estrategia.

El 2 de mayo de 1942 el presidente Roosevelt designó al católico Carlton J. H. Hayes nuevo embajador en Madrid. El prestigioso profesor de Columbia University contaba con el aval de la Secretaría de Estado y de la recién fundada Office of Strategic Services (OSS) a las órdenes del coronel William Donovan, un católico encargado de gestionar los servicios de espionaje. También disponía de la confianza de la jerarquía eclesiástica con la que Hayes había venido colaborando eficazmente. El nuevo embajador presentó credenciales ante Franco el 9 de junio. Su misión en España tenía como objetivo primordial alejar a Franco del Eje Roma-Berlín, y las redes tejidas con el Vaticano y con los católicos actuarían decididamente a su favor. Contaría para ello con dos fieles y cercanos colaboradores: su esposa, Evelyn Carroll, ocupada desde mayo de 1943 de liderar las redes informales constituidas para garantizar la salida de los refugiados llegados a España desde los países ocupados por las tropas alemanas; y el cónsul general en España, Stephan Beaulac, otro católico convertido en principal mediador entre los intereses norteamericanos y los amigos de Franco en España (López). Las cuidadas relaciones con los católicos contrarios a las tesis nazis incluían aristócratas y militares cercanos a Franco, como el nuevo ministro de Exteriores, Francisco Gómez-Jordana, o el antiguo ministro en la misma cartera, Juan Beigbeder.

> He somewhat scandalized Franco by openly describing Hitler as Antichrist. He is a devoted Catholic and Monarchist and he hates the Falange [...] He now goes to America as a special military observer. (Hayes, Carta al Presidente F.D. Roosevelt)

En febrero de 1943 Joseph Spellman, arzobispo de New York y vicario de los católicos del ejército de los Estados Unidos, realizó también una decisiva visita a España entrevistándose con el dictador (Fogarty). El Vaticano y la administración Roosevelt seguían trabajando para lograr que el General no se viese arrastrado por los cantos de sirena del nacional-socialismo (Pizarroso). En abril de 1943 Ruiz Giménez mantuvo en el Vaticano una larga reunión con el cardenal Pizzardo para orquestar la reactivación de Pax Romana. Las redes católicas entre Friburgo, el Vaticano, Lisboa, Madrid y Washington trabajaban por distanciar a Franco del fascismo.

Mientras tanto, por mediación de Hayes y con financiación del Carnegie Endowment for International Peace el catedrático de Ciencia Política y Derecho Público de la Universidad de Sevilla, Ignacio María de Lojendio, impartió en marzo y abril de 1944 una serie de conferencias en Universidades americanas tratando de legitimar la España de Franco entre los círculos intelectuales de los Estados Unidos (Lojendio). En diciembre de ese mismo año, Pizzardo animó una vez más al episcopado norteamericano a incrementar su relación con Pax Romana.

> La prego di voler continuare a seguire l'attività di coesto Centro di Pax Romana. Quando sarà la tanto sospirta pace, sarà possibile provvedare ad una migliore sistemazione, nella speranza che la solidarietà tra gli universitari cattolici riuscirà a contribuire all'affermazione e difussione dei principi cristiani. (Pizzardo)

En agosto de 1945 el Secretariado de Pax Romana en Estados Unidos editó un primer informe que avalaría esa decisiva cooperación para la Europa de la posguerra (Moreno).

Castigo y redención. ¿Uno de los nuestros? (1945-1951)

Hayes permaneció en España hasta el 18 de enero de 1945, mientras en el seno de la administración Roosevelt y entre los diarios más prestigiosos de América se enardecía la polémica sobre la discutible colaboración del gobierno de los Estados Unidos con un régimen de excepción como el español, identificado por una buena parte de la opinión pública con el fascismo. Hayes y Beaulac defendieron en sus informes privados y en sus memorias públicas el carácter singular de los regímenes ibéricos, más católicos que fascistas. Ambos sufrieron el rechazo de algunos funcionarios de la Secretaría de Estado y la abierta oposición de la prensa más influyente entre el electorado norteamericano.

En un período tan delicado para la supervivencia del régimen franquista fueron las redes institucionales católicas las que ofrecieron sus servicios para la necesaria adaptación a los nuevos tiempos. El gabinete formado por Franco el 20 de julio de 1945 cristalizó diáfanamente esa estrategia. Alberto Martín Artajo, antiguo secretario personal de Ángel Herrera, se convertía en ministro de Asuntos Exteriores para liderar la política internacional y el proceso de reformas que propiciaría la adaptación al nuevo contexto mundial. Mientras tanto, Enrique Herrera Oria visitaba Washington para restaurar las relaciones rotas con la NCWC; y el obispo auxiliar de Madrid, Casimiro Morcillo, presentaba un proyecto de cooperación más estrecha entre el episcopado español y el norteamericano.

> Some members of the Spanish Hierarchy in order to find out the most conducive means to a closer collaboration and understanding between the Catholics of the Americas and those of Spain [...] As soon as possible so that they may take advantage of the facilities offered in this country for the study of social problems. (Molina)

En diciembre de 1945, la Administración Truman decidió finalmente retirar a su embajador en Madrid iniciando un período de marcado enfrentamiento y tensión con las autoridades franquistas. Cuanto más se estrechaba el cerco internacional, mayores esfuerzos hacían los dirigentes católicos para establecer lazos trasatlánticos. Los años siguientes supondrían la reconstrucción de los puentes volados durante la guerra. Desde enero de 1946 el News Service propiciaría una relación estable con Francisco de Luis, máximo dirigente de la Editorial Católica. Como Manuel Graña, también él había sido alumno de las escuelas de periodismo de la New York University y la Columbia University. Ahora ejercería como privilegiado corresponsal de la NCWC en España.

Tratando de buscar legitimidad en el ámbito internacional, las autoridades españolas centraron su atención en los trabajos publicados por el internacionalista de origen canadiense Richard Pattee, politólogo católico especializado en el ámbito latinoamericano, que venía abogando por retomar las relaciones bilaterales entre el gobierno de los Estados Unidos y el régimen de Franco, condicionados por el marco emergente de la Guerra Fría. En febrero de 1946 Manuel Aznar, embajador español en Washington, y Joaquín Ruiz Giménez, presidente internacional de Pax Romana, contactaron con Richard Pattee para invitarlo al XVIII congreso internacional de la organización que debía celebrarse en España entre junio y julio. Las sesiones desarrolladas entre las sedes de la recién fundada Universidad Pontificia en Salamanca y del monasterio de El Escorial, compaginaron los cánticos a la gloria del imperio hispánico con una proyección internacional atenta al escenario de la posguerra. Para decepción de los españoles, los delegados norteamericanos presentes fueron pocos y de escasa representatividad (Sánchez Recio). Ni siquiera Richard Pattee lograría asistir. Sin embargo, la insistencia de las autoridades españolas, incluyendo la del propio Martín Artajo que mantuvo correspondencia con el politólogo desde agosto de 1946, permitiría su estancia posterior en España y la publicación de numerosos artículos en los que Pattee defendería el particular modelo español de desarrollo.

> The only organized opposition in Spain, ready and willing to respond to outside aid, is that of the Communists. [...] The greatest service the outside Powers could render Spain and the solution of her complex political problem is to let her strictly alone. (Pattee, "Prospects in Spain")

Mientras tanto, los propagandistas católicos seguían su escalada institucional. Tras finalizar su mandato en la presidencia de Pax Romana, Ruiz Giménez ejercería desde septiembre de 1946 como director del Instituto de Cultura Hispánica, encargado de la acción cultural en el exterior (Delgado Gómez) y en diciembre de 1948 recibiría el plácet como embajador ante el Vaticano. Entre la curia romana cobraba además prestigio una joven organización fundada en España que pronto extendió sus redes en los Estados Unidos. Si los propagandistas habían impulsado desde 1919 la atención y la colaboración con los católicos de Norteamérica, el Opus Dei, iniciaría su "American dream" en 1949 en Chicago con la labor desarrollada por el sacerdote José Muzquiz. Desde esa fecha, a la red trasatlántica establecida por los propagandistas de Herrera treinta años atrás, se sumarían ahora las conexiones establecidas por el Opus Dei con sus amigos y patrocinadores americanos.

En esos años de aislamiento internacional el régimen franquista seguía mostrándose ante la prensa norteamericana como ejemplo manifiesto de intolerancia religiosa. En enero de 1950 la Secretaría de Estado atendió las razones de un extenso informe elaborado por el American Board of Commissioners for Foreign Missions.

> Equally clear must be the refusal of American Christians to give tacit or open approval to the inclusion of the Franco regime in any measures of European unification, aid or defense. (McKeith)

Las Iglesias evangélicas luchaban por sobrevivir en la España oficial del nacional-catolicismo y la cuestión religiosa era motivo de tensión entre las autoridades norteamericanas y españolas; pero con un contexto enfervorizado de Guerra Fría, múltiples informes de la Secretaría de Estado aconsejaban reanudar las relaciones con España

> The Spanish question has been magnified by controversy to a position among our present day foreign policy problems which is disproportionate to its intrinsic importance. [...] In our view, the withdrawal of Ambassadors from Spain as a means of political pressure was a mistaken departure from established principle. (Achenson)

Las reformas, sus límites y el relevo generacional (1951-1957)

En febrero de 1951 la designación de Stanton Griffis como embajador en Madrid iniciaría una nueva travesía en las relaciones entre ambos países. En los años siguientes, la denuncia frente a cualquier ataque que pudiesen sufrir las comunidades protestantes en la España de Franco, se compaginó de manera insistente con la necesidad de aplicar reformas de calado económico y social.

En julio de 1951 la designación de Ruiz Giménez como nuevo ministro de Educación apuntó en la buena dirección, y el Congreso Eucarístico Internacional celebrado en Barcelona entre mayo y junio de 1952 sirvió de prueba de fuego y escaparate de consolidación del franquismo. La rehabilitación de la cuestión española encontraba ahora un espacio más afortunado en las páginas de los nuevos libros publicados por Hayes, Patte y el mismísimo Griffis. En octubre, las autoridades del ejército norteamericano llegaron a solicitar la opinión de la NCWC para debatir sobre la conveniencia o no de integrar a España en la NATO.

En febrero de 1953 se aprobó una nueva Ley de Enseñanzas Medias, alejada definitivamente de los cánticos fascistas, y en abril llegó a España el embajador designado por el presidente Eisehower. James Clement Dunn, que en 1945 había suscrito el informe que dictaminaba la ruptura de relaciones con el régimen de Franco, sería ahora el encargado de consagrar la restauración plena de relaciones. En septiembre de 1953, sólo un mes más tarde de la firma del nuevo concordato con el Vaticano, se firmaron los Pactos de Madrid. Las redes católicas trasatlánticas protagonizaron un nuevo idilio y en verano de 1954 Francisco de Luis y su familia realizaron, invitados por la NCWC, una gira por los Estados Unidos. Desde octubre además, la llegada de la denominada Ayuda Social Americana enviada por el Catholic Relief Services potenció la actividad del Secretariado diocesano de Caridad, dirigido por el cardenal Quiroga Palacios, futuro presidente de la Conferencia Episcopal Española, y por su secretario general, Jesús García Valcarcel, (Mínguez). La Administración Eisehower y el episcopado norteamericano confiaban entonces en cimentar el proceso de reformas a través de los dirigentes seglares de Acción Católica.

> Catholic Action is a very real political force in Spain for the present and the future. [...] Future influence by helping to recruit tomorrow's national elite into Catholic Action. (Rockwell)

Sin embargo, otra organización católica emergente suscitó también la atención de la embajada y del episcopado. En julio de 1954 *Noticias Católicas* había publicado una significativa entrevista con el sacerdote Joseph Muzquiz, misionero del Opus Dei en el país de las mil religiones.

> Now the movement has opened a house in Boston —the Trimont House [...] will have students from Harvard, MIT, Boston University and Tufts College. [...] Who knows, maybe Washington, maybe New York, maybe Philadelphia? But it is certain that the movement will spread. (Ring)

En junio de 1956 el Instituto Secular ofrecía ya los servicios de sus residencias en Roma como posible destino de los estudiantes norteamericanos en la ciudad eterna. Para entonces en España, la revuelta universitaria de febrero y la crisis derivada de sus consecuencias habían abierto un período de incertidumbre. El abandono de Ruiz Giménez del Ministerio de Educación exigió la elaboración de un informe de urgencia sobre la situación general de España por parte del NCWC.

> Some circles say that upon return from the USA (where he is repaying Dulles' visit) Martin Artajo might well be appointed by Franco as prime minister. Others believe he is on the way out. [...] The general unrest and the serious cleavages in present day Spain have prompted the Bishops to organize a new general secretariat headed by the Bishop of Solsona

in order to charter and unite the efforts of Catholics in civics, social reform, and economics, as well as public opinion. (Fonseca, "On Spanish general situation")

Resulta significativo comprobar que entre las noticias relevantes señaladas por el costarricense Jaime Fonseca, director de *Noticias Católicas*, la caída de Ruiz Giménez en el gobierno contrastaba con la promoción de Vicente Enrique y Tarancón entre el episcopado. El primero iniciaría ahora un proceso de despegue del régimen que desde el II Congreso Mundial de Apostolado Seglar celebrado en Roma en octubre, impulsaría un diálogo que permitiese construir la democracia (Muñoz Soro). El segundo escalaría posiciones en el "cursus honorum" vaticano convirtiéndose en pilar estratégico del proceso de transición.

En octubre de 1956, Frank Hall, director del News Service, realizó junto a su esposa una gira por España. La Iglesia católica norteamericana y la administración Eisenhower dedicaban tiempo y esfuerzos para favorecer el proceso de reformas, pero esas demandas topaban con obstinada resistencia por parte de los sectores más reaccionarios. Los pasos dados respecto a la tolerancia hacia las confesiones minoritarias, las medidas para aligerar la censura, las tentativas de reconciliación con los vencidos, o el abordaje de la cuestión social, eternamente pendientes, se valoraban como tímidos y escasos a ojos de los norteamericanos, que exhibían también su preocupación por las garantías del proceso sucesorio abierto respecto a la institución monárquica. A las entrevistas de Hall con Martín Artajo, con el obispo Ángel Herrera en Málaga, o con el mismísimo Franco, se sumaron las conversaciones mantenidas con otros dirigentes preocupados por las dudas abiertas respecto al proceso de reformas.

The social question, which direction is it taking today? Is there among rich classes a fairly good idea of the problem, or any improvement toward understanding it? And the peasants, the workers, the office workers, the middle class, have they seen their lot improved somehow? (Fonseca. "Questionnaire")

En noviembre de 1956 Martín Artajo realizó su anunciada visita a Washington DC y tras entrevistarse con Frank A. Hall, entregó al presidente Eisenhower el *Spanish Children Album*, testimonio de gratitud de la infancia española por la ayuda benéfica enviada desde los Estados Unidos. Tras su regreso a España, el 25 de Febrero de 1957 se hizo pública su dimisión. El nuevo equipo ministerial reemplazaba a los propagandistas partidarios del posibilismo, por una nueva generación de católicos forjados en el Opus Dei (Díaz 2008). Las redes tejidas entre los católicos de Estados Unidos y de España seguirían ejerciendo notable influencia (Díaz 2011).

WORKS CITED

Achenson, Dean. "In regard to Spain". Carta a Tom Connally. (20-01-1950). National Catholic Welfare Conference (NCWC): International Affairs: Spain, Box 51. American Catholic History Research Center, Catholic University of America (CUA), Washington D.C.

"Apuntes sobre la guerra". *Noticias Católicas* 25 (7 de junio de 1941): Washington D.C.

Delgado Gómez-Escalonilla, Lorenzo. *Imperio de papel. Acción cultural y política exterior durante el primer franquismo.* Madrid: CSIC, 1992.

Díaz Hernández, Onésimo. *Rafael Calvo Serer y el Grupo ARBOR.* Valencia: Universidad de Valencia, 2008.

---. *Rafael Calvo Serer. La búsqueda de la libertad (1954-1988).* Madrid: Rialp, 2011.

Fogarty, Gerald P. "Archbishop Francis J. Spellman's Visit to Wartime Rome." *The Catholic Historical Review* 100 (2014): 72-96.

Fonseca, Jaime. "On Spanish general situation." Memorandum a Frank A. Hall (02-04-1956). NCWC: News Service. Box 19. American Catholic History Research Center, CUA, Washington D.C.

---. "Questionnaire for Bishop Herrera Oria." Memorandum a Frank. A. Hall (09-10-1956). NCWC: News Service. Box 19. American Catholic History Research Center, CUA, Washington D.C.

Griffis, Stanton. *Lying in State, Doubleday and Company*. New York: Doubleday, 1952.

Hall, Frank A. *Memorandum. A special service for Spain and Latin America* (14-11-1939). NCWC: General Secretary, Box 102. American Catholic History Research Center, CUA, Washington D.C.

---. Carta a Monseñor Joseph Ready (01-07-1940). NCWC: International Affairs, Box 51. American Catholic History Research Center, CUA, Washington D.C.

Hayes, Carlton Joseph Huntley. Carta al Presidente F.D. Roosevelt. (21-01-1943). Carlton J. H. Hayes Papers, Box 3. Archival collections: Rare Book and Manuscript Library, Columbia University, New York.

---. *Wartime Mission in Spain, 1942-1945*. New York: Macmillan, 1945.

---. *The United States and Spain. An Interpretation*. New York: Sheed & Ward, 1951.

Lojendio Irure, Ignacio María. *Régimen político del Estado español*. Barcelona: Bosch, 1942.

López Zapico, Misael Arturo. *Las relaciones entre Estados Unidos y España durante la guerra civil y el primer franquismo (1936-1945)*. Gijón: Trea, 2008.

McKeith, David Jr. *Why not Spain. Evangelical work under the Franco Regime Today* (26-01-1950). National Archives Record Administration (NARA): Department of State, Box. 5.029. Archives II, College Park, Maryland.

Mínguez Goyanes, José Luis. "La Iglesia española y la Ayuda Social Americana (1954-1968)". *Hispania Sacra* 49.100 (1997): 421-462.

Molina, Roderik A. *Some suggestions for a closer collaboration between the American and Spanish Catholics* (05-09-1945). NCWC: International Affairs. Spain. Box 51. American Catholic History Research Center, CUA, Washington D.C.

Moreno Juste, Antonio. "La política europea de los católicos españoles en los años 40 y 50". *La Internacional Católica. Pax Romana en la política europea de posguerra.* Ed. Glicerio Sánchez Recio. Madrid: Biblioteca Nueva, 2005. 175-211.

Muñoz Soro, Javier. "Joaquín Ruiz-Giménez o el católico total. Apuntes para una biografía política e intelectual hasta 1963". *Pasado y memoria: Revista de historia contemporánea* 5 (2006): 259-288.

Pattee, Richard. "Prospects in Spain." *Human Events. A Weekly analysis for the American Citizen* IV.28 (09-07-1947).

---. *This is Spain.* Milwaukee: Bruce, 1951.

Pizarroso Quintero, Alejandro. *Diplomáticos, propagandistas y espías.* Madrid: CSIC, 2009.

Pizzardo, Giuseppe: "The Usefulness of Pax Romana for American Members". Carta a Amleto Cicognani (11-12-1944). NCWC, Organization, Box 77. American Catholic History Research Center, CUA, Washington D.C.

Ready, Michael Joseph. Carta al Reverendo Francis J. Walsh (23-10-1940). NCWC: General Secretary. Box 102. American Catholic History Research Center, CUA, Washington D.C.

Ring, William E. "Opus Dei movement follows slow but sure pattern of expansion among U.S. laity." *Noticias Católicas* (8-07-1954).

Rockwell, Stuart W. *Background Report on Spanish Catholic Action.* (07-09-1954). NARA, Department of State, Box. 5.029. Archives II, College Park, Maryland.

Rodríguez Lago, José Ramón. "Las redes católicas entre España y los Estados Unidos de América". *Historical Links between Spain and North America.* Ed. Juan Carlos Mercado. Alcalá de Henares: Instituto Franklin, 2016. 75-83.

Sánchez Recio, Glicerio. "Pax Romana como vehículo de las relaciones exteriores del gobierno español, 1945-1952". *La Internacional Católica. Pax Romana en la política europea de posguerra.* Ed. Glicerio Sánchez Recio. Madrid: Biblioteca Nueva, 2005. 213-256.

Thomas, Joan María. *Roosevelt y Franco. De la Guerra Civil española a Pearl Harbor.* Barcelona: Edhasa, 2007.

PART III.

SEEING THROUGH SPANISH EYES; SEEING THROUGH AMERICAN EYES: UNDERSTANDING THE OTHER

PARTE III.

A TRAVÉS DE LA MIRADA ESPAÑOLA, A TRAVÉS DE LA MIRADA ESTADOUNIDENSE: BUSCANDO ENTENDER AL OTRO

PASTORALIS ET LATRO
ESTEREOTIPOS CLÁSICOS: WASHINGTON IRVING Y ESPAÑA

Carlos Herrero
Instituto Franklin de la Universidad de Alcalá

Desde los tiempos de la conquista romana de la península ibérica (siglo III a.C.) la caracterización de los habitantes de lo que hoy es territorio español ha estado caracterizada por el carácter rural e indómito de sus habitantes. *Pastores y ladrones*, tal y como Paulo Orosio calificaba al caudillo lusitano Viriato, son dos de los adjetivos que resumen este carácter doliente e indolente de los habitantes de Hispania y que, con diferentes adaptaciones y evolución del arquetipo, sobreviven a lo largo del tiempo hasta los viajeros del siglo XIX y XX que buscaban en España el carácter extraordinario de sus habitantes.

En la obra de Washington Irving durante sus viajes por España en la primera mitad del siglo XIX se encuentran imágenes y estereotipos vertidos acerca del pueblo español que están extraídos de estas lecturas de los autores clásicos y que, con salvadas excepciones, se repiten desde las descripciones de Apiano, Tácito, Estrabón u Orosio en época clásica. Estos viajeros románticos no acudían a la tierra de España buscando una verdad literal, si no la verdad literaria; no incidían en los sustantivos si no en los adjetivos y estos adjetivos se repiten continuamente desde los autores clásicos con un énfasis distinto. Dentro de este túnel de tiempo realizaremos una exposición de los estereotipos presentes en las obras de los viajeros norteamericanos a España, especialmente Washington Irving, y valoraremos los mismos a partir de las obras seminales de los autores clásicos grecorromanos en los que pueden estar inspiradas.

La adaptabilidad del modelo de barbarie y el recurso al bandidaje hispano

Es bien sabido que las referencias literarias y la educación sentimental de los viajeros románticos recurren constantemente a referencias antiguas sobre aquellos pueblos que visitan. La virtud de viajar con el libro en la mano era una de las constantes en los románticos del XIX. Por ello no es de extrañar que una de las referencias visuales que habitualmente observamos en la imagología de España en los viajeros del XIX, especialmente en Irving, es el recurso al bandidaje de sus gentes. Este imagotipo del español doliente e indolente al mismo tiempo, el bandido, el rebelde que vive al margen de la ley pero que posee también virtudes dentro de lo desdeñable de su oficio se afinca en la mentalidad de los extranjeros que visitan España como estereotipo que hunde sus raíces en el concepto clásico de "barbarie".

Son muchos los estudios que han investigado el origen del concepto de "barbarie" y su evolución desde el mundo antiguo, cuya fecha inicial podemos situar en los tiempos del primer historiador griego, Herodoto de Halicarnaso.[1] El significado de este término se podría resumir en el concepto de lo extraño, lo ajeno, lo que no pertenece a nuestro mundo conocido, lo que no somos nosotros pero que nos amenaza.

Sin embargo, lejos de concebir el concepto de barbarie de la antigüedad como inmutable es conocido que, durante el Imperio romano, la idea que se poseía del "otro" varía a lo largo de seis siglos de control y dominio del Mediterráneo y, en definitiva, de contacto continuado con otros pueblos. No es una imagen estática que pueda resumirse en un cuadro explicativo, fijo e inmutable. La imagen del bárbaro para el Imperio es una imagen variable y adaptable a las necesidades del momento, las circunstancias del

---

1 Para ello puede consultarse una extensa bibliografía: Demougeot, E., «L'image officielle du barbare dans l'Empire Romain d'Augste á Théodose». *Ktema Civilisations de l'Orient, de la Grèce et de Rome antiques* 9 (1994): 123-143; Levy, E. «Naissance du concept du barbare ». *Ktema* 9 (1984): 5-14; y, por supuesto, el clásico estudio de Yves A. Daugé, *Le barbare recherches sur la conception romaine de la barbarie et de la civilisation* Bruselas : Latomus, 1981.

contacto con los diferentes pueblos y las inquietudes del narrador que hace la descripción.

En Roma, la imagen del bárbaro se configura ya bajo el gobierno republicano[2] con una influencia directa de esa imagen griega y, al mismo tiempo sufrirá modificaciones a lo largo de la Historia dependiendo del cambio de las instituciones romanas o de las nuevas realidades del imperio como el periodo de las invasiones o la emergencia del cristianismo. Para el mundo romano, el bárbaro es aquel que resulta peligroso, agreste y temido; el que encarna todos los defectos posibles de la civilización o de la carencia de esta. Ahora bien, lo que nos interesa no es tanto la evolución de esa imagen como el uso que se le daba, el objetivo para el cual estaba destinada esa imagen concreta en la narración de los autores clásicos.

Tres son los factores que influyen en la conformación del modelo de barbarie y dispondrán del mismo para su adaptabilidad al espacio y tiempo requeridos. Estos elementos podemos verlos sin duda en el modelo del imagotipo español en los viajeros del siglo XIX. Por una parte, las descripciones de los pueblos conocidos o visitados por los autores clásicos que se incorporan al corpus de la Barbarie servían a un objetivo muy concreto como era el de la literatura de evasión distribuida entre las clases altas, de tal forma que, las mismas descripciones, en muchos caso, no dejaban de ser un añadido estético que ilustraba el relato original. De la misma forma que en nuestro cine actual, la imagen del enemigo aparece revestida, en muchas ocasiones de elementos exagerados, sarcásticos o simplemente falsos como parte de la narrativa necesaria para dar una forma correcta (y previsible) al relato. En segundo lugar, y en relación a lo anterior, el modelo del bárbaro servía como modelo opuesto al tópico del hombre civilizado, no menos irreal, empleando la técnica del espejo.[3] Por último, el bárbaro en las descripciones era un personaje neutro capaz de ser modelado según sus virtudes o, incluso, según sus defectos (Gómez Espelosín, "Viaje").

---

2   Véase E. Demougeot «L'image officielle du barbare dans l'Empire Romain d'Augste á Théodose». Ktema 9 (1984) : 123-143.

3   Véase François Hartog, «Le miroir d'Hérodote. Essai sur la représentation de l'autre». *Annales. Économies, Sociétés, Civilisations* 37.3 (1982) : 493-497.

Los historiadores de la Roma clásica que se dedicaron a la península ibérica y a sus gentes como son Apiano y Tácito adaptan este modelo bajo una perspectiva plenamente romana que les llevará a describir la conquista de diferentes regiones citando o caracterizando con estos preceptos a los pueblos que las habitaban. Tal vez porque existe un modelo inherente en todas las descripciones se puede extraer una serie de características tópicas y repetitivas en ellas. Esto no demuestra su existencia, pero al mismo tiempo, nos permite valorar en qué medida un autor u otro permanecen fieles al modelo establecido.

  Es este último objetivo de la figura del bárbaro como elemento neutro y adaptable lo que nos interesa para ponerlo en relación con las imágenes de alteridad que expondrán los autores románticos en su viaje por España siglos después y es que, a pesar de que se trata de un estereotipo ideal forjado a partir de informaciones vagas e imprecisas y cuya base de información no va más allá de la anécdota o curiosidad exótica, el modelo del bárbaro se adapta a los intereses del autor, del creador de una narrativa interesada y sólo parcialmente objetiva. Pongamos como ejemplo que si destaca en los bárbaros la moderación y la austeridad es para enfrentarlos a los excesos y la codicia de los romanos, con un objetivo claramente moralizante. El bárbaro se configura, por lo tanto, como una figura que sirve para resaltar las virtudes o los defectos de los romanos, sin que se trate la figura del bárbaro en cuanto a tal. Podríamos decir que estos autores, con el empleo de esta figura adaptable para resaltar las virtudes o defectos de Roma, están haciendo una crítica del Imperio Romano corrupto en el viven y que, sólo a través de la boca de un personaje como el bárbaro, se atreven a expresar. Nos asalta aquí la pregunta si los viajeros del siglo XIX, al buscar aquello de lo que carecían en sus lugares de origen no estaban dulcificando la imagen del nativo hispano en aras de amargar la imagen propia de su origen.

  Podemos observar esta dignificación del bárbaro dentro del recurso al bandidaje hispano en el caso de las descripciones de Viriato, el caudillo lusitano que puso en jaque a Roma durante el siglo II a.C.[4] Viriato posee como atributos la austeridad, actividad incesante, falta de codicia que le hace repartir el botín, inteligencia táctica, rapidez de movimientos, adhesión a sus tropas, muestras de moderación cuando la fortuna está de su lado. Viriato en la narración de Apiano es el modelo de héroe que necesita la narración ante la ausencia de héroes desde el bando romano. Viriato es glorificado por los escritores romanos debido a la necesidad de un héroe ideal opuesto a los romanos que representan la codicia y la ambición y, aunque es descrito como un bandido (*latro*), también es caracterizado como un (caudillo) e incluso posteriormente como emperador (*imperator*). Viriato es el primer modelo de bandido hispano que va a perpetuarse en la memoria colectiva hasta las descripciones de los viajeros románticos e incluso más allá en la caracterización del miliciano republicano que lucha por sus ideales en defensa de una organización socioeconómica idealizada. El pastor (*pastoralis*) que, ante la agresión del Imperio externo, se convierte en bandido (*latro*) y acaba dirigiendo un ejército (dux) y siendo exponente de las virtudes y honores de las cuales su agresor carece. El mito del buen salvaje revisitado que, desde una posición inicial completamente desvalida, lucha por su supervivencia gracias a la sabiduría ancestral que posee y que es vista por los ajenos como superior a la del pueblo que la percibe.

La imagen o el estereotipo en los viajeros norteamericanos

A inicios del Siglo XIX, la joven nación americana despertaba a una generación literaria completamente nueva. Crear desde la convicción de que los prototipos literarios ingleses no serían nunca más los propios de la nueva Nación. Norteamérica se despertaba a una nueva realidad literaria y, para ello tenía que salir de sus propias fronteras. Esto generó una fascinación por los lugares alejados y poco comunes para las fronteras de la nueva América

---

4   Por ejemplo, *Floro* 1.33.15 *"ex venatore latro, e latrone súbito dux atque imperator"* u *Orosio* 5.4.1 *"Viriatus fiemo pastoralis et latro"*.

y, muy pronto, los jóvenes escritores norteamericanos se sentirán atraídos por España como un lugar de destino exótico.[5]

El profesor González-Gerth explicaba cuáles fueron los tres contactos primerizos, las tres referencias previas que estos escritores tuvieron con respecto a España en el nacimiento de la crítica y la literatura norteamericana (259). En primer lugar las fuentes de su tradición son europeas y, por supuesto, destacados ejemplos de la literatura española con "El Quijote" y Cervantes a la cabeza. En segundo lugar, la tradición inglesa, tendrá un peso importante y, en este punto, al más odiado por parte de los ingleses; Lord Byron, el cual será una referencia para los norteamericanos y debido a su viaje en 1809, habla de España[6] así como otros escritores románticos europeos como Hugo, Gautier, Goethe o Schiller. Por último, el elemento político y económico de la emancipación americana de las colonias españolas (1810-1824) y la Guerra de la Independencia en España contra Napoleón (1808-1814). Aunque Estados Unidos interpretará el papel de España en estas dos guerras de forma opuesta; como tiranos en el caso de las emancipaciones, como luchadores de la libertad contra la tiranía en el caso de la guerra peninsular.

Estos viajeros tendrán estas referencias literarias en su cabeza, un *arrière-plan* cuando emprenden el viaje y, de la misma manera que contempla el punto de destino con inquietud propia del que abandona su casa y emprende el viaje, las lecturas que posee predisponen la mirada del que observa. Estos viajeros románticos no buscan una verdad literal sino más bien una verdad literaria. El paisaje y las gentes tenderán a estar interpretadas bajo el filtro de una cultura literaria concreta, la imagen de la España de Byron y la España de Cervantes, los cuales a su vez, beben de los arquetipos clásicos de griegos y romanos. Afirma el profesor Díaz Larios:

---

5   "Far, far away (…) To the average American indeed to all but a few, Spain was as close to a *'Terra incognita'* as there could exist in the Western world, a legendary land of old castles and beautiful landscapes inhabited by lovely dark-eyed maidens, engulfed by warm climate, religious bigotry, and ignorance (…) Spain symbolized the romantic adventure". (González-Gerth 257)

6   En fecha tan temprana como 1812, ya se publican en Filadelfia los dos primeros cantos del Childe Harold. Churchman Philip H. "Lord Byron's Expériences in the Spanish Peninsula in 1809 (continued)". *Bulletin Hispanique* 11.2 (1909): 125-71.

Llama la atención, enseguida que se hojean estos viajes pintorescos, cuáles son los motivos en que se recrean autores y dibujantes. Prefieren el paisaje abrupto, desolado, pétrea pesadumbre de riscos y barrancos. No parece que hayan viajado por otros parajes que los descritos por Cervantes cuando Don Quijote y Sancho se internan en las fragosidades de Sierra Morena. La referencia, por cierto, no es gratuita puesto que la lectura del Ingenioso hidalgo era casi obligatoria para los románticos, y también, aunque en un alejado segundo orden, algunas Novelas ejemplares, en donde hay tanto gitano, tanta venta y tanta hambruna. (88-89)

Entre estos viajeros destacaremos la construcción del imagotipo de España para los estados Unidos en Washington Irving puesto que, tanto en Estados Unidos como en España, para el gran público, la figura de Washington Irving (1783-1859) esté ligada a la leyenda de *Sleepy Hollow*, el jinete sin cabeza y a Ichabod Crane. Sin embargo, el gran escritor norteamericano, uno de los fundadores de lo que sería la primera literatura norteamericana propia y desligada de la literatura inglesa, fue uno de estos viajeros pioneros más allá del océano que buscaban en España todo aquello que anhelaba su imaginación impregnada de tópicos románticos. Tras varios viajes por Europa, se instala en Liverpool en 1815 y recorrerá parte del continente registrando en sus *sketches*, anécdotas y leyendas hasta que, en 1826 realiza su primer viaje a España para estudiar en la biblioteca de El Escorial los documentos pertenecientes al periodo del descubrimiento de América. Será en 1829 cuando realice su viaje hacia el sur, Córdoba, Sevilla (donde investigará papeles en el Archivo de Indias) y, ante todo, Granada, donde residirá dentro de la Alhambra, compartirá espacio e historias con los habitantes de la misma y compondrá su libro de leyendas más conocido, *The Alhambra* que publicará en Nueva York en 1832 y que, bien sea por escasez de otras fuentes de información o por el enorme éxito que cultivó, generará la imagen arquetípica de España en el imaginario colectivo norteamericano que, con variantes, se mantendrá hasta bien entrado el siglo XX.

Los hombres españoles son "orgullosos, resistentes, frugales, sobrios, poseen hombría al desafiar dificultades y un desprecio del relajamiento afeminado". En el paisaje de las regiones centrales:

> En lontananza se divisa algún pueblecito situado sobre escarpada colina o agrio despeñadero, semejando murallas desmanteladas o ruinosas atalayas; o bien alguna guarida, en tiempos pasados, fortificada en la guerra civil o contra las correrías de los moriscos, pues todavía se conserva entre los aldeanos de muchas partes de España la costumbre de unirse para la mutua protección, a causa de los robos de los vagabundos ladrones. (Irving, *Cuentos* "El Viaje")

El paisaje de Castilla es un baldío inmenso pero con una adusta sencillez que proporciona una sensación sublime, con una recua de mulas moviéndose cansadas por la paramera que se asemejaba a una caravana de camellos en el desierto o, en lo alto del cerro, ver la figura del solitario jinete, con trabuco y estilete, al acecho de caminantes o viajeros confiados a los que alegrar el día. Estos adjetivos que, de forma segura, parafrasean las palabras del propio Washington Irving en su capítulo dedicado al viaje en su obra *Cuentos de la Alhambra* (1832) resumen de forma sencilla la imagen que el país reflejaba en los ojos de este viajero norteamericano hacia los años veinte del siglo XIX.

Irving era un joven burgués de Nueva York, lector de los clásicos, de las leyendas medievales, lector del Quijote que, incluso, cuando se hace acompañar por un mozo en su viaje a Granada lo llamará "Sancho"[7] por ser el escudero de los viajeros que, cabalgando en corceles flacos, recorren las llanuras extensas de Castilla o las montañas infestadas de indómitos bandidos que acechan al viajante. Se aloja en una miserable posada que "está

---

7 "Era, sin embargo, fiel, divertido y de buena condición, y ensartaba refranes y proverbios, como aquel flor y nata de los escuderos, el mismísimo afamado Sancho, cuyo nombre le pusimos". (Irving, *Cuentos* "El Viaje")

para él tan llena de aventuras como un castillo encantado"[8] y buscan en los pastores solitarios, de tez morena y mirada sobria, con sus recuas de ganado, a aquellos musulmanes que dirigirán caravanas por el desierto.[9]

Estos estereotipos ayudarán a otros viajeros hacia España a encontrarse con una tierra muy diferente a la que estaban acostumbrados a pisar en sus naciones de origen. Al fin y al cabo, estos viajeros románticos no iban buscando la verdad literal si no la verdad literaria; aquella que habían leído en las obras de los autores clásicos, desde Don Quijote hasta los grecolatinos, repitiendo adjetivos e incidiendo en ellos más que en los sustantivos. Y es que, desde los tiempos de la conquista romana de la península ibérica (siglo III a.C.) la caracterización de los habitantes de lo que hoy es territorio español ha estado caracterizada por el carácter rural e indómito de sus habitantes. *Pastores y ladrones*, tal y como Paulo Orosio en el Siglo V (pero repitiendo el tópico desde Tácito o Floro mucho antes)[10] calificaba al caudillo lusitano Viriato, son dos de los adjetivos perpetuos que resumen este carácter doliente e indolente de los habitantes de Hispania y que, con diferentes adaptaciones y evolución, sobrevivieron a lo largo del tiempo hasta los viajeros del siglo XIX y XX que, a falta de otras lecturas más cercanas a la realidad, buscaron ese carácter extraordinario de sus habitantes.

Posiblemente, como ha apuntado la profesora María del Mar Serrano, si hiciéramos caso a todas las descripciones de los viajeros que, como Irving, buscaron bandoleros, arrieros armados con trabucos o posadas encantadas en las que vivir mil aventuras (por no hablar de los que buscaron a la *Carmen* de Merimée en cada

---

8   "Pero ¡qué país es España para un viajero! La más miserable posada está para él tan llena de aventuras como un castillo encantado, y cada comida constituye por sí misma toda una hazaña". (Irving, *Cuentos* "El Viaje")

9   "Recorriendo estas vastas llanuras, se divisa por aquí y por acullá algún rezagado rebaño o manada guardada por un solitario pastor, inmóvil cual una estatua, con una larga y delgada vara que enarbola hacia los aires a manera de lanza; o ya una larga recua de mulos marchando lentamente a través de la llanura, semejando una caravana de camellos en el desierto; ya un solo labriego armado de trabuco y puñal y vagando por el llano". (Irving, *Cuentos* "El Viaje")

10 Ver nota 4.

una de las mujeres andaluzas) no habría suficientes personajes con tales características en toda la Península.[11]

El mundo de Irving era un mundo inventado a partir de un mundo real, una trasposición a la realidad de las lecturas que alimentaron la imaginación de un joven burgués del otro lado del océano acerca de una tierra maravillosa que se salía de lo que habitualmente conocía. Castillos encantados, hombres rudos y silenciosos, tierras inhóspitas y peligrosas, hermosas mujeres que recorrían las salas de un palacio musulmán en el esplendor de Al Ándalus. "La deliciosa tranquilidad y la belleza del lugar se han combinado para apegarme a él con un hechizo y es probable que no sea capaz de romperlo durante la semanas venideras" escribía el propio Irving en Junio de 1829 durante su estancia en la fortaleza (*Cartas* 117). El resultado menor; una obra (*Cuentos de la Alhambra*) recopilación e interpretación de las leyendas hispanomusulmanas de la ciudad convertidas en literatura por el viajero estadounidense. Resultado mayor; la creación de un mundo inexistente, el exotismo de la España musulmana transmitida a la América decimonónica, de la España doliente y convulsa por las guerras napoleónicas y la continua decadencia de tres siglos. La imagen de una Edad Media inventada, la invención de un sueño creado por los libros leídos. Nos recuerda bastante a ese otro hidalgo de la Mancha de cuyo nombre no quiero acordarme.

---

11 "La España del siglo XIX parecía poseer, en definitiva, todas aquellas características que el viajero romántico esperaba hallar en su viaje: exotismo en sus habitantes y sus costumbres, irracionalidad en sus creencias y actitudes, exuberancia o grandiosidad en algunos de sus paisajes; y allí donde la España real no podía cubrir todas las expectativas, porque a pesar de todo, formaba parte de Europa, surgía la España inventada que algunos viajeros presentaron, perpetuando imágenes exageradas o, en el peor de los casos, inexistentes. (…) No habían en la España del siglo XVIII y XIX suficientes majos, ni bandidos bastantes para colmar las expectativas de aventuras de los relatores de viaje; no habían tampoco suficientes toreros, ni gitanas, ni era tan grande el número de andaluzas de ojos negros y rasgados que esperase la llegada de un viajero inglés al que rendirse. Hubo que inventarlos". (Serrano)

Bibliografía

Brettell, Caroline B. "Nineteenth Century Travelers´ Accounts of the Mediterranean Peasant." *Ethnohistory* 33.2 (Spring 1986): 159-173.

Churchman Philip H. "Lord Byron's Expériences in the Spanish Peninsula in 1809 (continued)." *Bulletin Hispanique* 11.2 (1909): 125-171.

Díaz Larios, Luis F. "La visión romántica de los viajeros románticos". *Romanticismo* 8 (2002): 87-99.

Gómez Espelosín, Javier. "La imagen del bárbaro en Apiano. Adaptabilidad de un modelo retórico". *Habis* 24 (1993): 105-124.

---. "Contradicciones y conflictos de identidad en Apiano". *Gerion. Revista de Historia Antigua* 27.1 (2009): 231-250.

González-Gerth, Miguel. "The Image of Spain in American Literature, 1815-1865." *Journal of Inter-American Studies* 4.2 (1962): 257-272.

Irving, Washington. *Cuentos de la Alhambra*. Trad. J. V. Traveset. Madrid: Espasa-Calpe, 1987. *Biblioteca Virtual Miguel de Cervantes*. Web. <http://www.cervantesvirtual.com/obra-visor/cuentos-de-la-alhambra--0/html/00056d68-82b2-11df-acc7-002185ce6064_2.html>

---. *Cuentos de la Alhambra*. Ed. José Antonio Gurpegui. Madrid: Cátedra, 1996.

---. *Cartas desde la Alhambra*. Ed. Antonio Garnica Silva. Jaén: Tinta Blanca, 2009.

Lackey, Kris. "Eighteenth-Century Aesthetic Theory and the Nineteenth-Century Traveler in Trasn-Allegheny America: F. Trollope, Dickens, Irving and Parkman." *American Studies* 32.1 (1991): 33-48.

López Melero, Raquel. "Viriatus Hispaniae Romulus". *Espacio, Tiempo y Forma, Serie II, Historia Antigua* 1 (1988): 247-262.

Lucena Giraldo, Manuel. "Los estereotipos sobre la imagen de España". Norba. *Revista de Historia* 19 (2006): 219-229.

Ortega Cantero, Nicolás. "Los viajeros románticos extranjeros y el descubrimiento del paisaje en España". *Revista de Dialectología y Tradiciones Populares* 57.2 (2002): 225-244.

Sánchez-Moreno, Eduardo. "Ex pastore latro, ex latrone dux... Medioambiente, guerra y poder en el occidente de Iberia." *War and territory in the Roman World.* Eds. T. Ñaco del Hoyo e I. Arrayás Morales. Oxford: British Archaelogical Reports, BAR International Series, 2006. 55-79.

Serrano, María del Mar. "Viajes y viajeros por la España del siglo XIX". *Cuadernos Críticos de Geografía Humana* 98 (1993). Web. <http://www.ub.edu/geocrit/geo98.htm.>

ENSLAVING THE CANNIBAL: IRVING'S COLUMBUS AND *BENITO CERENO*

Helene Remiszewska
University of Texas at Austin

After a series of literary mishaps, including the utter disaster *Pierre* (1852) that inspired the New York *Day Book* to publish the pithy headline "HERMAN MELVILLE CRAZY," Melville had to carefully design his reentrance into the literary marketplace (qtd. in Delbanco 179). Before attempting the lofty allegories that characterize novels like *Moby-Dick* (1851), Melville's literary career began in 1846 with the semi-autobiographical *Typee*, in which the narrator Tommo has a brief romp with a merry band of cannibals before being chased off their island to avoid being eaten. Following the success of *Typee* and its sequel *Omoo* (1847), Melville continued publishing sea narratives that tended to be an assortment of autobiography, fiction, history, and plagiarism. Melville began anonymously publishing shorter fiction in *Putnam's Magazine* after the disappointments of *Moby-Dick* and *Pierre*, and he returned to the genre that made him famous or, at the very least, paid his bills: the travel narrative. Though he failed to recreate the success of *Typee*, Melville salvaged some of his commercial career with the 1856 novella *Benito Cereno*. Rather than drawing from his own travels, however, Melville heavily plagiarized chapter 18 of Amasa Delano's 1817 memoir *Narrative of Voyages and Travels, in the Northern and Southern Hemispheres*.

Melville's depiction of Delano is not quite fair and certainly not flattering. While the historical Delano was probably a better ship captain than he was a storyteller, Melville's character of the same name is portrayed as utterly naïve, pompous, and confused. Melville's characterization of Delano is only one of several creative flourishes, most of which are to Cereno's ship. The historical Benito Cereno was captain of the *Tryal*, which Melville renames the *San Dominick*. Delano depicts the *Tryal* as nondescript though poorly managed, but Melville paints the *San Dominick* as somewhat of a ghost ship emerging from "[s]hadows present, foreshadowing deeper shadows to come" (36). While the basic narrative remains the same, Melville also invents a nightmare of a figurehead for the *San Dominick*: a statue of Christopher Columbus that has been replaced with the skeleton of Cereno's partner, Captain Alexandro Aranda.

Critics tend to agree on the general meaning behind these changes[1] and perceive Melville as a sage of sorts, warning of looming disaster in the midst of the disintegrating global slave trade and a "perfect chronotope [...] of his story's engagement in the historical moment" (Sundquist 143). Whether critics read the *San Dominick* as representing the ship of (the United) States, Haiti, or the global slave trade, Aranda's skeleton's position as the ship's figurehead and its similarly cryptic caption "follow your leader" is a clear indication that the ship is tracing a doomed path (Melville 38). Less often do critics analyze Melville's use of Columbus. I will investigate the implications of Melville's choice of Columbus as figurehead, as well as how Melville's idea of Columbus would have been shaped by contemporary texts and popular culture. Furthermore, I will analyze the myriad ways in which Columbus' presence in *Benito Cereno* illustrates the explorer's legacy in the American imagination.

Nineteenth-century Americans were familiar with Columbus as the founder of the New World. Historian John P. Larner traces Columbus' popularity, noting that a "cult" of Americans exulting Columbus began to form in the 1760s, at the same time that "the Europeans were coming to show a new interest in the man" (49). Columbus continued to appear in American culture in city names like the District of Columbia and in literature like Joel Barlow's 1787 epic *Vision of Columbus*. Larner, however, identifies the publication of Washington Irving's 1827

---

[1] "We know that Saint-Domingue was in Melville's mind when he wrote 'Benito Cereno'" (Beecher 44).

Life and Voyages of Christopher Columbus, an exhaustive four-volume biography that Irving pieced together from various sources, as the catalyst that catapulted a previously obscure Columbus fever into a "quasi-official cult of Columbus. The first statue to him in North America was erected on the facade of the Capitol in 1844" (56). Irving also provided a more complete portrait of Columbus "as an historical personage, rather than as a symbol" for "the consciousness of educated Americans" (Larner 52). Typical of Irving, the biography favors storytelling over history and contains a fair amount of fiction. Despite this, "Columbianists later in the nineteenth century, and in the twentieth century also, gave Irving's *Columbus* high marks" (McElroy 10).

While drawing from various sources, Irving found that his materials "presented rather a mass of rich materials for history, than a history itself" (Irving 9). He sought, then, to construct a coherent narrative, which he considered "a more satisfactory occupation to myself, and a more acceptable work to my country, than the translation I had contemplated" (10). Irving's biography quickly became the authoritative text on Columbus. *Life and Voyages* "was to pass through at least 175 editions and to serve as a principal source for school text-books and other derivative lives" (Larner 55). Irving's depiction of Columbus, though, hardly describes the hero that American history imagines him as. Irving portrays Columbus as confused and lost in the New World, and Irving details the lasting implications Columbus' mistakes had for later explorers.[2] He is quick to characterize many of Columbus' findings as merely the result of his "deceiving himself as usual," reserving judgment on whether Columbus' errors were due to malevolence, arrogance, or stupidity (Irving 145). After establishing Columbus as, at the very least, unreliable, Irving is eager to include his characterizations of the natives he encounters as cannibals as a grotesque testament to Columbus' ineptitude. Irving draws particular attention to Columbus' accusations of cannibalism in context with "how ingeniously the imagination of Columbus deceived him at every step and how he wove every thing into a uniform web of false conclusions" (126). These

---

2 See Irving 143.

accusations that had been so essential to Spain's imperial project had been mostly discredited by the early nineteenth century, and, as Jeffrey Sanborn explains in *The Sign of the Cannibal: Melville and the Making of a Postcolonial Reader* (1998), many Americans understood "that the word *cannibal* was a corruption of Carib, the name of the tribe that Columbus' reports had so powerfully associated with the practice of 'anthropophagy'" (179). Columbus encounters foreign mourning rituals in Hispaniola, but he is quick to manipulate them to support Spain. Irving portrays Columbus' accusations of cannibalism as nothing more than rhetorical:

> It was a custom among the natives of many of the islands, and of other parts of the New World, to preserve the remains of their deceased relatives and friends; sometimes the entire body; sometimes only the head, or some of the limbs, dried at the fire; sometimes the mere bones. These, when found in the dwelling of the natives of Hispaniola, against whom no prejudice of the kind existed, were correctly regarded as relics of the deceased, preserved through affection or reverence; but any remains of the kind found among the Caribs were looked up with horror as proofs of cannibalism. (Irving 220)

Columbus' accusations of cannibalism offered him infinite opportunities for deceit. Of course, Columbus had encountered not the Caribs, but the Arawak people. William Arens' expansive —yet wildly biased and heavily criticized— study *The Man-Eating Myth* (1979) asserts, as its title implies, that ritualized cannibalism exists only rhetorically as a form of Othering. Because of this, Arens surmises that "[t]he word for man-eater is now cannibal and not arawakibal, because Columbus first encountered the latter, who were eager to fill him in on the gossip about their enemies to the south" (45). Though Irving portrays Columbus as fairly daft, he also appears masterfully manipulative. In Columbus' first letter back to Spain dated February 15, 1493, he details having worked "to gain [the natives'] love and incline them to become Christians" (Columbus 118). Columbus appeals to "the merciful heart of Isabella" to remind her that "[c]onsidering that the greater the number of these cannibal pagans transferred to the Catholic soil of Spain, the greater would be the number of souls put in the way of salvation," and they would be well suited to be traded as slaves and missionaries (Irving 241). Emerging colonies could trade slaves for livestock, encouraging colonies' development and maintaining a mutually beneficial relationship with Spain.

Meanwhile in Hispaniola, Columbus promised peace and safety against the cannibal Caribs, and the Arawak people "eagerly lent their assistance in building the fortress, little dreaming that they were assisting to place on their necks the galling yoke of perpetual and toil-some slavery" (Irving 154). Columbus assures himself of a happy ending, though, as his plan is beneficial for everyone: "In this way the colony would be furnished with all kinds of live stock free of expense; the peaceful islanders would be freed from warlike and inhuman neighbors; the royal treasury would be greatly enriched; and a vast number of souls would be snatched from perdition, and carried, as it were, by main force to heaven" (Irving 241-242). Irving does not overlook Columbus' personal interest in this complicated transaction of bodies, goods, and salvation, remarking to himself, "Such is the strange sophistry by which upright men may sometimes deceive themselves" (242). At four volumes and countless republications, however, Irving's biography served ultimately only to crystalize Columbus' fame, not his notoriety.

By the time Melville was writing twenty-some years later, Irving's *Life and Voyages* had performed the nation-building role Irving had set for it and was the authoritative history of Columbus. Melville could have been drawn to Irving for many reasons; a fellow New Yorker, Irving was the first American to become a writer by profession. Melville certainly would have read Irving's *History of New York* and his short stories; he even owned and annotated a copy of *Works of Washington Irving* (1840).[3] The 1840 *Works* did not include Irving's biography of Columbus, but Melville is likely to have encountered it elsewhere, if not in

---

3 See Marnon, Dennis C., Peter Norberg, and Steven Olsen-Smith. *Melville's Marginalia Online*. Boise State University.

the many ship libraries he frequented during his own voyages. Reading was a common pastime on ships, and Melville spent much of his early life traveling on merchant ships and whalers, as well as serving in the navy. As Melville describes in many of his novels, most notably *White-Jacket* (1850), ship libraries were vast. Hester Blum's 2008 study *The View from the Masthead: Maritime Imagination and Antebellum American Sea Narratives* dives into the role of libraries at sea as a respite from the rigorous manual labor of a sailor. Blum's expansive archival work includes individual sailors' libraries, including a leaf from an 1839 U.S. Navy Book List. Blum qualifies her book list, explaining that "[t]he navy sought to standardize the libraries aboard its ships" (37). Sailors were eager to trade books with other ships, so this list may very well represent the books Melville encountered at sea the same year, though he did not enlist in the navy until 1843 (21). The list Blum provides includes Washington Irving's *Life and Voyages of Christopher Columbus*.

While it is probable that Melville read *Life and Voyages* and certain that he read Irving, the two writers are rarely studied together. Nonetheless, Irving's contribution to the image of Columbus in the American imagination, even if Melville had no direct interaction with the biography, illustrated Melville's characterization of Columbus as the face of imperialism. Beyond the *San Dominick*'s figurehead, though, Melville has little to say about Columbus in his fiction. While Melville refuses to shy away from politics in his other works, *Benito Cereno*'s overt commentary on slavery has left critics eager to analyze its characters, despite the historicity of its source text. Critics have interpreted Babo as representing an array of different figures, most commonly the Haitian insurrectionist Toussaint Louverture.[4] Critics also often argue that the relationship between Delano and Cereno is a warning of the communication breakdown that will lead to the American Civil War five years later, as well as "anticipat[ing], just as plausibly, an explosive heightening of the conflict between American democracy, Old World despotism, and Caribbean New

---

4   See Beecher's "Echoes of Toussaint Louverture and the Haitian Revolution in Melville's 'Benito Cereno.'"

World revolution" (Sundquist 143). It is not Columbus, however, who is revealed at the novella's dramatic ending — his statue has been replaced with "death for the figure-head, in a human skeleton; chalky comment on the chalked words below, *'Follow your leader'*" (Melville 88). The reader never sees "the ship's proper figure-head, the image of Christopher Colon, the discoverer of the New World," but its absence is as meaningful (97). Columbus fulfills a semiotic function as that "sign of savagery," bearing the accusation of cannibalism and the subsequent threat of slavery (Sanborn 174).

While "Melville adds a strong hint that Aranda's skeleton has been cannibalistically prepared," cannibalism exists in many contexts, as Melville learned having lived in the Polynesian islands among suspected cannibals (Kaplan 22). In his first novel *Typee*, the reasons for cannibalism seem similar to those described by Columbus; the Typees have a reputation similar to the Caribs of eating their enemies and prisoners. Cannibalism is quite absent, however, in Melville's source text for *Benito Cereno*. Nevertheless, *Benito Cereno* includes the same evidence for cannibalism as *Typee* by displaying bones stripped clean. Unlike the Typees, though, cannibalism does not appear to be a common practice for the slaves aboard the ship, as Aranda's cannibalization is only suggested and is, regardless, a clearly unusual and terrifying incident. Melville's depiction of slavery on the ship does somewhat resemble the cannibalism described by Columbus, however, and particularly Irving's translation thereof.

Columbus attempted communication with the Arawaks in hopes of being led to gold, which Irving describes as "the singular nature of this voyage, a continual series of golden dreams, and all interpreted by the deluding volume of Marco Polo" (127). Recognizing what must have been "the misinterpreted words of the Indians," Columbus somehow managed to piece together an image of the Caribs, as the Arawaks "describe[ed] nations at a distance who had but one eye; others who had the heads of dogs, and who were cannibals — cutting the throats of their prisoners and sucking their blood" (Irving 126, 128). While Columbus recognized that the Arawaks "mingled [...] great extravagances with their imperfect accounts," Captain Delano's description of the slaves upon the *San Dominick* is remarkably similar to how

Columbus portrays the Carib cannibals (Irving 280). Columbus also had delusions about his relationship with the Arawaks, though a bit more philanthropic than Delano: "It is essential to a full comprehension of the character and motives of Columbus, that this visionary project should be borne in recollection. It will be found to have entwined itself in his mind with his enterprise of discovery, and that a holy crusade was to be the consummation of those divine purposes, for which he considered himself selected by Heaven as an agent" (Irving 187-188). As Delano thought himself the slaves' friend, Columbus "was filled with those devout and heroic schemes" and thought him their savior (Irving 188).

While Melville's depictions of slaves mirror Columbus' understanding of cannibals, Delano is portrayed not as the unfortunate yet competent historical Captain Delano, but more like Irving's delusional Columbus. When Columbus arrives at an abandoned village on his second voyage, he describes himself and his fellow Spaniards as horrified by the same vague justification for cannibalism that fueled their conversion narrative, discovering "vestiges, as they supposed, of unnatural repasts; and skulls, apparently used as vases and other household utensils" (Irving 214). Appalled at seeing bones repurposed for both decoration and utility, "[t]hese dismal objects convinced [the Spanish] that they were now in the abodes of the Cannibals, or Caribs," despite their having seen similar items among the Arawaks (Irving 214). Columbus continues to interpret bodies and bones as "proofs of the cannibal propensities of the natives": "Human limbs were suspended to the beams of the houses, as if curing for provisions; the head of a young man recently killed, was yet bleeding; some parts of his body were roasting before the fire, others boiling with the flesh of geese and parrots" (Irving 215). The insistence on corpses as proof of cannibalism is only implied in *Benito Cereno*, but Babo's revealing of Aranda's skeleton serves the same purpose for Delano as for Columbus, inspiring "horror [at] the sight of human bones" (Irving 214).

The actual eating of Aranda need only be assumed rather than confirmed, as Babo's consumption of Aranda's body and "treatment of the skeleton *implies* some grisly ritual, whether it be the eating of the master's flesh or its removal by tools" (Sanborn

170). Columbus illustrates the easy slip between civilization and savagery by portraying anthropophagy as a tactic anyone may use, regardless of whether or not they are cannibals. In response to regular attacks from the Caribs, the Arawaks "had become warriors, therefore, in their own defense, using the bow and arrow and the war-club; and in their contests with their cannibal foes, they retorted upon them their own atrocities, devouring their prisoners in revenge" (Irving 219). The threat of cannibalism inspires retaliation, dissolving the boundaries between what it means to cannibalize and to be cannibalized.

Though Columbus does not disclose partaking in cannibalism as revenge or otherwise, the Spaniards certainly inspire violent vengeance from the Arawaks. "Reports of the profligate conduct of the Spaniards had spread throughout the island," and Columbus returned to the New World to find, instead of the alliances he thought he cultivated on his first voyage, rotting bodies "in such a state of decay that it was impossible to ascertain whether they were Indians or Europeans" (Irving 314). Columbus' primary fear is that the dead bodies are Spanish; the violence between the Arawaks and the Caribs was to function on the Spaniards' behalf and not against them. In *Benito Cereno*, Babo manipulates the ambiguity of decaying bodies and skeletons by echoing the haunting query: "Babo took by succession each Spaniard forward, and ask him whose skeleton that was, and whether, from its whiteness, he should not think it a white's" (Melville 97). As Babo emphasizes the corporeality of the Spanish through the bones leading the *San Dominick*, boundaries on the ship both reveal themselves and fall apart. The cannibalized figurehead as a relic of the past that doubles as a warning for the future suggests Columbus is but a thinly veiled threat of savagery, cloaked, in this instance, by "canvas wrapped around that part, either to protect it while undergoing a re-furbishing, or else decently to hide its decay" (Melville 38). As an imperial project, the figurehead is both decaying and developing. The ship's trajectory seems less important than its eventual return to origins in which violence is inevitable.

Even before encountering the ship's figurehead and the motives behind it, Delano perceives, also at the hull, how the

San Dominick pairs imperialism and violence: "the principal relic of faded grandeur was the ample oval of the shield-like stern-piece, intricately carved with the arms of Castile and Leon, medallioned about by groups of mythological or symbolical devices; uppermost and central of which was a dark satyr in a mask, holding his foot on the prostrate neck of a writhing figure, likewise masked" (Melville 38). Here, the Spanish coat of arms is flanked by legendary violence, though the identities of both figures, like that of the figurehead, are concealed. Even unmasked, the satyr's identity is ambiguous; *satyr* can have several meanings in addition to its primary mythological definition as being "of a class of woodland gods or demons; in form partly human and partly bestial, supposed to be the companions of Bacchus" ("Satyr"). Satyr can also be a pun on the word "satire" or "a kind of ape," both of which carry implications for Delano[5] and Babo[6] ("Satyr"). Melville modifies the confusing tableau when violence erupts on the *San Dominick*: Cereno takes the central position as the bleached symbol of Spain, and as Delano takes the position of the "dark satyr," Babo becomes the "writhing figure, likewise masked." The mix of pronouns and limbs makes these designations difficult to distinguish, but as hinted by the stern-piece's decay, Melville suggests that the violence has left Spain behind and repositioned power in the disordered and delusional hands of Delano and the United States.

Many critics have read *Benito Cereno* as a direct allegory for slave revolt in the American South,[7] despite the novella preceding the Civil War by half a decade. While Melville prefigures the violence that will soon descend upon the United States, he points to the past to anticipate the future. Melville's characterization of Delano as a more sympathetic Columbus revises the United States' national project. As the terror underlying *Benito Cereno* relies on

---

5 "The benevolent American, self-satisfied and of good conscience, appears oblivious to the end to the meaning of Babo's terror and to the murderous satire contained in Melville's symbolic gesture". (Sundquist 137)

6 "This representation of black subjectivity transforms the black from material object into animate subject; it makes him a 'man' and not a 'baboon'". (Rebhorn 170)

7 See Rogin's *Subversive Genealogy: The Politics and Art of Herman Melville*.

dramatic irony and Delano's foolishness, so too does Irving's *Life and Voyages of Christopher Columbus* depend on Columbus' incredible confusion. Irving's conclusion to his biography, while emphasizing the enormity of Columbus' discovery, portrays the explorer as dimwitted until the very end. Despite this damning portrayal of Columbus as an idiot savant, Irving's biography functioned only to further Columbus fever. Irving detailed the consequences of Columbus' ineptitude throughout four volumes, but still Columbus survived his *Life and Voyages* and emerged as the United States' champion. *Benito Cereno* pursues Irving's project a step further, revealing the danger of valorizing conquest and imperialism. Though Columbus describes cannibalism as a tool for revenge, *Benito Cereno* suggests cannibalism as a corollary of slavery and erodes any distinction between the two. Cannibalism is, ultimately, inscribed upon the body, and Melville's reanimation of Columbus as the clueless Delano reveals the danger and ignorance underlying imperialism. The rudimentary yet dominating reading of Delano as the New World, Cereno as the Old World, and Babo as the wronged native illuminates the United States as blindly arrogant. For Melville's contemporary reader, though, the United States moves forward, unscathed.

Works Cited

Anderson, Mark C. "Stolen Flesh, Borrowed Fresh: Herman Melville's *Benito Cereno* Deposition." *Canadian Review of American Studies* 28.1 (1998): 63-78.

Arens, W. *The Man-Eating Myth: Anthropology & Anthropophagy*. Oxford UP: New York, 1979.

Beecher, Jonathan. "Echoes of Toussaint Louverture and the Haitian Revolution in Melville's 'Benito Cereno.'" *Leviathan* 9 (2009): 43-58.

Blum, Hester. *The View from the Masthead: Maritime Imagination and Antebellum American Sea Narratives*. Chapel Hill: UNC Press, 2008.

Columbus, Christopher. *The Four Voyages*. Trans. J. M. Cohen. New York: Penguin, 1969.

Delano, Amasa. "A Narrative of Voyages and Travels, in the Northern and Southern Hemispheres: Comprising Three Voyages Round the World, Together with a Voyage of Survey and Discovery in the Pacific Ocean and Oriental Islands." *Benito Cereno*. Ed. Wyn Kelley. Boston: Bedford/St. Martin, 2008. 109-141.

Delbanco, Andrew. *Melville: His World and Work*. New York: Knopf, 2005.

Irving, Washington. *Life and Voyages of Christopher Columbus*. London: J. Murray, 1830. PDF e-book.

Kaplan, Sidney. "Herman Melville and the American National Sin: The Meaning of Benito Cereno." *The Journal of Negro History* 42.1 (1957): 11-37.

Larner, John P. "North American Hero? Christopher Columbus 1702-2002." *Proceedings of the American Philosophical Society* 137.1 (March 1993): 46-63.

McElroy, John Harmon. "The Integrity of Irving's Columbus." *American Literature* 50.1 (March 1978): 1-16.

Melville, Herman. *Benito Cereno*. Ed. Wyn Kelley. Boston: Bedford/St. Martin, 2008.

Rebhorn, Matthew. "Minding the Body: Benito Cereno and Melville's Embodied Reading Practice." *Studies in the Novel* 41.2 (2009): 157-177.

"Satyr." *Oxford English Dictionary*. 2nd ed. 1989.

Sanborn, Geoffrey. *The Sign of the Cannibal: Melville and the Making of a Postcolonial Reader*. Durham: Duke UP, 1998.

Sundquist, Eric J. *To Wake the Nations: Race in the Making of American Literature*. United States: Harvard UP, 1993.

DE WASHINGTON IRVING A GERTRUDE V. WHITNEY: UN SIGLO DE RELACIONES CULTURALES ENTRE ESTADOS UNIDOS Y ESPAÑA EN TORNO A LA HISTORIA DEL DESCUBRIMIENTO DE AMÉRICA (1828-1929)[1]

Manuel José de Lara Ródenas
Universidad de Huelva

Puede resultar paradójico que uno de los principales elementos con los que se ha construido en los dos últimos siglos la imagen e importancia histórica de España —el Descubrimiento de América y, específicamente, la personalidad del navegante Cristóbal Colón— no haya sido situado en esa posición emblemática tanto por la obra de los historiadores y hombres de estado españoles como por la reivindicación que a ese respecto hicieron desde el siglo XIX escritores procedentes de otras tradiciones culturales, en especial estadounidenses. Efectivamente, puede afirmarse sin temor a error que, a partir del surgimiento de una visión romántica del Descubrimiento (en la que predominaban sus aspectos más novelescos de aventura y riesgo), se fue formando una conciencia filial en ciertos intelectuales norteamericanos, encabezados por el periodista neoyorquino Washington Irving, que quisieron visitar los lugares donde se gestó la empresa y difundirlos universalmente como una especie de reconocimiento por parte de quienes se comenzaban a considerar sus hijos espirituales.

Quizás la formación del mito descubridor y su incorporación a la simbología española eran procesos reservados en principio a

---

[1] Proyecto de investigación financiado por el Gobierno de España y los fondos europeos HAR2015-63804-P/FEDER: *La vida emocional de las mujeres: experiencias del mundo, formas de la sensibilidad. Europa y América, 1600-1900.*

la Ilustración, momento intelectual al que correspondió la creativa tarea de inventar un proyecto nacional e invocar unos hechos extraordinarios que vinieran a mostrar a los círculos eruditos europeos la existencia en España de un destino histórico y moral de grandes dimensiones. En cierto modo, la Ilustración no faltó a la cita y hubo esfuerzos para contradecir la terrible pregunta que Masson de Morvilliers había hecho en el artículo dedicado a España de la *Encyclopédie méthodique* publicada por Charles Joseph Panckoucke en 1783: "Que doit-on à l'Espagne?", "¿Qué se debe a España?".

Tres años después y ante el auditorio de la Academia de Berlín presidida por Federico II, el italiano Carlo Denina había contestado a esa provocadora pregunta con un largo discurso en francés en que recordaba, entre muchos otros méritos literarios y científicos de España, "la découverte d'un nouvel hémisphere" que "a changé la face du monde ancien", así como la realización de numerosas expediciones marítimas por parte de intrépidos capitanes, "tous Espagnols" (Denina 21, s.). En los últimos años del siglo XVIII, con ésta y otras respuestas, la reivindicación del papel protagonista de España en las empresas descubridoras y el combate contra la leyenda negra se convertirían en ideas germinadoras para cierta parte de la Ilustración española (en particular, la relacionada con la Marina y los estudios navales) interesada en montar una Historia nacional fecunda y creativa. De hecho, desde 1792, hubo un plan aprobado y financiado por el Ministerio de Marina español para recopilar, ordenar y publicar toda la documentación generada por los descubrimientos españoles, proyecto de extraordinaria magnitud que, a la postre, condujo a la investigación sobre Palos y La Rábida, enclaves de los que partió el primer viaje colombino, y del que la labor desarrollada más tarde por Washington Irving puede considerarse su consecuencia.

A este respecto, se ha publicado, e incluso existe una placa en bronce que lo conmemora a la entrada del paraje de La Rábida, que Irving fue "el primer escritor en hacer voluntariamente una peregrinación a la cuna de América" (Garnica 7). Tal afirmación, que se ha dado por cierta, procede de la extraordinaria seducción que suele ejercer sobre los lectores el relato de su viaje a Moguer, Palos y La Rábida de agosto de 1828, editado en 1831 en inglés como "A visit to Palos". Esa "peregrinación", como el propio Irving la llama, que le llevó a consultar el archivo del convento en busca de huellas y memorias de Cristóbal Colón y a visitar unos lugares que aún conservaban, aunque sólo para unos pocos, los ecos de los sucesos históricos del Descubrimiento, está contada con tanto tipismo que hoy resulta indispensable a la hora de acercarse a la figura del norteamericano y a los viajes de escritores extranjeros por la Andalucía romántica. Sin embargo, el gusto de época de ese viaje y el interés que ha suscitado el que lo hizo y lo narró no deben confundirnos: no fue Washington Irving el primero que fue a La Rábida, Palos y Moguer a conocer los sitios y examinar los archivos, porque trece años antes, en 1815, ya lo hizo otro escritor de innegable relevancia intelectual: el ilustrado gaditano José de Vargas Ponce (Lara 78).

Es cierto que, con anterioridad al siglo XIX, los lugares donde se discutió, se preparó y se hizo a la mar el primer viaje colombino no estaban fijados de manera apreciable en la memoria histórica o sentimental de quienes habían tratado sobre la empresa descubridora, y ni siquiera entre los habitantes más cultivados del entorno se esgrimían aquellos hechos con particular orgullo ni estimación. Al menos en la intención, esa realidad comenzó a cambiar, si queremos proponer una fecha concreta, el 7 de septiembre de 1789, día en que Vargas Ponce presentó al gobierno español un *Plan para escribir la historia de la Marina*, junto con una *Propuesta de una colección de viajes españoles*, lo que, después de algunos retrasos y vacilaciones, sería aprobado el 16 de agosto de 1792 por el ministro de Marina Antonio Valdés (Durán 26). A pesar de las apariencias, la fecha (13 días después del tercer centenario de la salida de las naves descubridoras) era completamente casual.

Por los vaivenes del respaldo político y económico y por la propia envergadura del proyecto, la realización de la Historia de la Marina fue prolongándose en el tiempo de una manera bastante asistemática, aunque desde 1798 puede decirse que se pusieron manos a la obra definitivamente José de Vargas Ponce y sus colaboradores Martín Fernández de Navarrete y Juan Sans de Barutell. Registrando minuciosamente los archivos de numerosas poblaciones, del proyecto en marcha colgarían muchos manuscritos y apuntes que Vargas, grafómano incansable, iba adelantando como partes de un todo, generando, como resultado más visible de su trabajo, una masa de documentación extremadamente copiosa. Fue en el contexto de este trabajo en el que, en 1815, José de Vargas Ponce emprendió viaje a La Rábida, Palos y Moguer, a fin de consultar sus archivos y completar la biografía —hasta entonces inexistente— de Cristóbal Colón.

Todo esto lo sabemos por sus propias palabras, pues en carta a Martín Fernández de Navarrete, enviada desde Sevilla en 1815, afirmaba lo siguiente: "Registré la Rábida con harto fruto para Colón, cogí a la ida una herida de burra de que al cabo de dos meses me resiento todavía, aunque no apareció sino un gran cardenal junto al papa. Esto no impidió completar mi expedición en Moguer" (Cit. en Durán 126). A pesar —o por causa— de la exhaustividad y entusiasmo de sus investigaciones, la Historia de la Marina y, en concreto, la Vida de Colón no llegaron nunca a ver la luz como tales. A su muerte en Madrid, en 1821, sus papeles fueron repartidos entre los archivos navales y la Academia de la Historia, labor en la que Martín Fernández de Navarrete, amigo y compañero de proyecto, cumplió un papel determinante respecto a la clasificación y ordenación de los fondos.

Navarrete fue quien con mayor empeño había compartido el interés del gaditano por la historia naval de España y quien en lo sucesivo llevó hacia delante el propósito de realizar la Historia de la Marina, publicando en cinco tomos en la Imprenta Real, entre 1825 y 1837, la *Colección de los viajes y descubrimientos que hicieron por mar los españoles desde fines del siglo XV*, obra que, a pesar de su extensión, sólo contenía esencialmente una recopilación documental. Fueron los dos primeros tomos de la *Colección de viajes* de Martín Fernández de Navarrete, que aparecieron en 1825 y que albergaban el diario de Colón y otros documentos del genovés, los que constituyeron el hilo conductor destinado a enlazar el trabajo de Vargas con la obra posterior de Washington Irving y el punto de partida que acabaría haciendo que, en 1828, el periodista estadounidense realizara el mismo viaje a los lugares colombinos que en 1815 había hecho el ilustrado gaditano. Porque fue precisamente con el cometido de traducir al inglés los volúmenes de Navarrete para lo que Washington Irving llegó a España por primera vez en febrero de 1826.

En cualquier caso, era evidente que el estadounidense, que había estudiado español para acercarse a la literatura hispana, no podía encontrar nada sugestiva la traducción de unos tomos llenos de transcripciones de documentos escritos en un lenguaje ya arcaico, y que no encontrarían una buena acogida entre un público lector medio, y sustituyó la idea inicial por la redacción de la pendiente Vida de Colón, a la que ni José de Vargas Ponce ni Martín Fernández de Navarrete habían terminado de dar forma. De esa manera, como diría Irving, "una historia fielmente compuesta de estos materiales llenaría un vacío en la literatura y sería para mí ocupación más satisfactoria, y para mi patria más útil que la traducción que antes me había propuesto hacer" (Irving, *Historia* 21).

Y así nació el proyecto de Washington Irving de escribir la biografía de Cristóbal Colón, pilar básico en la puesta de moda del personaje en el transcurso del siglo XIX. Con pulso de investigador paciente en archivos y bibliotecas, pero sin olvidar su temperamento de periodista, el estadounidense fue componiendo su libro a partir de los fondos que fueron inmediatamente puestos a su disposición. Estaba claro que el camino trazado entre los trabajos de Vargas Ponce y Fernández de Navarrete y el de Washington Irving era directo y notorio y que todos los esfuerzos convergían. Irving, como periodista, fue desde luego mucho más resolutivo que Vargas y Navarrete y en poco más de un año culminó su biografía. En 1827, estando en Madrid, firmó la introducción de su obra y en 1828, en doble edición de Nueva York y Londres, publicó *Life and Voyages of Christopher Columbus*, biografía romántica que popularizó primero en inglés —y más tarde en casi todas las lenguas occidentales— la figura del descubridor de América.

Por la curiosidad que sin duda le despertó la redacción de la obra y por su deseo de continuar la labor con la publicación de otro libro dedicado a los compañeros de Colón y otros descubridores, entre ellos Vicente Yáñez Pinzón y Pedro Alonso Niño, pronto albergó la idea de hacer un viaje de visita y consulta a aquellos lugares donde se gestó la aventura del Descubrimiento. Fue en agosto de 1828, en el peor momento para recorrer Andalucía, cuando Washington Irving decidió viajar a Moguer, Palos y La

Rábida para cumplir un deber de historiador, de periodista y de americano. La gestación de la idea de ese viaje la contaría él mismo al inicio del consiguiente relato:

> Durante mucho tiempo había soñado con esta excursión como si se tratara de un piadoso deber, e incluso de un deber filial, que como americano tenía que cumplir, y esta intención mía se hizo más apremiante cuando me enteré de que muchos de los edificios que menciono en mi *Historia de Colón* todavía permanecen casi en el mismo estado en que se encontraban cuando Colón estuvo en Palos, y que los descendientes de los antiguos Pinzones, que lo ayudaron con barcos y dinero y lo acompañaron en el admirable viaje del Descubrimiento, todavía florecen en aquellos lugares. (Irving, "Mi visita" 210)

No sabemos si Irving conocía los detalles y resultados del periplo en burra que había hecho Vargas Ponce trece años antes. Aunque Navarrete pudiera haberle comentado la decrepitud de muchos de los emplazamientos que visitó su amigo, el relativo olvido de los hechos colombinos entre los naturales de aquellos pueblos y la inexistencia en sus archivos de documentación relevante en torno a las materias que le interesaban, parece que la curiosidad y el "deber piadoso y filial" del periodista estaban dispuestos a sobreponerse a todo. Para hacer el viaje, a diferencia de Vargas, Irving alquiló una calesa, iniciando el recorrido el lunes 11 de agosto. A causa del calor de la estación, por lo general hizo los trayectos principales por la mañana o ya avanzada la tarde, parando a comer, descansar y dormir en las ventas y posadas del camino. En Moguer trató conocimiento con Juan Hernández Pinzón, gran terrateniente y cabeza visible de la familia heredera de los navegantes que viajaron con Colón, que le sirvió de anfitrión para visitar luego Palos y el convento de La Rábida.

No encontrando documentación ni especiales referencias históricas, es obvio que Irving se sintió desilusionado por el resultado de su visita de investigación al convento y por la indiferencia de los habitantes del entorno con respecto a los sucesos del Descubrimiento. En realidad, como advierte el neoyorquino en el mismo relato con decepción, "la biblioteca se reducía a unos escasos volúmenes de temas eclesiásticos, amontonados en desorden en la esquina de una sala abovedada y tristemente cubiertos de polvo" (224). Lo único aprovechable que obtuvo de su visita fue la sugestión de los recuerdos allí densamente acumulados y la vista que desde lo alto del convento se extendía sobre los ríos y sobre el pinar que rodeaba el promontorio de La Rábida, que al escritor le pareció "melancólico".

Tampoco en Palos encontró Irving lo que buscaba, pese a lo cual, en lo romántico y en lo sentimental, bien puede decirse que vio colmadas sus aspiraciones. Los frutos intelectuales del viaje, por su parte, serían varios. La segunda edición de la biografía de Colón apareció corregida con algunos pormenores extraídos de su visita y, lo que es más relevante, el escritor dio forma a sus recuerdos y a las anotaciones recogidas en su diario en un relato redactado a finales de septiembre de ese mismo año. El escrito apareció como apéndice a *Voyages and Discoveries of the Companions of Columbus*, publicado en 1831 a la vez en Filadelfia y Londres, y fue traducido al español por primera vez por Fernández Cuesta en 1854.

Ese breve relato era colateral a las verdaderas intenciones historiográficas de Irving, pero comenzó a dotar al nombre de La Rábida de una aureola conmemorativa que hasta entonces no tenía, al menos de momento entre los lectores de lengua inglesa. Ya desde 1828 numerosos periódicos de Estados Unidos reprodujeron capítulos enteros de la biografía de Colón (por ejemplo, el *Carolina Sentinel* de Newbern y *The Journal* de Salisbury) y las imágenes de los espacios vinculados al Descubrimiento alcanzaron una creciente repercusión. En 1831, como ilustraciones a la edición londinense de *Voyages and Discoveries*, aparecieron dos grabados de La Rábida y de Palos firmados por Edward Finden y tomados de apuntes del natural de Ignacio Wagner, que tuvieron lógica difusión. En el de Palos se basó el célebre pintor William Turner para realizar unos dibujos a lápiz y acuarela que se publicaron en 1834 en la segunda edición del libro *Poems* de Samuel Rogers, acompañando al poema "El viaje de Colón", y en ese mismo año está fechado el cuadro *Colón en el convento de La Rábida* de David Wilkie, amigo de Irving en España, que cuelga hoy en el North

Carolina Museum of Art (Gozálvez 12 y s.). Wilkie pintó incluso un óleo, actualmente en el New Walk Museum and Art Gallery de Leicester, en el que Washington Irving aparece consultando un legajo en un convento y, aunque a veces se ha tratado de ubicar el espacio en un archivo sevillano, bien puede ser una representación imaginaria de su visita a La Rábida. Desde entonces, en todo caso, las pinturas y los grabados del convento se harían más frecuentes y tanto en libros como en prensa irían apareciendo con alguna regularidad.

La misma celebridad fueron alcanzando los lugares colombinos entre los escritores anglosajones. Ya de entrada, a principios de la década de 1830, Moguer, Palos y La Rábida fueron visitados por Richard Ford, que, en su *Manual para viajeros por España y lectores en casa* de 1845, menciona brevemente a Washington Irving y sus escritos acerca de los descubridores (195 y s.). Más elocuente fue Robert Dundas Murray, que en su libro *The Cities and Wilds of Andalucia*, da cuenta de que en 1846 o 1847 visitó la casa de Juan Hernández Pinzón y de cómo, fallecido ya éste (pues murió en 1836), su viuda lo recibió la noche de su llegada. Fue su hijo Ignacio quien sirvió esta vez de anfitrión, emulando lo que había hecho su padre casi dos décadas antes con Irving y mostrándole el relato de su visita, pues dice Murray que "fue bajo el techo de los Pinzones donde por primera vez leí la narración de su amistad con la familia, y su descripción de sus respectivos miembros, a los que, debo añadir, se dirigía con sentimientos de agradecimiento y orgullo" (cit. en López-Burgos 68). Ignacio Hernández Pinzón le acompañó a visitar los monumentos de Moguer, Palos y La Rábida, e incluso cabalgó con él para que conociera las minas de Riotinto. Murray, en los lugares colombinos, recorrió paso por paso los mismos sitios en los que había estado Irving, aunque en esta ocasión La Rábida era un edificio vacío y abandonado, toda vez que la comunidad del convento había quedado extinguida por Real Orden de 25 de julio de 1835.

En aquellos años, sin embargo, La Rábida se había convertido en destino de viajeros que, siguiendo los pasos de Irving, acudían al ex convento para conocer los espacios en los que se había gestado el Descubrimiento de América. De aquellos visitantes románticos, seducidos por los hechos históricos tanto como por los relatos del neoyorquino, resultó una reivindicación que se saldó con dos restauraciones del edificio, la de 1855 y la del Cuarto Centenario, y con la construcción de una columna monumental que, al cabo de unas décadas, iba a servir de referente a otro estadounidense, el abogado William H. Page, para engendrar una idea: la de levantar en Palos, presidiendo el sitio del que surgieron las naves descubridoras, un monumento definitivo a la memoria de Cristóbal Colón.

Page, sensibilizado con los hechos del Descubrimiento de América, cosa que probablemente había heredado de su familia en Nueva Jersey (pues no en vano su padre se llamaba Thomas Columbus Page), había visitado Palos durante diez días en 1917. Nueve años más tarde, en 1926, en carta a su amigo Thomas J. Regan, aludía al monumento que ese mismo año la escultora neoyorquina Gertrude V. Whitney había realizado en St. Nazaire, en la costa francesa del Loira, en homenaje al desembarco de las tropas estadounidenses en la Primera Guerra Mundial (destruido en la Segunda y reconstruido actualmente): "Cada vez que veo una foto del monumento de la señora Whitney en St. Nazaire me pregunto por qué los americanos no piensan en una idea parecida para Colón en Palos" (cit. en Márquez 35).

No fue Page, sin embargo, sino Alexander P. Moore, que había sido embajador de Estados Unidos en España, el que hizo pública la decisión de llevar a cabo la realización del monumento. Fue en un discurso pronunciado en Filadelfia con ocasión del banquete conmemorativo del Spanish Day, 12 de octubre, reseñado por *ABC* de Madrid el 5 de noviembre de 1926. Aunque se presentaba como un regalo a España del pueblo norteamericano, la intención no era abrir una suscripción pública para financiar la obra, porque en principio iban a sufragarla los propios Moore y Page y el coronel Thomas H. Birch, que eran las personas más comprometidas con la idea. Luego, la magnitud y el coste del monumento rebasarían las primeras intenciones.

Semanas después se crearía la Columbus Memorial Fund., corporación creada *ex profeso* para gestionar la realización del monumento y que estaba presidida por el ex embajador Alexander P. Moore. En la junta directiva se reunían no sólo las personas directamente interesadas en el proyecto (como el presidente de la Orden de los Caballeros de Colón con sede en Oregón), sino algunos de los apellidos más relevantes del tejido financiero de Nueva York e incluso el propietario del *The New York Times*, periódico que iba a encabezar la campaña mediática en su apoyo. Ya en ese momento era notorio que, por la envergadura de la obra, iba a necesitarse una suscripción especialmente dirigida a las mayores fortunas de Nueva York, así que, para poder canalizarla, la Fundación estableció sus oficinas en la Trust Company of North America, una poderosa organización bancaria que se haría cargo de todo el dinero recibido.

A la presentación pública de la Fundación acudieron los principales periódicos de Nueva York y las agencias de noticias. Ante ellos, el presidente Moore pronunció un nuevo discurso y recordó —como recogería *ABC* el 14 de enero de 1927— "que, en honor de Colón, se llama Columbia el distrito federal donde se fundó la ciudad de Washington, capital de los Estados Unidos, como se llaman Columbus más de cuarenta poblaciones en toda esta República, incluso la capital del Estado de Ohio. Y con el nombre de Columbia se bautizó la más célebre Universidad norteamericana, como se le dio el de Columbus Circle a la más importante plaza de Nueva York, y de Columbus también a una de sus más populosas avenidas. Tres estatuas de Colón se alzan en Nueva York, y numerosas en los restantes Estados". Para entonces, y tal como William H. Page había sugerido el año anterior, estaba claro que el proyecto recaería en la escultora Gertrude V. Whitney, una artista perteneciente a una de las familias neoyorquinas más influyentes, discípula de Rodin, y que en los Estados Unidos y en Europa (especialmente en Francia) había alcanzado un notable prestigio. El 17 de marzo de 1927, la escultora llegó a Huelva para examinar el emplazamiento. En declaraciones a *Diario de Huelva*, Whitney expresaba que la elección del lugar donde debía erigirse el monumento (finalmente Huelva y no Palos), había sido decisión enteramente suya (Segovia 37).

Dos años, a partir de entonces, duraría la realización y el levantamiento del monumento a Colón en Huelva, regalo a España del pueblo norteamericano. Por fin, el 21 de abril de 1929, un día de vendaval de lluvia y viento, se inauguraría la obra en presencia del jefe de gobierno español, culminándose, en forma escultórica, un siglo de relaciones culturales entre los dos países con el telón de fondo de la historia del Descubrimiento de América.

BIBLIOGRAFÍA

Denina, Carlo. Réponse à la question Que doit-on à l'Espagne? Madrid: Imprenta Real, 1786.
Durán López, Fernando. *José Vargas Ponce (1760-1821). Ensayo de una bibliografía y crítica de sus obras*. Cádiz: Universidad de Cádiz, 1997.
Ford, Richard. *Manual para viajeros por Andalucía y lectores en casa*. Madrid: Turner, 1988.
Garnica, Antonio, ed. *Washington Irving y los lugares Colombinos*. Huelva: Diputación Provincial de Huelva, 2001.
Gozálvez Escobar, José Luis, dir. *Turner Tables*. Centro de Recepción y Documentación del Puerto de Huelva. 2013.
Irving, Washington. *Historia de la vida y viajes de Cristóbal Colón*. Trad. José García de Villalba. Madrid: Imprenta de José Palacios, 1833.
---. "Mi visita a Palos". *Washington Irving y los lugares Colombinos*. In Garnica 209-237.
Lara Ródenas, Manuel José de. "El largo recorrido de un proyecto ilustrado. Los viajes colombinos de José de Vargas Ponce y Washington Irving". *De Colón a la Alhambra: Washington Irving en España*. Eds. Antonio Garnica Silva, et al. Sevilla: Universidad Internacional de Andalucía, 2014. 77-113.
López-Burgos, María Antonia. *Huelva, la orilla de las tres carabelas. Relatos de viajeros de habla inglesa. Siglos XIX y XX*. Sevilla: Junta de Andalucía, 2009.
Márquez Macías, Rosario, ed. *Huelva y América. Cien años de Americanismo. Revista "La Rábida" (1911-1933)*. Sevilla: Universidad Internacional de Andalucía, 2012.
Segovia Azcárate, José María. *Huelva y su monumento a Colón*. Huelva: Cámara Oficial de Comercio, Industria y Navegación de Huelva, 1986.

NORTEAMÉRICA Y SUS MUJERES EN LA OBRA DE EMILIA SERRANO, BARONESA DE WILSON (1834-1923)[1]

María Luisa Candau Chacón
Universidad de Huelva

Introducción: el personaje

Conocida por cierta prensa como "la peregrina española", y manteniendo en la mayoría de sus escritos el apellido aristocrático de su primer marido, Emilia Serrano, baronesa de Wilson, fue la primera mujer en recorrer en solitario el continente americano de sur a norte, en el último tercio del siglo XIX. Viajera, pero también en cierto modo antropóloga, admiradora de los trabajos de Humboldt, inició su periplo en 1865. En seis ocasiones y durante treinta años atravesaría el Océano para descubrir por sí misma las *maravillas* que desde niña había imaginado en sus charlas con el viejo Máximo, un personaje que sus primeras obras sitúan en sus veranos en el norte de Italia (*América y sus mujeres*, 1890). En ellas comenzaría a amar a América, en su versión idealizada de naturalezas salvajes, conquistas, héroes y guerreros; pero también empatizando con la población autóctona sometida, y celebrando su no tan lejana independencia (*América en fin de siglo*, 1897). Sobre las tragedias de su vida y sus pérdidas familiares (de marido e hija) ya se ha escrito; sobre su posible romance con el escritor Zorrilla también; asimismo en relación con sus obras de viajes;

---

[1] Trabajo realizado al amparo de los proyectos de proyecto de I+D HAR 2012 /37394 (MINECO): *Las mujeres y las emociones en Europa y América: discursos, representaciones, prácticas. Siglos XVII-XIX.* Y HAR 2015-63804-P (MINECO): *La vida emocional de las mujeres: experiencias del mundo, formas de la sensibilidad. Europa y América, 1600-1900.*

en mayor medida de las correspondientes a la antigua América hispana y portuguesa; pero poco o muy poco sobre la parte norte del continente (véase bibliografía).

Su interés por la educación de las mujeres, manifiesto en obras como *Las perlas del corazón* (1ª edición de 1876), —en general en todas— me llevan a definirla como escritora feminista moderada en una España conservadora. Tal proyección —como escritora de literatura de viajes y de textos que ella misma define como "feministas"— ha generado este trabajo, cuyo objetivo es cruzar ambos caminos: Norteamérica y sus mujeres, en la obra de la "baronesa". Y, en ella, Estados Unidos, una nación definida como la más avanzada del mundo.

Las mujeres de Norteamérica: el triunfo de la civilización

Las referencias a las mujeres norteamericanas contienen en su mayoría valoraciones positivas. Implicada en elevar la educación de las mujeres —su "apostolado de la ilustración"— y admiradora del nivel de instrucción que creía ver en los Estados Unidos, era de esperar que ambas connotaciones se reflejasen en su estimación. Salvo en una cuestión: la expansión de la Iglesia de los mormones y su infravaloración de las mujeres. Con todo, sus escritos, finalizando el XIX, comenzando el XX, avisaban de los peligros de la profesionalización femenina si ella comportaba dejaciones en el hogar.

Comencemos por la educación. Partiendo de los modelos prusianos —tan alabados por la baronesa— las reformas pedagógicas efectuadas tiempo atrás por el educador Horace Mann, senior (1796-1859, considerado padre de la educación pública estadounidense), iniciadas en Massachusetts y extendidas prácticamente por la totalidad del país, abrieron el camino de las escuelas normales y de la renovación de la enseñanza. Alabado por Emilia Serrano, el personaje realmente respondía a sus elogios. Defensor de una enseñanza pública, de su financiación estatal, de la abolición de los castigos físicos y de la mezcla de clases sociales desde la infancia, su figura fue pronto encumbrada, pese a las críticas de sus detractores. En lo que aquí respecta, las menciones de la baronesa lo incluyen, no en su literatura de viajes, sino en la ya citada *Las perlas del corazón*, en referencia a los beneficios de la educación y al reconocimiento de sus méritos y promotores ("la trascendencia de la instrucción pública es ya reconocida y respetada en todas las naciones", *Las perlas del corazón* 179); razón por la cual en Boston —describía— se podía contemplar una estatua en su memoria. Sin más referencias al pedagogo, sabemos que sus escuelas normales fueron, con el tiempo, centros de formación de maestras, profesión más extendida entre las mujeres "ilustradas" norteamericanas. En el pensamiento de la escritora, sin embargo, intuimos su objetivo: la preparación de las mujeres en las escuelas pasaba claramente por la existencia de reformadores interesados por la educación popular: "Mencionar todas las escuelas, colegios, institutos, galerías de dibujo y de música, para el estudio y la enseñanza, ocuparía demasiado espacio; pero sí diré que los hay para negros y para blancos, para protestantes y católicos" (*América y sus mujeres* 437).

La segregación no extrañaba a la escritora: justamente su mención parecía demostrar cierta admiración, más por la cantidad y su especificidad (había ofertas de todos gustos) que por su cualidad. Sin referir número o características de las escuelas para niñas, las posibilidades de educación lo fueron indirectamente. Las mujeres norteamericanas sobresalían, en su opinión, por encima de los hombres ("en el Norte de América, en el país más civilizado del mundo moderno, donde la mujer vale más, mucho más que el hombre, por su educación y sus conocimientos", *Las perlas del corazón* 50) y el listado de las célebres (a la manera de las recopilaciones clásicas) incluía literatas, matemáticas, periodistas, poetisas y defensoras de los —algunos— derechos de la mujer. Entre estas, la baronesa admiraba a Sarah Josepha Buell (Mistress Hale, 1788-1879), editora de revistas de moda femenina y de consejos de orden moral, que si bien defendió a lo largo de su vida la educación superior de las mujeres y la creación de universidades para ellas, se mostró contraria al voto, posición que Emilia Serrano silenciaba o ignoraba;[2] Eliza Farnharm (1815-1864), comparable, por su labor asistencial en hospicios y cárceles, a su tan admirada Concepción Arenal, "que estudió la medicina para ventaja de su sexo" (*América y sus mujeres* 441). La historiadora Elizabeth Fries Lummis Ellet (1818-1877), mencionada como Miss Ellet, autora de una célebre recopilación de las mujeres que participaron en la Guerra de la Independencia de Los Estados Unidos (editada en 1848), cuya vida (y ciertos escándalos que le acompañaron) desconocía o callaba Emilia Serrano,[3] o la creadora de *La cabaña del tío Tom*, Stowe Beecher, quien le despertaba una profunda admiración.[4] Espacio particular merecían las fundadoras de escuelas, estudios o universidades; como la inglesa Elizabeth Blackwell (1821-1910), considerada primera mujer en graduarse y ejercer oficialmente la medicina, creadora de la Academia de Medicina para la mujer, en Nueva York, 1856 (Iglesias Aparicio, 2003), ejemplo de talento y modelo de mujeres con afán de aprender. Su vida demostraba —argumentaba la baronesa de Wilson— la ausencia de techo en el aprendizaje femenino. Con ella la autora elogiaba al país: "¡bendigo a los países que están a esa altura y son ajenos a rancias preocupaciones!".[5]

La baronesa se detenía en las mujeres que ejercieron de periodistas. Sabido es su uso para anunciar viajes y estancias. Asimismo, su conocimiento del medio y de su poder —colaborando con muchos periódicos americanos y europeos— le llevaría a recurrir a la prensa, tanto para denunciar situaciones, editar cuentos y pensamientos como para reclamar acciones que consideraba

---

2 Escritora norteamericana, de quien Emilia Serrano confunde su fecha de nacimiento (1788 y no 1790), sería la primera mujer editora de revistas (*Ladies' Magazine*). Promotora del día de acción de gracias, y de la reubicación de los esclavos en Liberia

3 A destacar un episodio de correspondencia amorosa y retos incluidos, en el que se vería envuelta junto con Frances Sargent Osgood con E. A. Poe en el centro.

4 "Aquel libro es inmortal, porque fue la mecha encendida, aplicada a la mina, para la destrucción de la esclavitud; ¡qué páginas! la Humanidad debe eterna gratitud a la hija ilustre del Estado de Connecticut, donde nació en 1814" (*América y sus mujeres* 441).

5 "... pues instruida en aquella ciencia por lecciones particulares, que obtuvo de grandes profesores, demostró con su ejemplo que la mujer de talento podía aspirar a seguir carreras científicas y que esto redundaba en favor de su sexo" (Ibídem).

necesarias. Ya en *Las perlas del corazón*, había reclamado su ayuda para erradicar situaciones injustas (casi siempre identificadas con las civilizaciones musulmanas del Oriente medio) y para elevar el nivel de instrucción de las mujeres: "Contra esta abyección no hay más remedio que la educación de la mujer; para que la educación sea un hecho es necesario que la prensa hable, y que donde quiera que haya un oído benévolo se oiga la voz de la ilustración de la mujer" (*Las perlas del corazón* 50).

La prensa era parte de su mundo y de sus conocimientos, y junto con sus viajes le conectaba con las experiencias y la vida exterior. De la prensa había recibido alabanzas en su juventud (al realizar veladas literarias en donde leía poemas y cánticos, como la *Oda a las Artes* en el Liceo, con feliz crítica en el periódico Época), y por la prensa se enteraba de asuntos que quizás le concernieran más íntimamente de lo que revelara: de la vida de Zorrilla en México, por ejemplo (*América y sus Mujeres* 18). Por eso admiraba el papel de las norteamericanas en su oficio. No sólo escritoras, también editoras y fundadoras de periódicos, cuyos datos obtenía de lecturas (en mi opinión también de la prensa)[6], y de charlas con amigos; así, sería en Nueva York, donde en paseos con uno de ellos, mencionado como "doctor alemán", conocería las imprentas de los más prestigiosos periódicos. El *Herald*, el *Times*, el *World*, *La Tribuna*, el *Sun*[7] constituían, según sus palabras, el motor de la República; y otros semanarios, bisemanarios o ediciones periódicas de modas o de publicaciones literarias, que —y ello le asombraba— en ediciones a precios muy reducidos hacían aumentar la tirada y, con ella, su importancia. Aquí las

---

6 Las coincidencias de sus referencias a las mujeres periodistas y editoras en su texto de *América y sus mujeres* con la publicación el 20 de junio de 1888 de un artículo titulado "Women as journalist" son evidentes: *Women as journalist. Local varieties. The Evening Telegram. St. John's. California Digital Newspaper Collection. Healdsburg Tribune. Enterprise and Scimitar.*

7 *The New York Sun* fue el primer periódico en editarse; *The New York Herald*, con trayectoria periodística entre 1835 y 1924; fusionado al *Tribune* en 1924 con el nombre de *The New York Herald Tribune*. Junto con *The New York Times* y *The New York World* fueron los principales periódicos norteamericanos del siglo XIX con importante sección dedicada a los negocios. A comienzos del siglo XX, en torno a 1910, Estados Unidos contaba con unos 2500 diarios. Nueva York marchaba a la cabeza. Véase "Historia de la prensa" de P. Albert y *La República de las letras* Vol. II. coordinado por B. Clark de Lara y E. Guerra.

figuras de la inglesa Elizabeth Mallet (1672-1706) —a quien se le atribuye la edición del primer periódico (The Daily Courant, 1702), y de Margaret Draper,[8] directora, tras la muerte de su esposo (desde 1774 a 1779) del *Massachussetts Gazette and Boston Weekly News Letter*, considerado el más antiguo del país, desplegaban el panel de personajes femeninos célebres. Tras ellas, Ann Franklin, fundadora en 1772 del primer diario de Rhode Island, encargada de su edición diaria, ayudada de sus hijas y de las criadas: una labor como vemos esencialmente femenina. También Elizabeth Timothy y su hermana Ana, en Charleston... y otras tantas no mencionadas por la baronesa.

PROFESIONALIDAD, EMANCIPACIÓN Y FEMINEIDAD DE LAS MUJERES DE ELITE. RECAPITULACIÓN

La labor en la prensa y el poder de estas mujeres de la elite ilustrada, muchas de ellas continuadoras de la tarea de sus maridos al quedar viudas, sirvieron a la baronesa para tratar otros temas de interés. Obviando pronunciarse acerca de su personalidad, como de su femineidad —condición esencial en su mujer imaginada— trasladará al lector las referencias en forma de diálogo y no será ella —no directamente— quien nos transmita su opinión. Su mencionado "doctor alemán" planteará la comparación entre las mujeres hispanoamericanas y las de los Estados Unidos, decantándose por las primeras "para la vida doméstica". La voz del varón las prefería, considerando el poder de las norteamericanas en el seno del hogar y, de paso, una "excesiva" implicación del hombre en los asuntos cotidianos. En tono de burla e irónico, la autora escucha e —imaginamos— sonríe:

—La mujer americana es un ser aparte y distinto en todo de la mujer hispanoamericana.

---

8 Debió ser común, considerando que Margaret se había casado con su primo, asimismo trabajador en la imprenta de su padre. Por lógica debía de continuarle (Thomas).

—Estoy conforme, doctor; ¿pero cuál es la mejor para la vida doméstica?
—¡Ah! no quiero herir susceptibilidades —respondió el doctor riéndose— Eso ya es harina de otro costal. Vea usted —me dijo en aquel momento, señalando a un hombre joven y decentemente vestido que llevaba un niño en los brazos. Vea usted: el marido carga con la criatura y la mujer va detrás mirando los escaparates; esto es muy elocuente. La mujer americana, y salvo excepciones, manda, ejerce verdadero dominio. Además, tiene gran libertad de acción, que chocaría en países hispanoamericanos.
—Aquí —dije yo— goza la mujer de grandes prerrogativas y disfruta de ellas para ensanchar su porvenir. En el comercio, en las oficinas, en la Prensa, en las Universidades, en todas partes tiene entrada y encuentra respeto y consideración.

Pero el doctor, como varón, añadirá más adelante:

—"Sin embargo —añadió— las hispanoamericanas son menos varoniles, más dulces y amorosas; como compañeras en el hogar, las prefiero".

Ante tales preferencias, la baronesa —nos cuenta— callará; así leemos a continuación: "no quise profundizar más en la cuestión y me reservé mis impresiones" (*América y sus mujeres* 441). Unas impresiones que tampoco brinda al lector, que debe combinar la imagen trazada en los textos de la escritora y que —intuimos— no variaba mucho de la de su interlocutor.

Femineidad, familia y emancipación: en el planteamiento de la escritora habría de encontrarse su conciliación. La independencia atribuida a las norteamericanas —como a los porteñas de Buenos Aires— chocaba con su visión de la dicha doméstica cuando aquella descuidaba o abandonaba los valores que el discurso ideológico europeo y occidental otorgaba a la mujer: la sensibilidad, ensalzada en la maternidad. Como ejemplo, sus impresiones sobre la conocida editora Victoria Woodhull, directora del periódico semanal *Woodhull y Clafiere, Weekly* (iniciado en 1870) y célebre escritora, sufragista y de pensamiento demasiado liberal para Emilia Serrano. La ausencia —en su opinión— de valores familiares, de la experiencia de la maternidad, como su defensa de la igualdad (en oficios y ministerios) de género conformaba una personalidad distante a la pretendida por la baronesa. Su ideal de emancipación nada tenía que ver con las propias de la editora:

> Mucho se habla y se ha escrito referente a la emancipación de la mujer. Al escribir estas líneas tengo delante de mi vista un periódico de los Estados Unidos Woodhull y Clafiere, Weekly; su directora Victoria Woodhull es hermosa, joven y rica; escribe admirables discursos, que lee en el Congreso: posee profunda instrucción; tiene un Banco que dirige con notable acierto y administra su fortuna, por sí propia, aun cuando es casada. Los honores y las distinciones la acompañan por doquier, pero á su diadema de gloria le falta el principal diamante: jamás ha saboreado la dicha de ser madre y tal vez por esto mismo, aboga por los derechos de la mujer hasta colocarla en el puesto del hombre y sin distinciones de estudios, ni costumbres; le falta el lazo que une al esposo con la esposa; la cadena de flores que liga a la casa y la familia. (*Las perlas del corazón* 89)

"Sin distinciones de estudios, ni costumbres": el pensamiento pedagógico y su defensa de las oportunidades de estudio para las mujeres no significaban —para la baronesa— una instrucción igualitaria. Pero era la valoración de la familia —que no encontraba en la sufragista estadounidense— la que primaba. Posiblemente esta fuera la razón por la que Victoria Woodhull no fue contemplada en su listado de mujeres célebres en su obra *América y sus mujeres*, siendo incluida entre los ejemplos de una mal entendida emancipación, en los consejos de sus *perlas del corazón*.

En compensación, las americanas que ensalzaba —como las ilustradas— eran patrióticas y amantes de sus orígenes. En general:

> Generalmente no es ajena la mujer a los grandes sacrificios patrióticos, ni a las convulsiones sociales, y con espíritu resuelto y alma varonil toma parte en las turbulencias nacionales, muy particularmente cuando están en juego los sublimes afectos del corazón. (*Maravillas Americanas* 39)

Por lógica, las figuras a resaltar partían de la familia de Washington: su madre, su esposa... mujeres que hicieron posible la gesta americana pues sin ellas, sin el apoyo familiar, difícilmente pudiera haberse producido. Las madres sufridoras, las esposas valientes, sencillas (que no vulgares), abnegadas... perfeccionaban el modelo recurrente del XIX: y se convertían en "señoras" y ángeles de la caridad. Y ante semejantes virtudes patrióticas, los hijos/esposos entendían su sacrificio; como el creador de la Patria, G. Washington, al despedirse de su madre: "el héroe derramaba lágrimas, apoyado en el hombro de la noble anciana" (*América y sus mujeres* 441).

En su recorrido por la ciudad de Nueva York, la baronesa resaltará las labores de caridad de las damas norteamericanas. Ellas eran caritativas y cuidaban de niños y abandonados en instituciones que destacaban por su pulcritud. Su visita (por tanto su interés) de hospicios y orfanatos le mostraron los empeños, el amor y el cuidado de las señoras en mantener aseadas las casas de beneficencia. En realidad, sólo nos describe una —de financiación protestante— en la Nueva York de fines de siglo, deteniéndose en, de nuevo, una imagen de aseo, blancura y armonía. Nada sabemos sobre su alimentación. En cualquier caso, además, por sus impresiones y por la época, se trataba, incluso en su imagen, de una excepción:

> Una mañana fui con Anita a visitar un hospicio protestante. Siempre he sentido piedad inmensa y más que piedad amargura, recorriendo algún establecimiento de esa clase: por primera vez, no me sucedió lo mismo. Las hermanas afectuosas y amables nos mostraron las grandes salas-

dormitorios: lindas camitas con colgaduras blanquísimas, mujeres cuidadosas, aseadas y bien vestidas, el esmero resaltando en todos los detalles encantaba, seducía, alejando toda idea sombría, todo pensamiento desgarrador. Salí de allí con el corazón gozoso y bendiciendo la caridad ejercida de aquel modo. (*América y sus mujeres* 435)

La importancia de la imagen, de la estética y de la belleza —tan relevantes en la vida de la baronesa (la conservación gráfica del título nos lo ratifica)— culmina en su descripción de paisajes, parques y jardines, por ellos y por los carruajes y hermosas damas que los recorrían. Su tratamiento de Central Park demuestra su interés visual y su recreación en lo hermoso, dándonos una idea superficial del verdadero país. He aquí su recorrido: "A las dos de la tarde estaba el paseo lleno de lujosos carruajes, y era de ver su riqueza, la hermosura de las damas, cubiertas de calientes y sedosas pieles, en las que también se envolvían los cocheros" (*América y sus mujeres* 435). Una escena que reitera en varias obras —*América y sus mujeres*, *Maravillas Americanas*— siempre en el mismo tono, con ciertas variaciones referentes a la hora de los paseos, que se retardaban con el paso de los años: "En cómodo carruaje nos dirigimos a Central Park, precisamente á las cinco y media, hora en que se dan cita en el hermoso paseo las mujeres más ricas, más bellas y más elegantes; en lujosos coches ostentan ese tipo perfecto, tan celebrado por los poetas americanos" (*Maravillas Americanas* 170)

La belleza, siempre presente, como elogio o regalo de la autora a quienes le acogieron en América, se manifiesta continuamente. Si ha de referirse a las esposas de los amigos o políticos lo hará en términos de alabanza a la belleza de la cónyuge: "con su esposa ilustrada, amable, y bella norteamericana, paseé por la población" fueron sus palabras dirigidas a la esposa del embajador ("ministro") de México en Washington (*América y sus mujeres* 445): si ha de hacerlo de las mujeres patriotas, como la esposa de Washington, resaltará sus virtudes pero también su belleza: "hermosísima... dotada de suma prudencia" (*América y sus Mujeres* 442). Bellas, delicadas e instruidas habían sido, también, las jóvenes santiagueñas, chilenas, porteñas o ciertas damas de sociedad, "como cuadra(ba) a la compañera de un mandatario republicano", en referencia esta última a la esposa del presidente de México (*América y sus Mujeres* 414). Porque, en su pensamiento, el poder requería rodearse de estilo y armonía estética.

Las mujeres norteamericanas de Emilia Serrano eran cultas, sabias, pulcras y elegantes; mujeres de elite; porque la sociedad que describía, y en la que se complacía, era la que veían los ojos de quien, conservando gráficamente el título de baronesa, ni podía ni, sobre todo, quería distanciarse de su condición social.

BIBLIOGRAFÍA

Alcibíades, M. "La Baronesa de Wilson en Venezuela: 1881-1882". *Viajeras entre dos mundos*. Ed. S. B. Guardia. Dourados: Editora UFGD, 2012. 343-357.

Alvarez, M. E. "Une voyageuse d'avant-garde aux Amériques: Emilia Serrano, Baronesa de Wilson, et son livre *América y sus mujeres* (1890)". *Nuevo Mundo Mundos Nuevos, Coloquios* (15 de diciembre de 2013). Web.
<https://nuevomundo.revues.org/66115>

Clark de Lara, B. y E. Guerra, coords. *La República de las letras* Vol. II. *Publicaciones periódicas y otros impresos*. México: UNAM, 2005

Correa Remón, A. "El sorprendente caso de la granadina Emilio, o una escritora aventurera del XIX.}". *Renacimiento* 31/34 (2000): 64-66.

---. "Plumas femeninas en el fin de siglo español: del Ángel del hogar a la feminista comprometida". *Ojáncano: Revista de Literatura Española* 18 (2000): 61-96.

---. *Plumas femeninas en la literatura de Granada (siglos VIII-XX): diccionario antología*. Granada: Universidad de Granada, 2002. 418-425.

Chárquez Gámez, R. "La Baronesa de Wilson: colaboraciones en 'La Ilustración Artística' de Barcelona". *Anales de Literatura*

Española 20 (2008): 105-118.
Dowling J. "El canto a América de Emilia Serrano, Baronesa de Wilson". *Monographic Review* XII (1996): 73-83.
Enkinswood, J. "Emilia Serrano, Baronesa de Wilson". *Spanish Women Travelers at Home and Abroad, 1850-1920. From Tierra del Fuego to the Land of the Midnight Sun*. Lewisburg: Bucknell U P, 2013.
Ferrús Antón, B. "Emilia Serrano, Baronesa de Wilson, y la literatura de viajes: Maravillas americanas y América y sus mujeres". *Cuadernos de Ilustración y Romanticismo* 17 (2011). Web.
< http://revistas.uca.es/index.php/cir/article/view/1591>
---. *Mujer y literatura de viajes en el siglo XIX: entre España y las Américas*. Valencia: Universidad de Valencia, 2011.
Iglesias Aparicio M. P. *Mujer y salud: las escuelas de medicina de mujeres de Londres y Edimburgo*. Tesis doctoral. Universidad de Málaga, 2003.
Martín, L. "Cantora de las Américas". *Hispania* 82.1 (1999): 29-39.
---. "Emilia Serrano, Baronesa de Wilson (¿1834?-1922): intrépida viajera española, olvidada 'Cantora de las Américas'". *Ciberletras: Revista de crítica literaria y de cultura* 5 (2002): Web. <http://www.lehman.cuny.edu/ciberletras/v05/martin.html>
---. "Nation Building, International Travel, and the Construction of the Nineteenth-Century Pan-Hispanic Women's Network". *Hispania* 87.3 (2004): 439-446.
---. "La Baronesa de Wilson canta a Colombia y a Soledad Acosta de Samper". *Revista de Estudios colombianos* 30 (2006): 15-23.
Mena Mora, M. I. *La baronesa de Wilson en Hispanoamérica: Metáforas y un proyecto de modernidad para la mujer republicana (1874-1890)*. Quito: Universidad Andina Simón Bolívar, 2004
Serrano de Wilson, E. *América y sus mujeres*. Barcelona: Tip. de Fidel Giró, 1890.
---. *América en fin de siglo*. Barcelona: Imp. de Henrich y C.ª, 1897.
---. *Maravillas Americanas*. Barcelona: Manucci, 1910.
---. *Las perlas del corazón*. 1876. Barcelona: Mancci, 1911.
Simón Palmer M. C. *Escritoras Españolas del siglo XIX*. Madrid: Castalia, 1991.
Thomas, I. *The history of printing in America with a biography of printers*. Vol. I. Worcester: Press of Isaiah Thomas, 1810.

CAROLINA MARCIAL DORADO (1889-1941): "UNA ESPAÑOLA EN CALIFORNIA"[1]

Rosario Márquez Macías
Universidad de Huelva

Introducción

El presente trabajo nos introduce en el perfil biográfico de una mujer peculiar. Carolina Marcial Dorado, que nacida en España y residente en los EE.UU. llevará a cabo una intensa labor de propaganda de lo hispano desde su doble vertiente como profesora de español en el Barnard College y como directora del Bureau de información pro-España. Su artículo "Una española en California" publicado en la revista *Hispania* en 1919, es solo un exponente más de esta ardua tarea a la que dedicó su corta pero intensa vida.

Apuntes biográficos

Carolina Marcial Dorado (1889-1941), de abuelos y padres andaluces, nació en Camuñas (Toledo), tierra manchega donde su padre *ministraba* como vendedor ambulante de la Biblia. Pronto fue enviada a Sevilla a vivir con sus abuelos (Fernández

---

1 Trabajo realizado al amparo de los proyectos de I+D HAR 2012 /37394 (MINECO): "Las mujeres y las emociones en Europa y América: discursos, representaciones, prácticas. Siglos XVII-XIX" y HAR2014-59250-R (MINECO): "Donde la política no alcanza. El reto de diplomáticos, cónsules y agentes culturales en la renovación de las relaciones entre España e Iberoamérica 1880-1939".

242). Residieron, en primera instancia, en la plaza de San Francisco,[2] donde tenía la Sociedad Bíblica su despacho, aunque posteriormente nuestra protagonista se trasladó a la calle *Pedro Niño*, que años mas tarde definió como: "Una casa grande que está al final de una calle larga, estrecha y sombreada (...) La casa tiene dos pisos (...) en la planta baja hay un patio grande (...) muchas flores y enredaderas que suben por las columnas hasta el primer piso (...). En el verano vivimos en la planta baja. Allí hay dormitorios, comedor y cocina" (Fernández 242).[3]

Tras su infancia sevillana, Carolina Marcial inició su formación intelectual en el International Institute for Girls, institución protestante pionera en la educación superior de la mujer española, dirigida por Alice Gordon Gulick (1847-1903), nacida en Boston y casada en 1871 con el Rvdo. Guillermo Hooker Gulick (1835-1922) (Magallón 166). Esta entidad se trasladó primero a Santander en 1877 para pasar después a San Sebastián (1892) y Biarritz (1903) hasta que finalmente se instaló en Madrid en 1910. Por entonces Alice Gulick había fallecido y dirigía el Instituto Susan Huntington.[4]

En este contexto, nuestra protagonista, en 1905, viajaría a los Estados Unidos para hablar de la obra iniciada por el Instituto Internacional en España,[5] volviendo a Madrid para terminar sus estudios en 1907. Una vez graduada, marcharía a Estados Unidos y Puerto Rico, donde completaría su formación y trabajaría de

---

2   El censo municipal de 1895 pone de manifiesto que la familia residía en esta época en la ciudad, y que su padre, José Marcial Palacios, que aparece en este documento como comerciante, había nacido en Coria del Río (Sevilla) (1849) y su madre en Tarifa, Cádiz (1857). La familia tenía en esta época cinco hijos (Censo de Sevilla, 1906).

3   Esta referencia la toma Gabino Fernández Campos del libro escrito por Carolina Marcial Dorado *Primeras lecturas en español*, 4-5.

4   Susan Huntington (1869-1945); en 1895 llegó como voluntaria a trabajar con Alice Gulick en San Sebastián. Tras colaborar en el traslado a Biarritz, en 1898 regresó a Estados Unidos para culminar sus estudios en Wellesley y Puerto Rico. Considerada una mujer brillante en su tiempo, merecería la confianza para ocupar el cargo de decana del Instituto Internacional, por lo que regresó a España en 1910.

5   Así lo pone de manifiesto un pequeño artículo en *THE OMAHA DAILY BEE*, (periódico de Omaha, Nebraska) de 12 de noviembre de 1905, 12, titulado "What Women are Doing (Lo que están haciendo las mujeres)" en el que recoge esta visita a Norteamérica en nombre del Instituto Internacional.

instructora, tanto en el Wellesley College como en la Universidad de Puerto Rico (Fernández 243), como lo pone de relieve el periódico *Daily Tribune,* de Nueva York, que el 20 de febrero de 1910, recogía un pequeño artículo en el que señalaba que Marcial Dorado se encontraba en Nueva York como instructora de español del Wellesley College conferenciando sobre la educación del idioma para niñas en el Instituto Internacional fundado por la señora Gulick ("Club and Social Notes" 5). Además, aparece en los informes anuales de la Universidad de Bryn Mawr College;[6] en concreto, los pertenecientes al curso 1917-18 incluyen un pequeño perfil biográfico:

> Appointed Instructor in Spanish. Miss Dorado received the degree of Bachelor of Arts from the Instituto Cardenal Cisneros, University of Madrid, in 1907. She was a gradúate student in Wellesley College from 1909 to 1910, in the University of Porto Rico from 1914 to 1916, and in the University of Madrid Summer School in 1913. She was Instructor in Spanish in Wellesley College from 1907 to 1911; Assistant Professor of Spanish Literature in the University of Porto Rico from 1911 to 1917, and Head of the Spanish Department of Ginn and Co.[7] from 1917 to 1918. ("Bryn Mawr" 5)

Durante estos años se dedicó de lleno a la docencia en el citado Centro, —obteniendo la licencia como profesora en 1916[8]— además de escribir libros de textos para estudiantes de

---

6 Universidad privada femenina situada en Bryn Mawr, Pensilvania (Estados Unidos). Formaba parte de las "Siete Hermanas", un grupo de las primeras universidades para mujeres, fundadas en el siglo XIX en la costa este del país. Con estas universidades se quería proporcionar a las mujeres una preparación intelectual similar a la de los hombres, ya que las masculinas les estaban vedadas. Esto les permitiría ser agentes activos en el campo político, social, humanista, científico.

7 Ginn and Co. Es una compañía editorial dedicada a la publicación de libros de texto fundada en 1868 por Edwin Ginn, (1838-1914), famoso editor y distinguido filántropo establecido en Boston ("Edwin Ginn").

8 "The Teaching Staff", *The New York Times,* 1 de noviembre de 1916, 21.

español y notas y artículos en la revista *Hispania*, de la que fue editora asociada.[9] A partir de 1920 comenzaría su labor docente en Barnard College, institución universitaria femenina dependiente de la Universidad de Columbia, New York, donde asumiría la dirección del departamento de Español, recién creado en este Centro educativo, así como la del Circulo Hispano, adscrito al departamento y fundado en noviembre de 1920.[10]

Con todo esto queda patente que Carolina Marcial Dorado se fue haciendo hueco entre la intelectualidad educativa norteamericana. Sus obras fueron reseñadas, tanto en prensa como en la revista *Hispania*, (de la que formaba parte como asesor ejecutivo desde su fundación en 1917 por the American Association of Teachers of Spanish and Portuguese) o incluso, llevadas a escena en círculos educativos ("Spanish Play Tomorrow" 1).

A partir de 1925 nuestra protagonista compaginaría sus actividades docentes y profesionales con una labor propagandística del hispanismo en Estados Unidos, nos referimos a su gestión a cargo del Bureau of information pro-España, patrocinado por la International Telephone and Telegraph Company.

Esta Institución, con la idea de fomentar las relaciones entre España y los Estados Unidos así como el turismo, abre sus puertas en la planta baja del edificio de la ITT en pleno corazón financiero de New York en Broad Street 41, colocando al frente de la misma a Carolina Marcial Dorado. El Bureau, en un folleto

---

9 Sus obras hasta 1918, fueron: *España Pintoresca*, 332. Nueva York: Ginn. and Company, julio de 1917; *Primeras Lecciones de Español*, 307.Nueva York: Ginn and Company, julio de 1918; "La literatura juvenil de España", *Bookman*, XLVIII, 4, 448-452, De diciembre de 1918; "Evolución Pedagógica en los Paises Iberos" *Arte Tipográfico* (mensual española, publicado en Nueva York), diciembre, 1918; "Las Mujeres de la Raza Hispana", *Ibíd.*, noviembre 1918; "La Vieja Cádiz", *El Almanaque*, Puerto Rico Year Book, 1917;"El Retorno", *Tiempo*, Puerto Rico, 7 de diciembre, 1917; "La Universidad de Puerto Rico ", *Tiempo*, Puerto Rico 22 de noviembre de 1917; "El Campamento de Oficiales", *Tiempo*, 3 de diciembre de 1917. Notas y artículos publicados en *Siglo Nuevo* (español-americano publicado mensualmente en Nueva York) como asistente de edición, desde mayo hasta octubre, 1918. En Bryn Mawr College, "Bryn Mawr College Annual Report, 1917-18". Pasadas estas fechas, su producción bibliográfica aumentaría, editando libros de texto, literatura y relacionados con la propaganda española en EE.UU.: *Primeras lecturas en español* (1920); *Trozos Modernos* (1922); *Geografía Moderna* (1924); *Segundas lecciones en español* (1925); *Spain* (1926); *Chispitas* (1927); *Two Expositions* (1929); *Pasitos* (1935).

10 *Barnard Bulletin*, 26 de noviembre de 1920.

de propaganda, se define a sí mismo:
> Impulsada por su sincero sentimiento de admiración por las glorias pasadas de España y su progreso industrial moderno, la International Telephone and Telegraph Corporation abrió en Nueva York, a principios del año 1925, el Bureau de Información Pro-España, cuya misión es la de proporcionar todos aquellos datos que se soliciten acerca de nuestra nación, su arte, su historia y sus industrias.

Su tarea entre otras consistió en la publicación de folletos ilustrados sobre ciudades españolas: Madrid (1926); Seville (1926); San Sebastián (1926); Santander (1926); Barcelona (1927); Valencia (1927), que eran ampliamente distribuidos con la finalidad de dar a conocer al público en general rasgos característicos de la geografía y la cultura española.[11]

A lo largo de los años 30, y en plena recesión económica debido al Crack de 1929, prosiguió con sus actividades docentes. No obstante, significativo fue su momento vivido en el estallido de la Guerra Civil española; a Carolina Marcial Dorado el levantamiento militar le sorprendió de vacaciones en España, teniendo que huir vía Biarritz (Francia). El *Barnard Bullletin* recoge en varios artículos la experiencia sufrida por nuestra protagonista hasta que consiguió llegar a salvo a Nueva York.[12]

Carolina Marcial Dorado continuó activa en sus tareas docentes y a la cabeza del citado Círculo Hispano así como del Bureau pro-España hasta que, a la temprana edad de 51 años, el 25 de julio de 1941, fallecía en su casa de 39 Claremont Avenue, en

---

11 Del mismo modo, y con el objetivo de promocionar la cultura española así como potenciar el turismo norteamericano en nuestro país, el Bureau Pro-España editaría los siguientes folletos: El Bureau de información Pro-España de la International Telephone and Telegraph Corporation (1926); Travel in Spain, (1926); The lure of Spain (1926); Why not go to Spain (1926); Spanish Heritage in America (1926) Spain (1926); Two Exposition (1929); Iberoamérica: Álbum dedicado a la Exposición Iberoamericana de Sevilla y a la Exposición Internacional de Barcelona 1929-1930 (1929).

12 Véase, por ejemplo, "Miss Dorado and Mrs. del Rio Relate Experiences in Spain" y "Mrs. del Rio Talk on War Experiences".

New York, a causa de un infarto.¹³ Admirable y sentido artículo fue el que le dedicó Virginia G. Gildersleeve, decana del Barnard College, recogido en el *Bulletin* de octubre de 1941.¹⁴

Para terminar este epígrafe biográfico añadir que la memoria sobre la labor realizada por nuestra protagonista se perpetuó en las becas que, patrocinadas por el departamento de Español del Barnard, desde 1953 llevan su nombre hasta la actualidad, denominándose *The Spanish Scholarship Fund. Carolina Marcial Dorado* ("Scholarship Fund").

Una española en California

Marcial Dorado, en su trayectoria como profesora de español fue invitada a impartir en 1919 en la Universidad de California, un "Summer Session". En este año los cursos daban comienzo el 30 de junio y tenían una duración de seis semanas.¹⁵ Gracias a la información que nos proporciona la revista *Hispania*, en "The Local Chapters" de su número 4 de octubre de 1919, sabemos que uno de los títulos de las conferencias fue "La evolución de la mujer española":

> A special meeting of the Los Angeles Chapter of the American Association of Teachers of Spanish was held on Wednesday, July 16th, at 2:30 p. m., in the Auditorium of the University of Southern California. Mr. George W. H. Shield, the president of the chapter, called the meeting to order and, after a few general remarks, introduced Miss C. Marcial Dorado, who spoke in Spanish on the subject, "La Evolución de la Mujer Española."

---

13 "New York, New York City Municipal Deaths, 1795-1949," database, *FamilySearch* (https://familysearch.org/ark:/61903/1:1:2WRK-P26), Carolina Marcial-Dorado, 25 Jul 1941; citing Death, Manhattan, New York, New York, United States, New York Municipal Archives, New York; FHL microfilm 2,130,333.

14 "Carolina Marcial Dorado". *Barnard Bulletin*. 3 de octubre de 1941. 2.

15 *Santa Ana Register*. Santa Ana, California. Wednesday, May 7, 1919. 8.

Con la idea de ratificar este viaje acudimos a la carta inédita que Carolina Marcial Dorado envía en este año a María de Maeztu, directora de la Residencia de Señoritas de Madrid. Entre ambas mujeres existió una relación profesional y de amistad que se ve reflejada en su correspondencia: así, la misiva fechada el 9 de julio de 1919 y encabezada por el texto de "University of California. Summer Session", Carolina cuenta a María:

> Yo estoy ya en pleno curso de verano en los Ángeles. Tengo clases muy grandes y doy conferencias en las universidades cercanas así que no me queda tiempo para nada. Pero en fin estoy contenta, Dios me ayuda y le confieso ingenuamente que es mi ardiente deseo dejar bien puesto el nombre de España en todas partes y poder llegar a ser una eficaz ayuda a mi patria y a mis compatriotas.

A su regreso Carolina Marcial Dorado contará su experiencia viajera y sus impresiones en una conferencia impartida el 4 de octubre de 1919 en el capítulo neoyorquino de The American Association of Teachers of Spanish recogido en el nº 6 de diciembre de *Hispania* donde afirma: "Miss Carolina Marcial Dorado treated the subject 'Una española en California.' Miss Marcial spoke enthusiastically of her impressions of California and declared it the region of the United States most closely linked to Spain by history and tradition" (Notes and News"). Finalmente parte de estas impresiones viajeras son publicadas bajo el título: "Una española en California", artículo en el que profundizamos a continuación.

Paradójicamente en el año 2012, la conocida escritora española María Dueñas, presentaba un nuevo libro: "Misión olvido", donde su protagonista, Blanca Perea, profesora de español, aceptaba el encargo de viajar a la Universidad de Santa Cecilia (California). A lo largo de sus líneas relata la fundación, en el siglo XVIII, de las misiones franciscanas que forman el Camino Real en la Alta California, un periodo fascinante que sirve de punto de arranque de su trama novelesca. Resulta curioso como en otro momento y con el mismo escenario, la profesora Marcial

Dorado nos relata que sintió y que vivió al llegar a aquellas tierras "tan españolas". Su texto, inserto en el discurso romántico de los viajeros del siglo XIX así como de su hispanismo a ultranza, favorecido en este caso por las excelentes relaciones culturales que España y los EE.UU. mantenían a comienzo del siglo XX, va describiendo los avatares de este periplo viajero.

Partiendo de un objetivo académico, nuestra protagonista resalta la excelente hospitalidad recibida tan sólo por ser profesora de español, síntoma indiscutible del "creciente interés en el español en este país que además de ser práctico y previsor es un país de cultura y de ideales".

Volvamos la vista atrás para hacer un breve recorrido histórico de estas tierras y de su innegable pasado español.

Es al parecer en 1542 en una expedición financiada por la Corona española al mando de Juan Rodríguez Cabrillo, la primera en alcanzar las tierras californianas. Un siglo después en 1603 Sebastián de Vizcaíno, consiguió demarcar la costa poniendo nombres españoles a multitud de accidentes geográficos del litoral, pero la idea de asentamiento permanente perdió interés. Es la siguiente aventura sobre estas tierras ya en el siglo XVIII, y debida a los religiosos la que comienza a despertar el verdadero atractivo de esta zona. Primero con los jesuitas —El padre Kino— y luego con los franciscanos. Tras la expulsión de los primeros en 1767, da paso a la etapa más floreciente de la Alta California.

Carlos III encargó a José de Gálvez, visitador general de Nueva España, una exploración hasta la bahía de Monterrey, pero que Gálvez amplió por mar y por tierra. Entre él y Fray Junípero Serra planearon la expedición con soldados, frailes, mulas y unas cuantas vacas, al mando de Gaspar de Portolá. En mayo de 1769 ocuparían San Diego comenzando así un período de más de cincuenta años de presencia ininterrumpida de los franciscanos en la Alta California, arrancando así el Camino Real, la legendaria cadena misional que a lo largo de 996 km integra veintiuna misiones con distancias entre ellas nunca superiores a las de un día de camino en mula.

Tras diferentes avatares, culmina la etapa española con la secularización de las misiones a partir de 1834 y la nueva era de California que se convertirá primero en provincia mexicana, será después una efímera república independiente y acabará incorporándose a Estados Unidos en 1850 como trigésimo primer estado de La Unión.

Marcial Dorado, realizaría su viaje en tren a los que cataloga de "más que rápidos, vertiginosos", va deteniéndose a impartir conferencias, saludar a colegas, sintiéndose en todo momento orgullosa de ser española y así lo afirma en su escrito:

> Pero, amigos míos, para una española que siente cual yo siento el orgullo de mi raza, la grandeza del heroísmo hispano, la persistencia, el valor y la abnegación de los españoles, nada hay tan emocionante, tan intensamente conmovedor, tan excelsamente grandioso, como cruzar este país inmenso (...) y recordar que nuestros conquistadores cruzaron sin intimidarse esas ignotas arideces y nuestros misioneros arrastrando toda clase de dificultades implantaron allí el signo misericordioso de la cruz.

Atravesando el desierto que a Carolina "le pareció interminable con toda su arena pedregosa y sus secos y retorcidos jaramagos, nos encontramos como por encanto en el paraíso (...) en la región de la luz y el color".

Ya en esta zona Marcial Dorado, destaca la importancia del sector frutícola heredero de los productos que llevaron los misioneros "los primeros olivos, las primeras naranjas, las primeras vides; allí enseñaron a los indios nuestros abnegados misioneros el amor a Dios y al prójimo, el uso del arado y el beneficio del riego".

Alude asimismo a las construcciones religiosas, edificadas con materiales traídos de España y no pasa por alto haciendo justicia que:

> Los expertos norteamericanos han transformado esa árida región en su paraíso terrenal; pero en su practicismo han sabido retener el culto a la tradición y la admiración al pasado y sienten afecto hacia las

ruinosas misiones españolas y se enorgullecen del Camino Real que allí construimos y hasta perpetúan en sus ciudades, en sus calles, sus plazas y sus corazones el honor a los héroes españoles y a la lengua de la madre España.

Alude finalmente Marcial Dorado en su relato, como profesora de español, la importancia del idioma en California "el entusiasmo por el español es allí inmenso. Se enseña español hasta en las escuelas elementales y es la lengua moderna que cuenta con mayor número de adictos (...) El número de maestros de español también es muy crecido".

Por eso, por tan grata experiencia viajera hacia esta parte de Norteamérica Carolina Marcial confiesa que "vale toda mi vida, todos mis esfuerzos, todos mis sacrificios, todas mis nostalgias en esta vida errante solitaria que yo vivo apartada de los míos y de mi patria, el haber ido a California a escuchar esa ovación tributada a España".

En alguna medida este viaje académico de Carolina Marcial Dorado, nos recuerda al que años más tarde realizara otra española a los Estados Unidos, Concha Espina, y que en el año 1932 vería la luz con el título de *Singladuras, viaje americano*. El libro dividido en tres partes (Ferrús, *Primeras* 6) hace una primera escala en Cuba que la autora aprovecha para establecer contactos con intelectuales de la Isla, la segunda y más amplia de las partes la dedica a New York como nuevo modelo de mundo y el tercer apartado es el dedicado a Nueva Inglaterra, donde presenta una detallada descripción de las características de un College norteamericano, (Middlebury College) donde la escritora acude a impartir un seminario sobre su propia obra.[16] Aquí, al igual que a Marcial Dorado le impresiona que "los estudiantes de castellano de Norteamérica nos conmueven por su afán de saber, con su culto admirativo a nuestro tesoro literario, a nuestra riqueza lingüística: un lejano raudal acribillado de afluentes que le suman y desbordan" (Espina 251).

---

16 *La Prensa*. New York. 21 de febrero de 1929. 4.

Concha Espina ve en este tipo de centros el espacio de la mujer profesional, el símbolo de una nueva sociedad determinada por los valores del feminismo, que ha hecho a las jóvenes estudiante mujeres libres. Por su parte, al referirse a la mujer española, alude a ellas en párrafo tan elocuente como:

> Para hablar yo de España, especialmente de la mujer en nuestra literatura moderna, como protagonista y como autora; de sus logros en la competencia actual de todas las profesiones libres; de sus aptitudes para las luchas sociales; de su preparación, en fin, para la actividad política, esa ya famosa preparación eternamente negada por los que ni siquiera saben "cambiar de disco". (273)

En la misma línea se expresaba Marcial Dorado en sus ciclos de conferencias, al hablar de la mujer española: "El problema femenino por así decir, viene ocupando lugar muy preferente en el desarrollo progresista del mundo. Leemos con interés creciente las crónicas vigorosas y animadas referentes a las actividades de las mujeres de los países del norte; nos admira la cultura de las anglosajonas" (…) y se pregunta ¿y la mujer de los países de habla española? A continuación vamos a demostrar que muchas son las que van despertando de su letargo y que empiezan a desempeñar un papel activo e importantísimo en el concierto del progreso universal. Para concluir afirmando que:

> Todas estas radicales y regeneradoras iniciativas van tomando vivo impulso en los países hispanoamericanos del nuevo mundo en los cuales como en la vieja madre patria, España, la mujer comienza a cumplir su misión con más conocimiento de causa y mejor preparación; y se desarrollan sus beneficiosas actividades en un medio ambiente más equitativo, más flexible y en armonía con la rápida evolución de este mundo moderno. ("Las mujeres" 13)

Concluimos este trabajo con las palabras de Beatriz Ferrús cuando anota que:

> Las mujeres que viajaron y pusieron por escrito su experiencia —como Carolina Marcial Dorado— desafiaron su destino simbólico, haciendo suya la palabra que había de nombrar al *otro*, cruzando fronteras para encontrarse con un colectivo de *mujeres*, cuyo valor transnacional poseería un notable poder desestabilizador. (Ferrús, *Mujer* 14)

Bibliografía

"Bryn Mawr College Annual Report, 1917-18." *Annual Reports of the President of Bryn Mawr College*. Book 5. Web.
< http://repository.brynmawr.edu/bmc_annualreports/5.>
"Carolina Marcial Dorado". *Barnard Bulletin*. 3 de octubre de 1941. 2.
"Club and Social Notes." *Daily Tribune*. 20 de febrero de 1910.
Dueñas, María. *Misión Olvido*. Madrid: Editorial Temas de Hoy, 2012.
"Edwin Ginn". *Concise Encyclopedia of Tufts History*. 2000. Web.
<http://dl.tufts.edu/catalog/tei/tufts:UA069.005.DO.00001/chapter/G00006.>
Espina, Concha. *Singladuras. Viaje Americano*. Madrid: Editorial Renacimiento, 1932.
Fernández Campos, Gabino. *Reforma y contrarreforma en Andalucía*. Sevilla: Biblioteca de la Cultura Andaluza, 1986.
Ferrús Antón, Beatriz. *Mujer y literatura de viajes en el siglo XIX: Entre España y las Américas*. Valencia: Publicaciones Universidad de Valencia, 2011.
---. "Las primeras escritoras profesionales. España y Estados Unidos entre dos miradas: Katherine Lee Bates y Concha Espina". *Informes USA*, nº 3, Alcalá de Henares: Instituto Franklin-UAH, junio 2013.

"Las mujeres de raza española". *La Prensa*. San Antonio, Texas. 22 agosto de 1920. 13.

Magallón Portolés, Carmen. "La residencia de estudiantes para señoritas y el laboratorio Foster. Mujeres de ciencia en España a principios del siglo XX". *Endoxa: series filosóficas* 14 (2001): 157-181.

Marcial Dorado, Carolina. Carta a María de Maeztu. 9 de julio de 1919. Fundación Ortega-Marañón.

---. "Una Española en California". *Hispania* 2.6 (Dec. 1919): 286-290.

---. *Primeras lecturas en español*. Boston: Ginn and Company, 1920.

"Miss Dorado and Mrs. del Rio Relate Experiences in Spain". *Barnard Bulletin*. 6 de octubre de 1936. 6.

"Mrs. del Rio Talk on War Experiences." *Barnard Bulletin*. 23 de octubre de 1936. 3.

"Notes and News." *Hispania* 2.6 (Dec., 1919): 315-318.

"Scholarship Fund To Finance Spanish Student At Barnard." *Barnard Bulletin*. 12 de octubre de 1953. 2.

Spanish Play Tomorrow." *Middlebury Register*. 9 de agosto de 1918. 1.

"The Local Chapters." *Hispania* 2.4 (Oct., 1919): 179-182.

"The Teaching Staff." *The New York Times*. 1 de noviembre de 1916. 21.

LAND OF THE FREE? HOME OF THE BRAVE?: LA IMAGEN DE ESTADOS UNIDOS EN EL EPISTOLARIO DE LUIS CERNUDA

Juan Ignacio Guijarro González
Universidad de Sevilla

Ahora que el fantasma de unos refugiados recorre Europa en pleno siglo XXI, quizá sea un buen momento para recordar que a mediados del pasado siglo se produjo una migración masiva por el continente tras el final tanto de la Segunda Guerra Mundial como de la Guerra Civil española. Entre los cientos de miles de personas que optaron por irse del país se contaba una de las grandes voces de la lírica española del siglo XX: Luis Cernuda. Al igual que otro europeo exiliado coetáneo suyo, Vladimir Nabokov, Cernuda se vio forzado por la historia a llevar lo que él mismo denominara una "vida transhumante" (887): Escocia, Inglaterra, Estados Unidos y México.[1] El poeta se va de España en 1938, cuando la guerra aún no ha terminado y —al igual que Nabokov— moriría sin volver a pisar jamás su tierra natal. Tras pasar casi una década en Gran Bretaña, en 1947 Cernuda se traslada a EE.UU., donde va a vivir siete años de su vida. Este trabajo pretende abordar la imagen que sobre este país de acogida se ofrece en las cartas que James Valender recopiló en volumen de más mil páginas, editado por la Residencia de Estudiantes para celebrar el centenario del poeta. Estos cientos de misivas profundizan en algunos de los temas que Cernuda esbozara en "Historial de un libro", su sugerente ensayo autobiográfico.

Por motivos poco claros, la emigración española a EE.UU. es un tema apenas estudiado, aunque quepa resaltar el reciente

---

[1] Para agilizar la lectura, en las numerosas referencias al volumen *Epistolario 1924-1963* editado por Valender se indica solamente el número de página.

proyecto "Spanish Immigrants in the United States. Ni frailes ni conquistadores", liderado por James D. Fernández y Luis Argeo, o el volumen colectivo *Contra el olvido. El exilio español en EE.UU.*, publicado por el Instituto Franklin de la Universidad de Alcalá. De forma análoga, durante décadas los críticos habían estudiado a fondo la etapa mejicana de Luis Cernuda, pero apenas habían abordado los estadounidenses. En los últimos tiempos parece haberse solventado esta carencia: de los años noventa data "Luis Cernuda en Nueva Inglaterra", un temprano artículo publicado por Luis Gómez Canseco; más recientes son trabajos como *Luis Cernuda. Años de exilio (1938-1963)*, el segundo volumen de la premiada biografía del autor a cargo de Antonio Rivero Taravillo, o *Los años norteamericanos de Luis Cernuda,* de José Teruel, que cubre su etapa tanto en México como en EE.UU. Según subrayan diversos estudiosos de la obra cernudiana, el exilio político no fue el único que padeció el autor sevillano, que fue asimismo marginado por su carácter hosco y retraído, por su concepción del arte y, por supuesto, por su homosexualidad. Guillermo Carnero asegura que "la experiencia de la guerra civil y del exilio geográfico no hizo más que confirmar y extremar la sensación de marginación que siempre sintió con respecto a la época, la sociedad y la cultura en la que había correspondido nacer y vivir" (280).[2]

Tras su periplo en Gran Bretaña, y al igual que otros poetas del 27 como Pedro Salinas o Jorge Guillén, Luis Cernuda se asienta en Estados Unidos para impartir docencia a nivel universitario. Atrás deja un continente, Europa, devastado por los efectos de la recién terminada Guerra Mundial (que Cernuda ha pasado en Gran Bretaña), y llega a una nación que acaba de erigirse en el país más importante de la tierra y cuya economía va a crecer de forma exponencial en los próximos años. Asimismo, llega en los albores tanto de la Guerra Fría como de la 'caza de brujas' anticomunista, lo que quizás explique que en sus cartas haga

---

2   Por su parte, en *Luis Cernuda en el exilio* Julio Neira y Javier Pérez Bazo sostienen que el autor "mantuvo desde joven una fuerte tendencia interior al desarraigo", y luego añaden que "coexistieron en su persona el desarraigo progresivamente acentuado, físico, del desterrado y el desarraigo interior, psíquico, o 'constante reacción' contra la realidad social. Y ambos tipos de exilio a veces se funden, confundiéndose, en su poesía" (80).

escasas referencias a la política estadounidense o internacional.³ En *Ocnos*, su evocador libro de prosa autobiográfica, Cernuda rememoraría años después el impacto que le causó llegar a Nueva York en barco por la mañana:

> Ya estaba allí: la línea de rascacielos sobre el mar (...) Cuántas veces lo habías visto en el cine. (...) Parecía tan hermosa, más hermosa que todo lo supuesto antes en imagen e imaginación. (...) Mas era la realidad. (...)Y más de siete horas después (...) pudiste salir libre, del cobertizo de la aduana. (160-61)

Dos detalles llaman la atención en estas primeras impresiones de Nueva York: por un lado, que vincule la ciudad a su pasión cinéfila; por otro, que no olvide mencionar las horas de espera en la aduana, reflejando así un elemento esencial de su visión de Estados Unidos: una insalvable dicotomía de opuestos o, en términos cernudianos, entre la realidad y el deseo, entre el fuego y la nieve. De hecho, las cartas demuestran que su imagen de Nueva York enseguida se torna ambivalente, siguiendo la tónica que predomina en la lírica española del siglo XX, según afirma Julio Neira en su antología *Geometría y angustia. Poetas españoles en Nueva York*: "atrae y seduce tanto como repugna y repele: antítesis emocional que explica la génesis de numerosos poemas, y que se viene reproduciendo en las sucesivas promociones desde hace más de un siglo" (11).

En las cartas que escribe durante sus años en Europa apenas hay alusiones a Estados Unidos y las pocas que hay suelen tener que ver con dos de sus grandes pasiones de juventud: el cine y el jazz. Ambas surgieron en los albores del siglo XX, fascinaron a las vanguardias europeas y eran comúnmente asociadas a Estados Unidos, un país entonces poco conocido que encarnaba "un ideal juvenil, sonriente y atlético, que no pocos mozos se

---

3 El temido HUAC (Comité de Actividades Anti-Americanas) acapara titulares en octubre de 1947 —un mes después de la llegada de Cernuda a EE.UU.— a raíz de su primera incursión en el mundo de Hollywood.

trazaban entonces" (636), tal como Cernuda evoca en "Historial de un libro".[4]

En septiembre de 1947 el autor llega a Mount Holyoke (en Massachussetts), el afamado *college* femenino en el que va a ejercer la docencia cinco años. Sus primeras impresiones son altamente favorables, y al poco de llegar le escribe a su amigo el pintor Gregorio Prieto una misiva tan breve como inequívoca: "Hoy hace una semana que desembarqué. Nueva York es espléndido. El colegio, delicioso. Vuelvo a encontrar el ambiente antiguo de la vida antes de las dos guerras. Comodidad y abundancia en todo" (435). Estas sensaciones positivas van a durar sólo dos años. Al comienzo de su estancia, Cernuda valora la tranquilidad de este pequeño campus de Nueva Inglaterra, y en sus cartas recurre a menudo al discurso pastoral, como cuando al mes de llegar le confiesa a Pedro Salinas: "Estoy contento aquí; prefiero vivir en el campo a vivir en la ciudad, aunque claro falten librerías, museos, conciertos. Sobre todo, hallar la vida de paz, que durante más de diez años nos ha faltado en Europa" (438).[5] Queda claro que ansía superar las tensiones bélicas que ha padecido, primero en España durante la contienda civil, y luego en Gran Bretaña durante la Segunda Guerra Mundial.

Su primer verano en el continente americano —el de 1948— lo pasa enseñando en la prestigiosa escuela de Middlebury, aunque apenas lo refleja en sus cartas. Mucho más crucial habría de ser su segundo verano, el de 1949, que iba a alterar de forma drástica su relación con Estados Unidos, ya que decide viajar a México, donde no sólo se reencuentra con otros exiliados españoles, sino también con un espacio geográfico y emocional que entronca directamente con su Edén particular: la Andalucía de su niñez que jamás volvería a pisar. Tras regresar a Mount Holyoke, reconoce sin ambages en una carta que "México se

---

4   Sobre la pasión cinéfila del autor sevillano, que habría de acompañarle toda su vida, consúltese el breve pero sugerente estudio *Luis Cernuda. Recuerdo cinematográfico*, escrito por un reconocido experto en relaciones cine-literatura en España, Rafael Utrera Macías.

5   En "Historial de un libro" Cernuda rememora que esa etapa de su vida "era refractaria a la metrópoli y afecta al campo", señalando su predilección por poetas clásicos como Teócrito o Virgilio (652).

me había entrado en el corazón, que me había enamorado de él. Pero no debo hablar en pasado; voy a tratar de volver" (470). A partir de este momento, su simpatía por México hace que su visión de Estados Unidos se vuelva mucho más negativa, y que establezca una dicotomía entre Norte y Sur que a veces caiga en cierto maniqueísmo simplista. Este tono maniqueo predomina claramente en su libro de prosa poética *Variaciones sobre un tema mejicano* (1952), en cuya sección "El regreso" la estancia en Estados Unidos queda reducida a "largos, interminables meses de invierno, de tedio, de desolación y vacío" (267) mientras que, por el contrario, la llanura, el cielo y el aire de Méjico "te envuelven y te absorben, anonadándote en ellos" (267).[6] Su radical cambio de actitud queda patente en sendas misivas al poeta Leopoldo Panero, a quien había tratado en Londres. Meses antes de su viaje a México, Cernuda aún recurre al tono bucólico cuando afirma en la Navidad de 1948:

> Aquí en Nueva Inglaterra, el campo es muy bello. Es curioso que sólo se hable de las ciudades de EE.UU., pero no del campo, que a juzgar por lo visto hasta ahora es hermoso. Y cuánta luz (…) El silencio adquiere una profundidad maravillosa, y la soledad es hermosa como nunca. (463)

Meses después, tras volver de México, su postura es exactamente la contraria, pues ahora le escribe a Panero: "Con mucha pena me resigno a invernar otra vez en New England, después de conocer ese maravilloso México" (473). Este pasa a ser el discurso de Cernuda hasta que deje su puesto en Mount Holyoke en el verano de 1952.

Lógicamente, sus veraneos en México no hicieron sino acrecentar su sensación de soledad, frío y aislamiento en Mount Holyoke, algo comprensible teniendo en cuenta que —a diferencia

---

6 Sebastiaan Faber detecta cierta "nostalgia imperial" en el discurso del autor sevillano y asegura que "para él, la cultura hispánica representa el aprecio de lo espiritual, del ocio y de lo bello, mientras que el Norte es el reino de lo utilitario, del trabajo y de la fealdad" (740).

de muchos exiliados— Cernuda no tenía familia y, debido a su carácter, no hacía amistades con facilidad. Dado que tampoco sabía conducir, es comprensible que terminara por sentirse solo y aislado en este bello enclave de Massachussetts. En su libro *Los años norteamericanos* José Teruel cita una reveladora carta de Pedro Salinas a Jorge Guillén al respecto:

> En Holyoke vi a Cernuda, que también tiene lo suyo. Está desesperado, no puede aguantar más (…) Ese ambiente de *college* pequeño, lejos de un gran centro de población, con esas mujeres alrededor, es sofocante, no ya para un *puro* como él, sino para cualquiera (…) ¡Pobrecillo! (cit. Teruel 133)

De hecho, en septiembre de 1950 Cernuda no oculta su pesar en varias misivas a ambos poetas del 27.[7] Tras disfrutar de un semestre sabático en Méjico y hacer gestiones en vano para enseñar en Puerto Rico, en el verano de 1952 Luis Cernuda pone fin a sus cinco años de docencia en Mount Holyoke, y logra su ansiado objetivo de vivir en México, donde va a residir los siguientes nueve años de su vida. Poco antes de su marcha, y en una carta a otra ilustre víctima del exilio, María Zambrano, redacta las que posiblemente sean las palabras más ácidas sobre Estados Unidos de toda su correspondencia: "El horror que me inspira todo esto es indecible (…) este limbo flácido, esta tripa hueca que son los EE.UU., tapa y borra todo el mundo maravilloso de por ahí fuera" (532).

Al poco de mudarse a Méjico, subraya en otra carta a Zambrano que no piensa volver a Estados Unidos (537). También en esta ocasión habría de cambiar de parecer pues varios años después, y una vez que su relación con el mejicano Salvador Alighieri había terminado, en enero de 1958 le comenta al poeta portugués Eugenio de Andrade que lamenta haber dejado su trabajo en Estados Unidos (655). Realidad y deseo se aliaron en

---

7   A Salinas le confiesa que se le "saltaron las lágrimas" al abandonar Méjico, y a Guillén le asegura que su estado de ánimo no soportaría "otro año más en Mount Holyoke" y que, "como Cortés", está dispuesto a quemar sus naves (498, 497).

esta ocasión, ya que UCLA le invitó a impartir un curso durante el verano de 1960, cuando se iniciaba una década realmente prodigiosa que iba a cambiar la historia de EE.UU. para siempre. Poco cabe reseñar de esta breve estancia en California, salvo que las muchas postales que Cernuda envió desde Los Ángeles desvelan que tuvo un efecto balsámico, y que la ciudad, su gente y sus museos le complacieron ampliamente: "Los cursos parece que van bien y que agradan. No lo paso mal aunque siempre hay algo que hacer" (863).

Más compleja iba a resultar su siguiente experiencia docente en California, cuando pasa el curso 1961-62 en una institución menos renombrada: el San Francisco State College. En gran medida, se repite lo ocurrido en Mount Holyoke ya que, tras encontrarse a gusto al principio, con el paso del tiempo sus sensaciones cambiaron radicalmente. El día antes de empezar el curso expresa su agrado: "Esto es muy bonito y en extremo pulcro, cómodo en todo. Tengo apartamento agradable y no se oye un ruido nunca (...) Y no es caro; la vida aquí es bastante menos cara que en Los Angeles" (955). Además, asegura echar de menos a sus amistades mejicanas. Pero al igual que en Mount Holyoke, su opinión de San Francisco varió de forma drástica en el segundo semestre por dos motivos principales: en primer lugar, porque aumentó su docencia, una tarea que a Cernuda nunca le gustó, como reflejan unos inequívocos versos de su poema "Nocturno yanqui": "Y profesas pues, ganando / Tu vida, no con esfuerzo / Con fastidio" (*La realidad* 295); en segundo lugar, porque descubrió lo fría y —sobre todo— ventosa que puede llegar a ser una ciudad tan al norte como San Francisco, un factor que sin duda alguna le debió hacer añorar el cálido clima de México. De repente, el tono de sus cartas cambia y ahora todo son críticas a la fascinante ciudad californiana; a Derek Harris, uno de los mayores expertos en su obra, le comenta en febrero de 1962: "San Francisco es la ciudad del viento. No hay día en que el viento no sople, y un viento terrible y desagradable. No me vendrá mal perderlos de vista" (1015).

El clima es un tema recurrente en el epistolario de Cernuda, y fue uno de los motivos por los que rechazó no sólo Mount Holyoke (como ya hemos visto), sino también Glasgow años antes. El poeta siempre ansiaba gozar de climas cálidos como el mejicano, no sólo porque le encantara ir a la playa, sino porque era el que había disfrutado durante su infancia en Sevilla; era un factor que influía mucho en su estado anímico, quizá demasiado. Cuando su año en San Francisco a punto está de concluir, hace balance de su estancia al escribirle a su amiga Concha de Albornoz en tono lapidario: "Este tiempo aquí me ha producido una especie de inquietud y angustia. (...) Esta ciudad no me agrada nada" (1039).

Durante su estancia en San Francisco recibe una invitación para volver a UCLA el curso siguiente, 1962-63. Aún más que en San Francisco, las cartas que Cernuda escribe desde Los Ángeles reflejan con nitidez lo a gusto que se encontraba en una ciudad que ya conocía, y cuyo clima cálido y soleado sin duda se asemejaba mucho más al de México que el de San Francisco. En la primera carta que envía desde Los Ángeles, dirigida a Concha Méndez y Paloma Altolaguirre (sus anfitrionas en México), se muestra casi eufórico al describir con detalle el "one bedroom apartment" (1055) con piscina y vistas al mar que ha conseguido alquilar: "Todo flamante y a la última; el vestíbulo de la entrada suena con música muy bajito todo el día, discos que poner para los inquilinos y que podemos oír, si queremos, moviendo la aguja del receptor en cada apartamento" (1055). Estas palabras dejan patente que el nivel socioeconómico de Estados Unidos es muy distinto al de México. Al dandi culto y refinado que Cernuda siempre fue le debieron satisfacer enormemente las comodidades de este apartamento, así como los museos y restaurantes de Los Ángeles, sobre todo ahora que ya era una persona de edad avanzada que cumpliría los sesenta años cerca de Hollywood, la meca del cine. El hecho de que resida en Santa Mónica, lejos del centro de una ciudad nada monumental y con pésimo transporte público, parece verse de sobra compensado por las comodidades de las que disfruta, el generoso sueldo que percibe en UCLA y, sobre todo, el clima soleado que le permite poder disfrutar de la playa. En no pocas de las cartas que escribe a lo largo de este curso, el poeta alude a su avanzada edad y a la paradoja de que haya tenido que esperar décadas para lograr cierta estabilidad: "cuanto me faltó de joven, lo alcanzo ahora de viejo" (1055). Estas palabras, escritas en septiembre de 1962, resultan especialmente memorables, teniendo en cuenta que el autor fallecería sólo un año después.

Pero la dicha completa parecía estarle vedada a un artista de personalidad tan compleja como Cernuda, que mitiga los efectos de su bienestar en una urbe sureña, moderna y cosmopolita como Los Ángeles al obsesionarse —una vez más— con lo que James Valender denomina su "leyenda": la pésima reputación que parece precederle dondequiera que vaya. Está plenamente convencido de que el departamento de Español de UCLA se ha confabulado en su contra y de que el puesto permanente que se le acaba concediendo al crítico Ricardo Gullón debiera haber sido para él. Como ya ocurriera primero en Mount Holyoke, y luego en San Francisco, de repente sus misivas cambian de registro por completo, hasta el punto de que a mediados de curso le escribe a Concha de Albornoz en tono apocalíptico: "Paso una de las épocas más difíciles de mi vida, y eso que las he tenido difíciles . . . no puedo resistir esta animadversión que percibí en torno de mí y que ningún acto o actitud por parte mía parece justificar" (1004). Como C. Brian Morris matiza con acierto en "Luis Cernuda en California: Peregrino en otro 'ajeno rincón'", el poeta se muestra incapaz de recordar los frecuentes desaires que hacía a sus colegas en el campus (366). Por tanto, sus meses finales en UCLA resultaron menos memorables que los primeros; pese al excelente apartamento y al clima de Los Ángeles, que al final de su estancia califica en varias cartas como "admirable" (1111) o "excelente" (1117), al terminar el curso 1962-63 el nómada Luis Cernuda debe hacer las maletas una vez más y volver a México, donde pasa los últimos meses de su vida, antes de fallecer el 5 de noviembre de 1963. Murió a primera hora de la mañana en casa de Concha Méndez y Paloma Altolaguire, igual que vivió: en soledad.

Una invitación a impartir docencia en otra universidad de Los Ángeles, USC (University of Southern California), "adonde envían a sus hijos las gentes conservadoras y ricas de por aquí" según el poeta (1131), no llegaría a cuajar al negarse Cernuda a pasar un reconocimiento médico para obtener el visado. En su documentada biografía, Antonio Rivero explica que el autor aclaró en una entrevista su negativa a dicha prueba médica: "Yo estoy viejo ya para someterme a la humillación de que me pongan en paños menores. Prefiero no moverme más de aquí";

a continuación, el biógrafo añade que tres días antes de morir expresó su intención de volver a Estados Unidos en 1965 (343). Otro contratiempo de importancia es que, en una carta fechada el mismo día de su muerte, se le informara de que habían surgido problemas para enviarle tanto las pertenencias como los ahorros que había dejado en la sucursal del Bank of America en Santa Mónica pensando en una posible vuelta futura al vecino del norte, por lo que su destino estuvo ligado a Estados Unidos hasta incluso después de su muerte.[8]

En definitiva, el generoso epistolario de Luis Cernuda demuestra que, a diferencia de otros exiliados, el poeta sevillano no pudo, no supo o no quiso integrarse en Estados Unidos, pese a haber ejercido la docencia varios años en universidades tanto de la costa este como de la oeste. Aunque su impresión inicial de Estados Unidos fuera favorable, tras su primer viaje a Méjico en 1949 se volvió negativa, y desde entonces siempre ya tuvo algún motivo para no sentirse a gusto: el frío, la soledad, el viento o las rencillas personales. Aunque Estados Unidos le proporcionó unas comodidades y una estabilidad económica de las que carecía en tierras mejicanas, nunca llegó a profundizar en la compleja realidad del país, que suele retratar de forma fría y distante; de hecho, sus misivas apenas incluyen alusiones a cuestiones de la actualidad política, social e incluso cultural de la época. Sus cartas corroboran que, como el propio autor reconociera, era un "inadaptado" siempre en conflicto con su entorno ("Historial" 659). Un eterno insatisfecho, Luis Cernuda no consiguió echar raíces en un país de inmigrantes como Estados Unidos, que sin duda logró satisfacer ampliamente sus necesidades materiales, pero no tanto las emocionales.

---

8   Al comentar el final de Cernuda, Antonio Rivero se pregunta si "la angustia de pensar que se le escapaban sus ahorros, el dinero que tendría que exprimir para los años de su vejez" pudo influir en el infarto fulminante que acabó con su vida (341).

Bibliografía

Carnero, Guillermo. "La experiencia de la guerra civil y la conciencia del exilio en la obra poética de Luis Cernuda". *Entre la realidad y el deseo: Luis Cernuda, 1902-1963*. Ed. James Valender. Madrid: Sociedad Estatal de Conmemoraciones Culturales / Residencia de Estudiantes, 2002. 275-91.

Cernuda, Luis. *La realidad y el deseo (1924-1962)*. Madrid: Fondo de Cultura Económica, 1985.

---. "Historial de un libro". *Obra completa. I, Poesía completa*. Eds. Derek Harris y Luis Maristany. Madrid: Siruela, 1993. 625-61.

---. *Ocnos; seguido de Variaciones sobre tema mejicano*. Sevilla: Ayuntamiento de Sevilla / Diputación de Sevilla / Fundación El Monte, 2002.

---. *Epistolario 1924-1963*. Ed. James Valender. Madrid: Publicaciones de la Residencia de Estudiantes, 2003.

Faber, Sebastiaan. "'El norte nos devora': La construcción de un espacio hispánico en el exilio anglosajón de Luis Cernuda". *Hispania* 83 (December 2000): 733-44.

Gómez Canseco, Luis. "Luis Cernuda en Nueva Inglaterra". *Philologia Hispalensis* 8 (1993): 227-38. Web. <https://idus.us.es/xmlui/bitstream/handle/11441/47482/art_18.pdf?sequence=1&isAllowed=y.>

Morris, C. Brian. "Luis Cernuda en California: Peregrino en otro 'ajeno rincón'". *Entre la realidad y el deseo: Luis Cernuda 1902-1963*. Ed. James Valender. Madrid: Sociedad Estatal de Conmemoraciones Culturales / Residencia de Estudiantes, 2002. 357-67.

Neira, Julio, ed. *Geometría y angustia: poetas españoles en Nueva York*. Sevilla: Fundación José Manuel Lara, 2012.

Neira, Julio y Javier Pérez Bazo. *Luis Cernuda en el exilio. Lecturas de* Las nubes *y* Desolación de la quimera. Toulouse: Presses Universitaires du Mirail, 2002.

Rivero Taravillo, Antonio. *Luis Cernuda. Años de exilio (1938-1963)*. Barcelona: Tusquets, 2011.

Teruel, José. *Los años norteamericanos de Luis Cernuda*. Valencia: Pre-Textos, 2013.

Utrera Macías, Rafael. *Luis Cernuda. Recuerdo cinematográfico*. Sevilla: Fundación El Monte, 2002.

INTERCAMBIO CULTURAL ENTRE ANDALUCÍA Y ESTADOS UNIDOS: ELLEN M. WHISHAW (1857-1937) Y THE HISPANIC SOCIETY OF AMERICA

Nieves Verdugo-Álvez
Universidad de Huelva

Introducción

Con este trabajo nos proponemos demostrar el vínculo existente entre la arqueóloga británica Ellen M. Whishaw (1857-1937), instalada en Andalucía, España, desde principios del siglo XX, dedicada a una intensa labor investigadora y fundadora del Museo de Niebla, Huelva, así como de la Escuela Anglo-Hispano-Americana de Arqueología y la institución norteamericana The Hispanic Society of America a través de la relación personal de nuestra protagonista con el presidente de dicha entidad, Archer Milton Huntington (1870-1955). Para ello disponemos de un nutrido corpus epistolar que, hallado tras una investigación en los fondos de esta Sociedad neoyorquina, proyectamos analizar.[1]

Las actividades de Ellen M. Whishaw albergaron variados aspectos que abarcaban desde los estudios históricos y arqueológicos, hasta la artesanía y costumbres populares. Fue colaboradora de periódicos y revistas, personificando la imagen de una mujer intelectual, aunque utilizando los resortes propios del llamado "colonialismo cultural" (Acosta 35).

---

[1] Algunas de estas cartas ya han sido tratadas en Carmen García-Sanz, por lo que desarrollaremos las aun inéditas.

Ellen M. Whishaw. Algunos datos biográficos

Bautizada con el nombre de Ellen Mary Abdy-Williams, nació en Dawlish, (Reino Unido), en el año 1857. Hija de un "Gentleman" de familia acomodada, en 1867 fallecería su padre, y, tras algunas estancias con familiares, comenzó a interesarse por el arte, la arquitectura, la pintura y la música, empezando a viajar por el extranjero, visitando países como Suiza y Francia (Méndez 25-26).

En 1884 conoció a Bernard Whishaw, casándose un año después, el 25 de julio de 1885; tras la boda, el matrimonio viajó por algunas capitales europeas, instalando su residencia en Londres. No obstante, Bernard, que trabajaba en el Foreign Office, fue destinado a Montevideo en 1885 donde permanecieron hasta 1898.

El primer viaje a España lo realizaría en el verano de 1899, visitando ciudades como Madrid, Toledo o Sevilla. En este mismo año, en una gira a Praga, comenzó a tener problemas de salud, padeciendo asma; los médicos le aconsejaron un clima más cálido, por lo que esto pudo influir en su traslado a Sevilla, ya que Bernard consiguió ser nombrado cónsul en esta ciudad. Se instalaron definitivamente en la capital andaluza en 1902 (Méndez 28-29).

En Sevilla el matrimonio se dedicó a diversas actividades culturales que pasaban por estudios históricos, arqueológicos y del folklore español, que le permitieron promover aspectos de la cultura española ante el público anglosajón. Por otro lado, fueron en 1912 los fundadores en esta ciudad del Museo de Alfarería y Labores andaluzas y de la Escuela de Arqueología de Sevilla, instituciones fusionadas en 1914, creándose la Escuela Anglo-Hispano-Americana de Arqueología (Anglo-Spanish School of Archaeology), patrocinada por el Rey Alfonso XIII.

En la capital andaluza el matrimonio supo rodearse de personajes de la alta sociedad española y extranjera, así como de los ambientes científicos, universitarios y políticos, entre los que cabe citar a: Adolf Schulten, historiador y arqueólogo alemán; Archer M. Huntington, presidente de The Hispanic Society; Fernando Ortiz, presidente de la Academia Cubana de la Historia; Fidel Fita, director de la Real Academia de la Historia; Francisco de las Barras, catedrático de Antropología, y director del Museo Antropológico Nacional y Jorge Bonsor, ilustre arqueólogo y presidente de la Sección Arqueológica de la Exposición Iberoamericana de 1929 (Acosta 464-466). Tras el fallecimiento de su marido en octubre de 1914, Ellen M. Whishaw asumiría la dirección de la Escuela de Arqueología. Sin embargo, en 1916 decidió su traslado a Niebla, donde residió hasta su fallecimiento en 1937.

Ellen M. Whishaw y The Hispanic Society of America

Los primeros datos fehacientes de relación entre Whishaw y la poderosa Institución hispanista fueron localizados en los fondos de la propia Hispanic Society. No obstante, los autores que han tratado a Whishaw han dejado patente la relación que hubo entre ella y Huntington y la existencia de correspondencia privada, si bien solo se habían publicado un par de cartas en el trabajo de Acosta (475), tres en García-Sanz (71-73) y alguna que otra referencia en el epistolario de Jorge Bonsor, publicado por Jorge Maier (141-194). Por ello, este intercambio epistolar durante las primeras décadas del siglo XX, pone de manifiesto el vínculo existente entre ambos personajes, siendo fecundo y dilatado en el tiempo.

De un total de quince cartas depositadas en la Hispanic, hemos elegido siete que abarcan los distintos temas que trataron, a saber: la venta de bordados típicos andaluces y de objetos históricos relevantes, el patronazgo para las excavaciones arqueológicas, los encargos fotográficos y el nombramiento de Whishaw cono socio honorario de la Institución. Pasemos a analizarlas.

La primera comunicación, fechada el 23 de marzo de 1910, debemos ponerla en conexión con la Exposición Obrera celebrada en Sevilla ese mismo año, cuyo objetivo sería mostrar diferentes actividades que la clase trabajadora realizaba habitualmente, como carpintería, pintura, ebanistería, cerámica, bordados, encajes tradicionales y diversas labores artesanales, al objeto de recaudar fondos para la Asociación de Caridad de la ciudad hispalense. La Exhibición se celebró finalmente en el Alcázar sevillano durante el mes de Abril de 1910, y tuvo una gran repercusión mediática, ya que recibió las visitas del cónsul de los Estados Unidos, Mr. Winans, y del presidente de la Cámara de Comercio de San Francisco de California, Mr. William Mitchell Bunker, quien se comprometió a gestionar ante el gobierno de su país la posibilidad de que en la Exposición Internacional que se celebraría en California en 1915, se destinase un pabellón a los obreros sevillanos, a la vez que adelantó que en la Exposición Hispano-Americana a celebrar en Sevilla, en los próximos años, concurrirían muchas industrias y comercios de Estados Unidos que deseaban dar a conocer sus productos en España (Acosta 448-453).

Así que, en relación a este tema, Whishaw escribía a Huntington en marzo de 1910:

> I have been meaning to write to you for the last fortnight, but have had no time. We are opening on April 3rd to 30th an exhibition of arts and industries, the Women's Section of which contains a tolerably complete collection of Andalusian laces and embroideries, with my own collection as the nucleus of the antique side. The exhibition also includes a Loan collection of portraits of Sevillians from early XVIIth century, and most if not all of our early pillow laces are found in the costumes of these personages. Thus the whole affair, —the first of its kind attempted here— had a considerable historical interest, and I shall be very glad if anyone whoso opinion you trust, should happen to be coming to Seville during April. In that case I hope your friend will call up, come, or present himself to me in the exhibition, where I shall be a good deal, as I am in charge of the Women's section. The King has lent the Saloons of Charles Vth for the purpose. It appears to be a certainty now that we are to have the great Hispano-American exhibition here in 1914, and there

seems no doubt that our present modest show will be represented on a very much larger scale then.[2]

Las intenciones de Whishaw consistían en negociar con Huntington para que éste adquiriera estas labores andaluzas para su propia colección, por lo que le incidía que el propio Rey Alfonso XIII le había dejado unos salones para tal propósito y le insinuaba de la importancia que para sus actividades iba a tener la futura Exposición Iberoamericana a celebrar en 1914.[3]

A este respecto, encontramos otra misiva, en 1912, esta enviada a la arqueóloga por el hispanista quien expone la satisfacción por los bordados que ha recibido, y le explica que ya están expuestos, solicitándole algunos mas para la colección:

> Your letter is at hand and perhaps circumstances my permit of my seeing Moguer and Southern Spain again at no very distant date. I have instructed the secretary of the Society to send you some descriptive material in regard to it. The laces which you sent are now on exhibition and I am very well pleased with them. Could you send some others? These pieces are about the right size for our purposes.[4]

Hay que decir que, por esta fecha, la arqueóloga y su marido estaban programando la apertura de un museo de artes y costumbres populares andaluzas, donde recogerían todas estas muestras típicas del sur de España.[5]

Continuando con la comunicación epistolar entre ambos, aparece en las cartas otro personaje importante, George E. Bonsor

---

2 Correspondence from Huntington. 23 de marzo de 1910. Archive: *Whishaw*. Department of Manuscripts and Rare Books, Hispanic Society of America.

3 La Exposición Iberoamericana de Sevilla, inaugurada en marzo de 1929, fue proyectada en principio para 1909, y, por cuestiones diversas postergadas para primero en 1914, 1923, 1927, hasta la fecha en la que finalmente pudo celebrarse.

4 Correspondence from Huntington. 7 de marzo de 1912. Archive: *Whishaw*. Department of Manuscripts and Rare Books, Hispanic Society of America.

5 El museo fue inaugurado en 1912.

(1855-1930); experto arqueólogo, historiador y buen conocedor de antigüedades, que aunque nacido en Francia, y de nacionalidad británica, residiría hasta su muerte en España. El hispanista y Bonsor se conocían desde 1898, cuando Huntington emprendió una serie de excavaciones en Itálica, antigua ciudad romana en la que se encontraba trabajando Bonsor, por lo que emprendieron una estrecha e intensa amistad que daría fruto a una abundante comunicación epistolar (Maier *Un académico* 132). Por su lado, Ellen M. Whishaw había conocido asimismo a Bonsor desde su llegada a Sevilla, en 1902, ya que como adelantamos El matrimonio Whishaw se había rodeado en la capital andaluza de una serie de personalidades entre las que se encontraba el arqueólogo (Acosta 465). Con estos precedentes, podemos relatar la relación de ambos personajes y Huntington a través de las misivas que intercambiaron entre los tres, en referencia a temas relacionados con los distintos hallazgos arqueológicos que estos venían realizando en Andalucía Occidental.

En los fondos de la Hispanic Society, encontramos un interesante documento firmado por G. Bonsor y Ellen Whishaw, el 3 de febrero de 1911, y dirigido a Huntington titulado *Esquema para la excavación de la ciudad de Az-Zahra*, en el que se detallan datos con la idea de convertir la antigua ciudad cordobesa en uno de los principales centros de atracción para los turistas en Andalucía.

Entre otras cosas, se menciona que la ciudad enterrada se encuentra en un lugar bello, con amplias vistas sobre la Vega de Córdoba y las sierras de ambos lados del Guadalquivir, transmitiendo la idea de la factible creación de un museo, proporcionando un catálogo descriptivo para los visitantes. Todo esto se llevaría a cabo solicitando el apoyo del Gobierno. Proponen también la construcción de lugares de descanso, donde los visitantes pudieran disfrutar de las vistas de la Vega al tomar el almuerzo o el "té de la tarde", anotando que esta moda del "té" va ganando muchos adeptos entre los estadounidenses en España. Además, aseguran que los talonarios de entradas serían depositados en los principales hoteles de Córdoba y los tickets también se venderían en la puerta, a una peseta cada uno. Por otro lado, los jardines quedarían dispuestos en la misma forma que los originarios, que fueron la admiración del mundo. También serían plantados unos 4000 almendros, que dejarían una ganancia de cinco mil pesetas anuales.

George Bonsor, consideraba la necesidad de informar a los propietarios sobre la adquisición del terreno, y notificar al Ministro y Academias del proyecto de desarrollar "Una Pompeya árabe" con su museo adjunto. El arqueólogo consideraba que en solo dos meses de l excavaciones se podría admitir a los visitantes.

Por su parte, Ellen M. Whishaw en sus anotaciones, informaba que la tienda de un comerciante de Sevilla estaba llena de objetos procedentes de Az-Zahra, insinuando la posible financiación a través de la venta de antigüedades. Finalmente, aportan la suma de los costes, como son la compra del terreno, el edificio del museo, mobiliario, etc., considerando que han estimado hasta el mas mínimo detalle, siendo suficiente los gastos totales, que alcanzarían la cifra de 5904 libras esterlinas.[6]

García-Sanz (48) hace referencia a la objeción que hizo Huntington a esta propuesta, tomando lo publicado en el epistolario de Bonsor (Maier *El epistolario* 185): En ella, el hispanista deja patente que aunque le produce interés la excavación en Medina Azahara no podía afrontar el coste, ni mucho menos sufragarla a través del expolio y la venta de antigüedades. Entre otras cosas, le escribe:

> Por supuesto la Hispanic Society no podría tomar parte en ningún plan que tuviese como objeto el expolio de antigüedades españolas, para pagar los costes de excavación; actuaciones que, muy justamente elevarían comentarios adversos, y que pienso llevarían a la interrupción de los trabajos. En general, no creo que yo individualmente, ni la Hispanic Society pudieran soportar la financiación de los trabajos bajo tales líneas de actuación. En mi opinión, el grueso de la cuestión cae bajo la responsabilidad del gobierno. Sin embargo, el plan

---

6 Correspondence from Huntington. 3 de febrero de 1911. Archive: *Whishaw*. Department of Manuscripts and Rare Books, Hispanic Society of America

del museo me atrae y estaré encantado de hablar sobre ello cuando tenga el placer de verla en España. Hasta ese momento creo que será imprudente actuar. (185)[7]

Por otro lado, Ellen M. Whishaw y Huntington no cesarían en sus intercambios epistolares concernientes a sus negocios de antigüedades. Así, pasado el tema de Medina Azahara, a la altura de 1912, la arqueóloga le escribiría proponiéndole la adquisición para el museo de la Sociedad de una serie de objetos pertenecientes a la familia Pinzón, residentes en Moguer (Huelva) y descendientes directos de los famosos navegantes que acompañaron a Cristóbal Colón en sus viajes atlánticos.

Se trataría de objetos traídos desde Filipinas en el siglo XIX por el Almirante Pinzón, en concreto piezas de lavabo de cerámica oriental y que la familia estaba dispuesta a vender para mejorar su situación económica. Whishaw apostilla que sería una lástima que estas antigüedades pudieran caer en manos de cualquier comprador e insinúa que la Hispanic Society sería un destino glorioso para estas joyas históricas ya que la familia sentiría alivio al preservarlas en un museo. En otra parte de la carta escribe sobre otros objetos susceptibles de compra, así como de las potencialidades de Moguer como lugar viable para el turismo.[8] Esta misiva, debemos ponerla en relación con el viaje que Whishaw realizó en 1912 por los Lugares Colombinos y que plasmó en su libro de viajes *My Spanish Year* (1914), dedicándole dos capítulos a esta comarca.

La correspondencia con Huntington y la relación continuó hasta tal medida que en 1913, el hispanista le anunciaba por carta su nominación como miembro de la Hispanic Society,[9] aunque en contestación a esta epístola, el 9 de febrero escribía Whishaw a

---

7   Correspondence from Huntington. 19 de febrero de 1911. Archive: *Whishaw*. Department of Manuscripts and Rare Books, Hispanic Society of America, publicada en Maier, *El epistolario* 185, carta 126.

8   Correspondence from Huntington. 24 de enero de 1912. Archive: *Whishaw*. Department of Manuscripts and Rare Books, Hispanic Society of America

9   Carta dirigida a Ellen M. Whishaw el 25 de enero de 1913. *(AEW, Leg. 8)*. Archivo Municipal de Niebla.

Huntington disculpándose por no poder aceptar el nombramiento debido a la enfermedad de su marido, y que para ella era una cuestión de "honor".[10]

La comunicación entre ambos personajes cesaría durante algunos años, que coinciden con el inicio y desarrollo de la Primera Guerra Mundial, aunque nuestra protagonista mantuvo en este período contactos en Norteamérica que utilizaría para la defensa de sus ideales. Reivindicaba en este tiempo la puesta en valor de los monumentos emblemáticos relacionados con el Descubrimiento, así como la reclamación de infraestructuras que pudieran facilitar la llegada de visitantes. A este respecto, relevante sería la carta dirigida a su amiga Katherine Lee Bates,[11] del Wellesley College, en amparo del Monasterio de la Rábida y la Iglesia de Palos, publicada en 1917 en *The New York Times*:

> Se pide nuestra ayuda para salvar al Monasterio de la Rábida. El famoso santuario, lugar de donde partió Colón para descubrir América, se halla en estado ruinoso. (…) Le escribo ahora para pedirle su ayuda a fin de fijar la atención de los americanos sobre el triste estado de la Rábida. No puedo sino creer que una vez conocida la verdad, no dejarán que este histórico Monasterio se derrumbe (…) después de haber gastado grandes sumas en construir una nueva copia de él para la exposición de Chicago… (Whishaw "Our Aid")

Pasado este tiempo tenemos que señalar que la comunicación entre Ellen M. Whishaw y A. Huntington se volvería a restablecer; así contamos con una misiva que Whishaw envía al hispanófilo norteamericano en junio de 1922, en la que le sugiere realizar una serie de fotografías para la Hispanic Society sobre

---

10   Correspondence from Huntington. 9 de febrero de 1913. Archive: *Whishaw*. Department of Manuscripts and Rare Books, Hispanic Society of America.

11   Profesora y poeta, (1859-1929); profesora de inglés en la universidad de Wellesley College, fue jefa del departamento hasta 1925, año en que se retiró. Autora del famoso poema "America the Beautiful" (Egea 2009).

la cultura mozárabe existente en lugares como el Monasterio de Santa Clara, en Moguer, la Iglesia de Palos, zonas del Andévalo onubense como Puebla de Guzmán, el Algarve portugués, etc., diciéndole que no resultaría difícil contratar algún joven fotógrafo, español o anglosajón, para acompañarla en esta tarea.[12]

Esta iniciativa de Whishaw tendría una contestación positiva por parte de Huntington, ya que unos días mas tarde, la arqueóloga volvió a escribirle dándole las gracias por haber recibido un cheque de 250 pesetas por las fotografías.[13]

Al calor de estas misivas, podemos relacionar estos trabajos por parte de la Hispanic a Whishaw, con la expedición fotográfica por España que por encargo de la Sociedad hispanista realizaría en 1923 Ruth Anderson, conservadora de Fotografía, acompañada por Catherine M. Allyn, que en aquel tiempo era conservadora del departamento de Publicaciones y Anna Pursche jefa de la biblioteca. Este viaje aportó a The Hispanic Society más de setecientas imágenes de varias partes de España entre las que destacan algunas ciudades andaluzas. Mención especial tendrían las fotos dedicadas a Niebla. Allí conocieron y fotografiaron la casa de la arqueóloga y la localidad proporcionó una serie fotográfica rica en imágenes que ofrecían el aspecto de una población que atesoraba una larga historia, estudiada en los yacimientos arqueológicos hallados en la zona (Espinosa 99-102).

Para concluir este estudio, añadir que las últimas colaboraciones entre nuestra protagonista y la Hispanic Society se produjeron en un periodo —años 20 del siglo pasado— en el que Whishaw estuvo dedicada de lleno a sus actividades arqueológicas realizadas en Palos de la Frontera, Huelva.

Contamos con dos folletos publicados por Ellen M.: *Notas sobre el puerto de Palos y las basílicas de San Jorge de Palos y Santa María de Niebla*, en 1927, y *Memoria con Guía de los Lugares Colombinos*, escrita en lengua inglesa, en 1928; En *Notas sobre el puerto de Palos*, abogaba por la restauración y rehabilitación de

---

12 Correspondence from Huntington. 20 de junio de 1922. Archive: *Whishaw*. Department of Manuscripts and Rare Books, Hispanic Society of America.

13 Correspondence from Huntington. 27 de junio de 1922. Archive: *Whishaw*. Department of Manuscripts and Rare Books, Hispanic Society of America.

estos monumentos a través del análisis detallado de la situación en el que se encontraban, describiendo sus materiales así como su historia (Acosta 730).

Al respecto de la puesta en valor del Puerto de Palos, y de su eterna relación con Huntington, elocuente resulta el artículo de *La Provincia*, del 2 de abril de 1928; es una carta abierta de Ellen M. Whishaw al director del diario, en la que expresa:

> He leído con mucho interés su trabajo publicado en LA PROVINCIA de noche, y me figuro que, vista su actitud de simpatía hacia el preclaro pueblo de Palos, ha de gustar a usted saber que actualmente estamos, los directores de esta escuela arqueológica, empezando la excavación y limpieza de las obras del muelle y astillero de aquel Puerto abandonado, único en el mundo por la intervención que tuvo en la epopeya del Descubrimiento. Estas excavaciones, autorizadas por Real Orden de 7 de diciembre pasado, son costeadas por el gran hispanófilo norteamericano Mr. Archer M. Huntington, quien entusiasmado con la lectura de los modestos folletos de propaganda pro esta región colombina que acompaño, me ha enviado como Directora general de dicha Escuela, un donativo de 200 dólares para invertirse en la labor a juicio mío, sin condiciones algunas. (…). (Whishaw, "Carta abierta")

De nuevo Whishaw dejaba patente en este artículo la implicación de Huntington en sus proyectos, desde que se produjo la fundación de la Escuela de Arqueología, hasta este período tardío de puesta en valor del abandonado Puerto de Palos.

Ellen M. Whishaw siguió dirigiendo, durante sus últimos años en Niebla, diferentes actividades de investigación, unas veces realizadas por ella misma, o con la ayuda de algunos colaboradores. Ante un empeoramiento, desde finales de Mayo de 1937, de su estado de salud, Whishaw pasará los últimos días de su vida en el Hospital de la Rio Tinto Company, de Huelva, en el que fallecería el 10 de junio de 1937 a los ochenta años de edad (Acosta 471-472). Hasta el mismo momento de su muerte, trabajó y luchó por la puesta en valor del patrimonio de Niebla y de los Lugares Colombinos.

Conclusión

Tras haber extraído conclusiones parciales a lo largo de las páginas precedentes, queremos plasmar algunas inquietudes acerca de la relación existente entre The Hispanic Society of America y Ellen M. Whishaw. Cuando nuestra protagonista llegó a Sevilla, supo rodearse de toda la élite política, religiosa, social, etc., y, sobre todo, cultural, lo cual le permitió poder llevar a cabo toda una serie de actividades relacionadas con diferentes ámbitos. En esta línea queremos enmarcar su relación con la Institución hispanista, ya que las fuentes analizadas nos han puesto de manifiesto que la arqueóloga no cesó en la búsqueda de financiación de sus proyectos, disponiendo, desde que llegó a España, del patronato de intelectuales, diplomáticos y profesionales, en el que resalta la figura de Archer M. Huntington, que desde 1910, con las primeras adquisiciones para The Hispanic Society de los bordados andaluces, hasta fines de los años 20, con las aportaciones del hispanista para la puesta en valor del histórico puerto de Palos, apoyó y patrocinó los proyectos científicos de nuestra protagonista.

Sin detrimento de la atracción que estos lugares históricos despertaron desde el principio en ella, y que desde una perspectiva de progreso, siempre quiso potenciar, los intereses personales de Whishaw, pudieron propiciar su énfasis en relacionarse con The Hispanic Society, potenciando a través de intercambios y donativos las actividades de su Museo y Escuela de Arqueología.

Bibliografía

Acosta Ferrero, Juan María. *Elena Whishaw y Niebla: la dama de las piedras*. Tesis doctoral, Universidad de Huelva, 2009.

Egea, Alberto, coord. *Viajeras anglosajonas en España*. Sevilla: Centro de Estudios Andaluces. Consejería de la Presidencia. Junta de Andalucía, 2009.

Espinosa Fernández, Noemí. *La fotografía en los fondos de la Hispanic Society of América: Ruth Matilda Ande rson*. Tesis Doctoral, Universidad de Castilla la Mancha, 2010.

García Sanz, Carmen. "Huellas de *La Inglesita* afincada en Niebla". *Clásicos de la Arqueología de Huelva* 9 (2005): 35-73.

Méndez Naylor, Gladys, trans. *My Spanish Year, de Mrs. Bernhard Whishaw*. Huelva: Servicio de publicaciones Diputación de Huelva, Colección Gerión, 2013.

Maier, Jorge. *Epistolario de Jorge Bonsor (1886-1930)*. Madrid: Real Academia de la Historia, 1999.

---. *Un académico correspondiente de la Real Academia de la Historia y la Arqueología Española*. Madrid: Real Academia de la Historia, 1999.

Whishaw, Ellen M. (Mrs. Bernard Whishaw). "Our aid asked to save La Rábida Monastery." *The New York Times*. 25 March 1917: SM2.

---. *Notas sobre el puerto de Palos y las basílicas de San Jorge de Palos y Santa María de Niebla*. Sevilla: Imp. Y Lib. Sobrino de Izquierdo, 1927.

---. "Carta abierta. El Puerto de Palos". *La Provincia*. 2 de abril de 1928.

A SOCIAL, POLITICAL AND EMOTIONAL TRAVELOGUE ON PRE-REVOLUTIONARY SPAIN: JENNY BALLOU'S *SPANISH PRELUDE* (1937)[1]

María Losada-Friend
Universidad de Huelva

Reflections about Spain by American journalists have often been overshadowed by Hemingway's articles and novels. His outstanding mixture of an objective point of view in observation and a close perception of emotions and feelings of the Spanish character made him a model of reference. However, other contemporary journalists of his time should not be overlooked. Writers such as Jenny Ballou, who approached Spain with curiosity, interest, and a critical eye, should also be given credit for their careful attempt to reveal the inner life of Spaniards in the period of the so-called "benevolent dictatorship" of Primo de Rivera.

This work unveils the relevance and interest of Ballou's peculiar novel, a mixture of travelogue and autobiographical reminiscences. Her contribution is seen within the framework of the discipline of Emotionology, which started back in the 80s with interesting proposals such as those by Peter and Carol Stearns (1985) who wanted to systematically study traces of quotidian life by looking at ways in which emotions could be hidden, refrained, expressed, or represented. Based on the Stearns' approach, other

---

[1] Research for this work has been supported by two projects funded by the Spanish Ministry of Economy and Competitiveness (MINECO): HAR 2012-37394 (*Las mujeres y las emociones en Europa y América. Discursos, experiencias y prácticas*) and HAR2015/63804-P (*La vida emocional de las mujeres: Experiencias del mundo, formas de sensibilidad. Europa y América*).

Spanish critical voices, such as Tausiet and Amelang (2009) opened up ways to study the so-called affective life in historical documents.[2] They pointed to new lines of research to observe how emotions should be translated from one culture to another (23), which is the regular commitment of travel writings or journalistic travelogues which provide the reader with the understating of a foreign country.

Jenny Ballou adds to the long list of Anglo-American travelers in Spain but, surprisingly, her *Spanish Prelude* (1937) has received scarce critical attention even though it embraces tradition and innovation offering an enriching portrait of Spain. Only DeGuzman (2005) has dared to analyze it as an example of a "noncanonical modernist text" which "denaturalizes the conceptual categories 'American' and 'Spanish'" (xxxi).

Ballou leaves behind mythical and romantic echoes of former American travelers such as Irving's and represents a generation that visited, stayed, and lived long enough in Spain to capture realistically its idiosyncratic character. The renowned home-abroad tradition of English and American travelers (Graves, Johnstone, Maugham, Orwell, or Hemingway) left personal and peculiar accounts revealing parts of the history of Spain that necessarily looked into the emotional part of the country. However, not many of them focused on the years before the 2nd Republic. As Probst Solomon (2007) states: "It is not a period much written about, and certainly not by foreigners" (190). Ballou provided the insight of daily life in villages and cities (mostly Madrid), all in a calm but tense atmosphere that announced radical changes.

The book reveals the nature of a non-conventional American journalist in Spain. Not many biographical details can be found about Ballou's life.[3] DeGuzmán finds her antecedents

---

2   Other approaches to the analysis of emotions can be found in *El gobierno de las emociones* by Victoria Camps, *The Affect Reader Theory* edited by Melissa Gregg and Gregory Seigwoth, or *Working with Affect in Feminist Readings: Disturbing Difference* edited by Marianee Liljeström and Susanna Paasonen.

3   In the records of the eighth generation of the Ballous, the text states: "Genia Dubin, who as Jenny Ballou captured the Houghton Mifflin Literary Fellowship prize with her 'Spanish Prelude'" (Adin Ballou 99).

in the Anglo-Normans who gained prominence in New England (243), but she was born in Russia in 1903, became resident in USA from the age of 3, and married Harold Ballou. Both were journalists in the American News Service and spent 4 years in Madrid in the decade of the 1930s.[4] Probst, reviewing Ballou's biography of Ella Wheeler Wilcox noted: "Small, bright, Russian-born Jenny Iphigenia Ballou, got the idea of doing Ella WW several years ago when she and her husband were living near the Wilcox place at Short Beach, Connecticut. Ballou's witty books obviously owe much to critic Van Wyck Brooks, with whom she corresponded" (185).

Ballou's production reveals her fondness for Spain and its artistic nature. The basis of *Spanish Prelude*, published in New York in 1937, can be found in her reviews. In *The Saturday Review of Literature* (1930) she wrote about *La música contemporánea en España* by Adolfo Salazar, where she proved her knowledge of La Argentina, Falla, Albéniz, Granados, Turina, Del Campo, Espla, Pedrell, César Frank and composer Ernesto Halffter, and stated: "It is in music that we find the most significant form of expression in Spain today" (75). In *New Masses* (1936), she published a challenging and brave review on *Lament for the Death of a Bullfighter and Other Poems by Federico García Lorca*, translated by A.I. Lloyd, and encouraged readers "to speak up and act before it is too late" (26). Also in 1937, reviewing *First Person Plural* by Agna Enters, Ballou proves an open defender of new artistic genres (as the mime) to "convey the essence of a past epoch" (5), and in her book preview "Poetess of Passion" (1940) on artist Wheeler Wilcox, she praised Ella for absorbing all possible influences of countries in the world to "get all the vibrations of faith and reverence to add to my own" (12).

Spanish Prelude was significantly positioned and promoted at the time of its publication. The book was the second winner of the Houghton Mifflin Literary Fellowship and became the

---

4 Only a brief record exists on the life of their son, George Ballou, born in Madrid and with artistic abilities. See "George Ballou and a lost 500-page book about the artist-tourist colony at Lake Chapala" on the Sombrero Boos wbpage (<sombrerobooks.com/?p=2348>) for more information.

lead title in the Spring 1937 catalogue. Interestingly enough, that catalogue listed important contributions, such as *Dear Theo* (letters of Van Gogh), a popular edition of *Mein Kampf*, and the edition of *Best Short Stories 1937* with works by Katherine Anne Porter ("The Old Order"), William Faulkner ("Fool about a Horse"), or Hemingway ("The Snows of Kilimanjaro"). Ballou's book stood out within narratives of the 30s "during the months when *Gone with the Wind* ruled national best seller lists, and newspapers reported the abdication of Edward VIII, and President Franklin Roosevelt made an attempt to pack the Supreme Court" (*Book Publishing Institute*, n.p.).

The cover of the first edition, as described by Rukeyser in her review of 1937, reveals its success: "The book is such a narrative as Proust might have written from Paris in 1789, or Virginia Woolf from St. Petersburg in 1916" (34). The reviewer praised its "obvious qualities, its grace, the sharp exciting pictures of Spain" (34).

The 609 pages of the book prove the scrutinized description that Ballou offered of the Spanish country. Its short, significant title locates the action at the time before the proclamation of the Republic and the outbreak of the Civil War. Its structure indicates the careful transformation from travel impressions and experiences into a sophisticated novel with traces of a travelogue. Divided in 7 chapters ("In the Guadarrama mountains," "Café Revolutionaires," "The Women's Club," "Carmen," "Teresa," "Barcelona-Madrid Express," and "Prelude in the Escorial"), the narration helps the reader to meet a web of characters and incidents as the author retrospectively recalls them.

It is interesting to point out how cleverly Ballou selected the quotes that open and close the book or frame its chapters. They elevate the degree of abstraction in the account of Spanish aspects with meaningful intention. The book opens with a long quote from Galsworthy's book *Castles in Spain* (1927), and offers a deep initial reflection on the value of progress, progress that in the past relied on benefits and not on human values:

> The ancients built for tomorrow in another world, forgetting that all of us have a today in this. They

> spent riches and labour to save the souls of their hierarchy, but they kept their labourers so poor that they had no souls to save. They left astounding testimony to human genius and tenacity, but it never seems to have ruffled their consciousness that they fashioned the beautiful with slavery, misery, and blood. (*Spanish Prelude* 1)

The relevance of a glorious past versus a miserable present is noted all along the novel. Even Celia, a peculiar servant with an outstanding cultural level, will recite Espronceda's lines to an impressed Ballou: "Un tiempo España fue, cien héroes fueron/ Un tiempo de ventura / Y las naciones tímidas la vieron/ Vistosa en hermosura" (297).

Similar transcendental reflections are maintained as the reader opens the first chapter. A line from the Old Testament (Jeremiah 8:20) leaves a restless sensation that solutions have not yet been found for Spaniards: "The harvest is past, the summer is ended, and we are not saved" (3). The confessional, guilty lament of the prophet identifies Spaniards as sufferers in the future. They are as men in a year of famine. They are losing everything, but remain half awakened, motionless.

Similarly, "Prelude in the Escorial", the very complete epilogue where Ballou wraps up her story, opens with a simple but significant quote from the poem "Paracelsus" (1835) by Browning, offering some hope in the vision of the static Spain she witnessed ("Progress is / The law of life; man is not Man as yet" (285). Ballou finds in the English poet's words a way to express her awareness of the changing of times, and urges man to reach out for progress. Her hope for changes in Spain adds an optimistic note at the end of the book.

Ballou's account of Spain is a complete document where the strategy of a traveler is embedded in a fictional frame where the autobiographical nature cannot be spared. Four factors show a new direction in her peculiar contribution as a 20th century traveler in Spain. First of all, she is part of a new generation of experienced writers. As journalist, she exploits the genre opening up its possibilities, revealing her education, her knowledge of the world and the critical state of Spain. Her Russian background shows in the story. Spanish characters meet a Russian princess in exile and are well versed on Dostoyevski, discussing ideas coming from Russia. Having been a contributor to *The Florin Magazine* with Aldous Huxley, Herbert Read or Stephen Spender in the 1930s, Ballou's knowledge of the "intelligentsia" and political control is transferred to the book. Censorship is manifested as black lines cross out information in official documents that characters see and visits to members of the left wing in jail are described in the novel.

It is also noticeable how well versed and updated Ballou was in literary readings. As described by Probst: "Ballou, clearly tremendously knowledgeable about Spanish culture, reflects on Spanish writers and philosophers but is never pedantic" (190). Many references to writers as Unamuno, Lorca, or Cervantes are included, and Anglo-american authors as Dos Passos or Maugham are freely quoted in the story. Ortega's vision of Spain permeates the ideological conscience of the characters, and real figures as JRJ in the boarding house (101), Alberti in Club Ateneo (108), Valle Inclán in jail, or Lorca's sister place the reader close to the intellectual atmosphere of the time.[5]

Secondly, Ballou registers Spain in a state of the tense moments of 1923-30, "during the final halcyon days of Primo de Rivera's 'benevolent dictatorship'" (Probst 189).[6] Those were convulsive moments that she records together with the tranquil routine that she perceives around her. Things were about to happen, ideas about "revolution" were in the making, and Ballou expected Spaniards to take action, something that never happened while she was there. She freezes images: "monarchy and

---

5   Ballou was in the circle of Lorca's American friends. Probst records: "When Federico García Lorca returned from Puerto Rico to New York en route to Spain in 1930 and wasn't able to leave the ship due to a lapsed visa, Ballou was among the small group of intellectuals invited to a small party given in his honor aboard on the ship. (The guest list included Herschel Bricknell, Olin Downes, Professor Federico de Onis, and Mildred Adams)" (191).

6   It is important to note that Primo de Rivera's dictatorship lasted from September 1923 until January 1930. In February 1930, General Berenguer took the lead, followed in February 1931 by Admiral Aznar. Later, on April 14, 1931 the II Republic was proclaimed in Eibar (Guipuzcoa). Valencia, Seville, and Barcelona followed and King Alfonso XIII abandoned the country.

dictatorship advertising their own requiem," envisions possible movements ("the orchestration of rooted and inevitable forces"), but detects an immobilized citizenship that does not react in "the atmosphere of tedium" (227). Ballou records quite well the calm prelude before the social, political upheaval of the República, and captures few images of revolts of university students, military forces, defenders of Catalonian independence, and even a brief coup d'état, the so-called "Sanjuanada," in 1929.

Thirdly, she deals with a new way of understanding the travel genre. It is a novel that loses its boundaries, incorporating notes and reflections of a journalist, describing her own rite of initiation, which helps her to retrospectively find her own identity. Ultimately, the revelation of Spanish lives and emotions brings the narrator to analyse herself, and the book reveals a modern traveler's account reflecting Ballou's own search for identity. Backward-looking, the calm inactivity that she desperately endured, "that almost incurable form of Spanish Oblomovism" helps her to understand ways of living, dreaming and yearning, and provides a new, modern angle to understand a new type of literature of travel (175). Seeing and translating others' emotions, Ballou gets to know herself.

Finally, to describe the Spanish peculiar world, Ballou relies on a very interesting group of characters, unveiling the emotional universe in a way that conventional travelling narrative had not recorded before. Women villagers, widows, *beatas*, bourgeoises with an intellectual pose, *señoras* leading a boarding house, or rural girls that want to become servants in Madrid are part of a gallery of characters that share an unknown future, living with constrained emotions at a time of political unrest. Although the book starts with the encounter of Ballou and Doctor Monteagudo in Anselmo, a village in the Guadarrama mountains, the story amplifies its spatial frame, as she moves to Madrid, stays in a boarding house and reencounters Monteagudo, his family, and his pseudo-intellectual and liberal friends. A sporadic visit to Barcelona or references to Sevilla and other cities in Spain open up the claustrophobic atmosphere of Madrid as Ballou invariably keeps focusing her interest on women and their emotional universe.

Doña Rosa, widow and Monteagudo's mother, is the emblematic example of silence and knowledge. She stoically suffers her son's pseudo-liberal women friends, and learns to keep her thoughts to herself ("a dark cloud passed over his mother's face" 13). With Doña Rosa, Ballou portrays the silent reproach of an older, conservative generation. Even Ballou feels her superiority:

> She wore the expression of amusement and slight distaste that she had always had whenever I expressed an opinion—a look that said if I had had eleven children I should know there are more serious things in life for a woman than those which seem to impassion me. (93)

Stererotypes are found in Monteagudo's family with his sister "la beata" (90) or his cousin Carlota, who "sat in the garden and waited to get well and to marry" (294). He is also surrounded by Julia, Carmen, or Teresa, named by Ballou "sleeping beauties-intellectuals" of the Women's Club. Sardonically, their liberal attitudes prove empty. Carmen "with lip rouge on" proves to be liberal only on the surface ("she said everybody used lipstick as they wore silk stockings" 295), and Teresa "was really preparing to go to the devil in a Rolls-Royce" (295). Next to them, an interesting group of servants is portrayed. Francisca and Saturnina are country girls in Madrid fighting for new ways for a living and shaking out their provincialism (100). Celia is a seamstress in Madrid full of culture but with no means. Her literary background impresses Ballou who discusses with her Cervantes and life. Even the lover of the Prince (who is never mentioned) comes to scene, and Ballou presents Maria Mora and her mother, "a veritable Celestina" (114), who rigidly reminds the girl her obligations as a lover. Of all female characters, *la tía* Mauricia, who loses her cow, becomes the narrator's *leit motif* of lost hopes. Ballou mentions her again at the end of the book in an optimistic yearning for change in Spain:

> All will have running water in the new age of Spain, and *la tía* Mauricia will have her cow, and there will

be no masters and no servants and no city and no country, but there will be golden grain under the starlit sky and *la tía* Mauricia will dance and all will dance, at the universal harvest at the beginning of the world" (305).

Ballou's rich descriptions when recording emotions is also constructed through the capturing of sensations. Senses help her to recall her best memories of Spain. Aromas become crucial to translate magic moments. The "fragrance of bread" (91) is many times recalled in the book, as are noises and sounds of La Castellana, with its mist and urban bustle (107). In El Escorial, "the roof of the world," Ballou freezes the narrative to relive the experience: "The thyme-scented breezes scarcely stirred the pool beneath, and the splashing of the ducks seemed to come from some unfathomable distance, from the depths of centuries of quiet" (285). Her memories select a specific moment: "The air was suddenly quiet, as before a storm. The pines sent out a hot, sweet smell from the groves" (286), and she lets a gallery of characters appear: the monks "with huge bellies" (285), the hermit of the region urging his donkey: "Burra....Arre...Bur-r-r-a!" (286), or the idiot of the village, Cuenca, a portrait of "isolation and madness," who "madly cuts front legs of chairs" and asks tourists for money (289). She even includes the vision of the set of sick people in the deeper woods: "victims of the disease that Doctor Monteagudo had claimed was a medical problem already solved were reclining under pine trees. Here even the grass smelled of medicines, ampoules, and injections" (287). Her portrayal of the invalid who stares at her is an example of how the look at the other changes the traveler: "I was awake and living; and she was awake and dying and she gave me a dark, hollow, accusing look of thanks, and murmured something hoarsely" (287).

In El Escorial, Ballou sees again Monteagudo's cousin, another political prisoner. His transformation after his time in jail ("my real university" 293) proves a new generation emerging ("a new seriousness, a fluidity of expression" 290). This contrast with other characters encountered at the beginning of the book, those "high jinks and the snobberies, as well as the true smarts of the world she found herself part of" (Probst 190), will be dismissed in Ballou's last pages of the book in the hope for a new time for Spain.

Undoubtedly, the Spanish experience changed the way Ballou would regard Spaniards later. She became part of those American travelers that honestly admitted to having changed their opinions once they understood Spain. One of them, V. S. Prichett (*Marching Spain*, 1927) recalling the stereotypes he had expected, stated: "Romantically, I looked forward to the nakedness, the poverty, the savagery, the golden bombast, the masculinity, the heroic barrenness of Spain" (7). Ballou herself, as she contemplated a girl kissing a wooden cross, openly declared:

> A few years before I should have seen this as an amusing picture, but now I felt I was beginning to see its meaning with all the other picturesque things that I had looked on so blindly and absent-mindedly. I looked about me, and saw everything in clear outline, the way one sees things on the eve of a voyage, and I felt a strange excitement within me. (286)

All in all, Ballou provided a personal way of writing her traveling accounts, and her attempt left open new lines of research to compare Americans facing Spanish attitudes in new political contexts.[7] Notwithstanding, hers was in fact a new way of translating emotions to the American reader. A different country had to be unveiled, and she did it alternating patronizing attitudes and feelings of superiority, admiration, and surprise. Above all, she exposed her eagerness to understand the static, immobilized attitude of a Spanish world that was about to dramatically collapse.[8] The book is obviously a close analysis of

---

[7] A 2013 article in *El País* ("'Once upon a time' en Madrid") offered a list of American authors, (including Ballou's *Spanish Prelude*) who had focused on Madrid in their travel accounts. The list included Ernest Hemingway (*Fiesta, For Whom the Bells Toll,* and "The Capital of the World"), Saul Bellow (*Humboldt's Legacy* and "Gonzaga's Manuscripts"), Barbara Probst Solomon ("One day in Toledo" and *Short Flights*), Ben Lerner (*Leaving the Atocha Station*) and even Barack Obama (*My Father's Dreams from my Father: A Story of Race and Inheritance,* 1995).

[8] Many other English and American female travelers followed her example. See

the spiritual stream that would be shattered in the Civil War but was, ultimately, Ballou's first exercise towards a more committed political position towards Spain. Barbara Probst explains: "In 1938, in *Writers Take Sides*, over 400 American writers were asked whether they were for the Spanish Republic or for Franco" (190). Ballou, coherently, took sides with the Republicans.

WORKS CITED

Ballou, Adin. *The Ballous in America. The Original History and Genealogy of the Ballous in America, 1803-1890*. Providence: Press of E.L. Freeman and Son, 1888.
Ballou, Jenny. *Spanish Prelude*. Boston: Houghton Mifflin, 1937.
----. "Poetess of Passion." *The Saturday Review*. 20 January 1940. 10-12.
Book Publishing Institute. "Houghton Mifflin Catalogue 1937." 5 March 2016. Web. <bookpublishinginstitute.org/2013/08/05/houghton-mifflin-spring-1937-trade-catalog/.>
DeGuzmán, María. *Spain's Long Shadow: The Black Legend, Off-Whiteness, and Anglo-American Empire*. Minneapolis: U of Minnesota P, 2005.
Galsworthy, John. *Castles in Spain and Other Screeds*. New York: Charles Scribner's Sons, 1927.
Probst Solomon, Barbara. "Café Revolutionaries. Jenny Ballou." *The Reading Room* 7 (2007): 189-191.
Poore, Charles. "A Prelude to Battles in Spain. Mrs. Ballou's Memoirs Makes Yesterday Sharply Illuminate Today." *The New York Times*. 21 March 1937.
Stearns, Peter N. and Carol Z. "Emotionology: Clarifying the History of Emotions and Emotional Standards." *American Historical Review* 90 (1985): 813-36.

Nancy J. Johnstone's *Hotel in Spain* (1937) and *Hotel in Flight* (1939), or Anna Loise Strong's *Spain in Arms* (1937). Also, updated information on female intellectuals in Spain before the Civil War can be seen in the documentary *Las sin sombrero* (cords. T. Balló, S. Torres and M. Jiménez, Spanish TV2. October 2015).

Tausiet, María and James S. Amelang, eds. *Accidentes del alma. Las emociones en la Edad Moderna*. Madrid: Abada Editores, 2009.
Rukeyser, Muriel. "Such as Proust?" *New Masses*. 4 May 1937. 33-34.
Pritchett, V. S. *Marching Spain*. London: Hogarth P, 1988.
Van Doren, Mark. "Fiction of the Quarter." *The Southern Review* 3.1 (1937): 159.
Strong, Anna Louise. *Spain in Arms, 1937*. New York: Holt, 1937.

SARMIENTO: DE ESPAÑA A ESTADOS UNIDOS

Susana Maiztegui
East Stroudsburg University

Si las ideas de la Ilustración fueron el motor que propulsaron a las colonias hispanoamericanas a la independencia, el romanticismo de origen francés fue la ideología que constituyó a estas metrópolis en naciones con identidades propias. Domingo Faustino Sarmiento, maestro rural, periodista, pensador y presidente, es uno de los líderes del movimiento intelectual que dominará los cargos más importantes de la política argentina. Esta generación, llamada de 1837, que crece inmediatamente después del movimiento independentista, es testigo de la fragmentación del país bajo la inestabilidad y la anarquía, y atribuye el caos reinante a debilidades inherentes a la herencia cultural española. La independencia política que había obtenido la generación anterior no era suficiente y la emancipación cultural era urgente. El romanticismo rioplatense está marcado por la tendencia liberal y democrática pero a la vez por un pronunciado sentimiento antiespañol. Una vez desechado el legado peninsular, ¿qué alternativa ideológica se le ofrece a estos intelectuales? La España del siglo XIX carece de doctrinas válidas que ofrezcan una plataforma institucional y un programa político aptos para el despegue de una nueva democracia; a esto se le suma la admiración que siente la Generación del '37 por los modelos culturales franceses, los cuales continúan esparciendo por el Nuevo Mundo las ideas de la Revolución. La contracara de esta francofilia es una profunda hispanofobia, lo que provoca, en un principio, una intensa crisis de identidad en el ser nacional argentino.

¿Cuál es el origen del sentimiento antiespañol? Tres motivos fundamentales. Primero, un resabio de rencor colonial producto de las luchas por la independencia de España, aún recientes. Los líderes intelectuales se ven apremiados a romper con la tradición cultural de la metrópolis en busca de un pensamiento libre e independiente. Este alejamiento aparta a los ilustrados de sus propias raíces y los arroja en brazos de la cultura francesa. Los intelectuales argentinos encuentran sus ideales democráticos en la monarquía constitucional francesa. Finalmente, ya mencioné la falta de ideales españoles que satisficieran las aspiraciones de los jóvenes activistas.

Estos militantes políticos identifican los problemas de la incipiente nación con el oscurantismo intelectual del legado español,

> Lo que aún no se ha escrito de la historia de América ... es ese momento en que España se reposa de su larga lucha con los moros ... y manda al océano tres carabelas para que le traigan de qué vivir en la indolencia y en la ociosidad ... que se prepara bajo la sombra de todos los despotismos concebibles mancomunados. (Sarmiento, *Artículos* 160)

Usando términos sarmientinos, España es la barbarie que se opone a la civilización. Si bien algunas de las conclusiones antiespañolas de Sarmiento son arbitrarias —sobre todo en vista de que las hace a la distancia— el argentino reconoce que España no tenía malas intenciones, sino que lega a América su intrínseca incapacidad y comete con sus colonias los mismos errores que la arrastran a su decadencia interna, "Culpar a España de hacer mal a designio, cuando el mal era su propia esencia, su vida, su modo de ser, esto es soberanamente injusto" (*Viajes* 167).

Sarmiento viaja a Europa como enviado del gobierno chileno para estudiar los sistemas educativos imperantes y llega a España en octubre de 1846, desencantado luego de pasar varios meses en Francia. Sarmiento aprende dos cosas fundamentales alejadas de su hipótesis original. En primer lugar, se despoja de la percepción idealista que tiene de Europa ni bien comienza el recorrido en diligencia a través de la campiña francesa. La sorpresa desborda al sanjuanino, quien atraviesa caseríos pobres y atrasados, tan aislados del resto del país que, espiritualmente, podrían haber estado situados en el desierto riojano. Sarmiento confirma que pese al rápido crecimiento demográfico de los centros urbanos, las dificultades del mundo rural coincidían con las de su desierto natal en el atraso educativo y cultural y la indiferencia cívica hacia las nuevas instituciones. A esta novedad se le agrega otra: en París, el argentino percibe que el pasaje desde la barbarie hacia el progreso y la civilización no es lineal, sino que está marcado por contrastes y tensiones. Siente, alarmado, los peligros que encierra la enorme brecha socio-económica e identifica al progreso con la emergencia de nuevos conflictos,

> Vengo de recorrer la Europa, de admirar sus monumentos, de postrarme ante su ciencia, asombrado todavía de los prodigios de sus artes; pero he visto sus millones de campesinos, proletarios y artesanos viles, degradados, indignos de ser contados entre los hombres; la costra de mugre que cubre sus cuerpos, sus harapos y andrajos que visten, no revelan bastante las tinieblas de su espíritu; y en materia de política, de organización social, aquellas tinieblas alcanzan a oscurecer la mente de los sabios, de los banqueros y de los nobles (352).

España, en tanto, recibe a un viajero cargado de prejuicios sobre su acervo cultural, "En los círculos literarios que he frecuentado, he encontrado ... aquellos... que, como yo, detestan ... sus antecedentes históricos y simbolizan en la España la tradición del envejecido mal de América" (257-58). Si la visita a España carece de objetivos políticos, al menos intenta comprobar, en un triste regreso a las fuentes, las raíces españolas de las desgracias americanas. Confirmando la perversidad de sus intenciones, la carta a Victorino Lastarria dice,

> A esta España, que tantos malos ratos me ha dado, téngola por fin ... bajo la mano; la palpo ahora, le estiro las arrugas, y si por fortuna me toca andarle con los dedos sobre una llaga... aprieto maliciosamente ... para que le duela, como aquellos escribanos de

... la Inquisición de antaño, que de las inocentes palabras del declarante sacaban por una inflexión de la frase el medio de mandarlo a la guillotina (217).

Sarmiento adopta una postura hipercrítica de "fiscal reconocido" (216) ante la cuestión española, preparado para confirmar los reproches que traía de antemano desde América. La visita del sanjuanino coincide con la celebración de bodas reales que une a las coronas española y francesa y, a pesar del trasfondo negativo que impregna sus juicios, Sarmiento exhibe momentos de lucidez en el análisis de la política española. Como ya ha hecho en *Facundo* con la descripción de los tipos campestres, Sarmiento se detiene en apuntar que la vestimenta de los participantes de las festividades tiene el valor de signo político y de lenguaje simbólico vinculado a los altibajos culturales del reinado.[1] El retrato del paisano y el mendigo son análogos a la situación política de la península,

> El paisano español posee... las cualidades necesarias para ejercitar con éxito la profesión de mendigo. Un aire grave, una memoria recargada de oraciones piadosas y de versos populares y un vestido remendado ... El sistema de remiendos se aplica igualmente en España a las reformas políticas y sociales; sobre un fondo antiguo y raído se aplica un remiendo colorado que quiere decir *constitución*; otro verde que quiere decir *libertad*; otro amarillo... que podría significar *civilización*. (228)

Esta progresión lleva la atención desde algo trivial al verdadero blanco de su crítica y deriva en la cruel conclusión de este dominó metafórico: España es un mendigo en remiendos, "En lo moral o en lo físico no conozco pueblo más remendado, sin contar todos los agujeros que aún le quedan por tapar" (228).

---

1 "Toda civilización se expresa en trajes y cada traje indica un sistema de ideas entero ... Hay aún más: cada civilización ha tenido su traje y cada cambio en las ideas, cada revolución en las instituciones, un cambio de vestir" (*Facundo* 161-62).

Para sus ojos, el fasto de las bodas reales no hace más que subrayar la realidad mendicante de un país indigente, a contramano de la civilización europea. En la diversidad de prendas de los concurrentes asoma la amenaza que atenta contra la unidad de España hasta el presente: al hablar de trajes regionales, Sarmiento apunta a la división provincial, una de las cuestiones que más ha condicionado al reino en su evolución.

> Los hombres de la clase culta siguen en todo la moda europea ... pero el pueblo,... lo que aún es en España genuino español, es digno siempre del pincel. La capa es de riguroso uso desde el mendigo, el pastor de ovejas y el mulatero... El sombrero calañés del sevillano... los *maragatos* de las provincias del Norte llevan aún aquel traje original con que en los grabados antiguos se representa a Sancho Panza... el andaluz despliega, bajo el estrecho vestido de Fígaro, todas las gracias del majo español. Esta diversidad de trajes, muy pintoresca, sin duda, revela... una de las llagas más profundas de la España: la falta de fusión en el Estado. Las provincias españolas son pequeñas naciones diferentes y no partes integrantes de un solo estado. El barcelonés dice: soy catalán, cuando se le pregunta si es español; y los vascos llaman castellanos a los que quieren designar como enemigos de su raza y de sus fueros. (230-31)

Sarmiento rescata Barcelona, una "ciudad... enteramente europea," subrayando el contraste que existe con el resto del país. La actividad económica catalana desborda de innumerables proyectos industriales que se identifican con la civilización, y apunta que "sus marinos inundan las calles como en el Havre o Burdeos, el humo de las fábricas da al cielo tinte especial... el hombre máquina está debajo. La población es activa, industrial... hay, pues, un pueblo europeo" (268).

Tampoco es Sarmiento universalmente negativo sobre la conducción política española, rescatando la labor progresista de los Reyes Católicos y el desarrollo cultural de los Habsburgo quienes, fieles a sus ancestros teutones, operaron bajo férrea disciplina. Acusa a los Borbones de incompetencia política e inercia intelectual, cualidades que contagiaron a sus posesiones americanas, "En España... no debemos esperar que supiese gobernarnos a nosotros lo que ignoraba para gobernarse a sí misma" (121). La inferioridad de las colonias españolas y el déficit intelectual e industrial heredados de la Madre Patria se magnificarían al compararse con la prosperidad, la libertad y la iniciativa comercial existentes en las antiguas colonias inglesas durante la visita a los Estados Unidos.

¿Por qué este desvío a Norteamérica, ya con escasos fondos y que surge espontáneamente durante su estadía europea? Sarmiento le explica a Valentín Alsina,

> Dos cosas me habían hecho desear inspeccionar personalmente los Estados Unidos. La colonización y la práctica del sistema electoral; el modo de poblar el desierto, y la manera de proveer al gobierno de la sociedad. Sobre lo primero mis deseos quedaron satisfechos... Un hecho al parecer tan espontáneo, tan irregular, encierra, sin embargo, una teoría, una ciencia y un arte. Hay un sistema de principios, de leyes y de reglas para colonizar prósperamente, de cuya infracción u olvido han resultado todas las poblaciones raquíticas de nuestros países... No anduve tan feliz en materia de elecciones. (691)

Sarmiento proyecta un inmenso deseo de idealizar a los Estados Unidos a fin de reemplazar la desilusión que le produce el modelo europeo, pero esta decepción cobra una segunda víctima: su juicio sobre la experiencia urbana. Una de las ideas centrales de *Facundo* gira en torno al vínculo que existe entre la metrópolis y el desarrollo de las instituciones en la Argentina. Sarmiento, quien al momento de escribir su obra maestra aún no conoce la ciudad de Buenos Aires, invita a cultivar la campaña porque asocia el adelanto institucional a la modernización relacionada con los grandes centros urbanos, fenómeno que ocurre desde la Europa medieval, "No había *res pública* durante la Edad Media, y no podía haberla, porque los terratenientes vivían en relativo aislamiento...." y recién cuando el mundo renacentista se traslada hacia centros metropolitanos, "la ciudad era el lugar donde uno encontraba talleres, tiendas, escuelas e instituciones que tenían que ver con la interpretación y la implementación de la ley" (691).

Luego de su viaje, Sarmiento llega a una conclusión que se aparta de esta visión iluminista. En Francia el sanjuanino descubre, en indigentes operarios fabriles, la verdadera miseria de la Revolución Industrial y la amenaza que se esconde bajo la inequidad de la empresa. En Estados Unidos encuentra al municipio, como el punto de partida desde donde se extiende el conglomerado social que garantiza los derechos y obligaciones del nuevo régimen democrático que ansía ver en su patria. "La base de todas las libertades de los Estados Unidos está en la Municipalidad; cada aldea posee un gobierno completo, un sistema de instituciones propias, o de autoridades que de nadie dependen" (*Comentarios* 174). Sarmiento adopta las ideas de Alexis de Tocqueville, para quien el municipio es la piedra fundamental de la unidad republicana y quien admite que "sin instituciones municipales una nación puede darse un gobierno libre, pero carecerá del espíritu de la libertad" (Tocqueville 73).[2] Sarmiento construye una identidad nacional partiendo de su bloque más pequeño, convencido de que estas aglomeraciones reducidas representan un primer paso en la unidad interior del país, "Una ciudad capital es un municipio; una ciudad, una villa, una aldea son municipios, una *campaña cultivada* es un municipio" (*Comentarios* 178).[3]

La frase *una campaña cultivada* es un municipio nos invita a elaborar algunas conclusiones. Es un enunciado clave en la ideología del autor, uno de los ejes que nos señalan los motivos del fracaso del modelo de nación que propone Sarmiento para la Argentina, un país industrializado, surcado por una sólida infraestructura vial y exportador de manufacturas. Su reverso es el triunfo del ideal del General Mitre, el de perpetuar las grandes

---

2   Traducción mía.

3   Bastardilla del original.

extensiones latifundistas productoras de materias primas para la exportación, el proverbial "granero del mundo".

Para Sarmiento, es imperativo que la institución municipal se vea acompañada por la radicación de residentes estables que la sostengan: el compromiso de población del desierto. Este es un concepto fundamental tanto en la Argentina incipiente como en los afianzados Estados Unidos, países en donde la afirmación de fronteras es cuestión de supervivencia institucional y en donde la gran extensión territorial no siempre coincide con la densidad y calidad del pueblo que los habita. Por ello, el relato de su viaje por los Estados Unidos se continúa con una descripción del villano, sus costumbres y sus vestimentas, tal como había tipificado en su momento los caracteres pampeanos. Otro obstáculo que enfrenta Sarmiento en el diseño de su modelo de nación es el sistema de valores que había legado la colonización española. Esta sociedad exaltaba la imagen del caballero cristiano, dispuesto a involucrarse en actividades bélicas, subrayando el individualismo y el valor militar, alguien que desprecia las labores manuales y las tareas comerciales porque asocia la agricultura y el comercio con los infieles musulmanes o, en el Nuevo Mundo, con los indios, la encomienda o los mestizos. Es decir que el prejuicio religioso crea una psicología contraria a actividades que en los Estados Unidos se consideran trabajo digno y productivo.

La experiencia en los Estados Unidos empuja a Sarmiento a considerar cómo el marco sociocultural abriga los éxitos económicos mientras que el progreso científico y el plan político facilitan su consumación. La originalidad del relato norteamericano reside en el hallazgo de una nueva sociedad y una nueva civilización fundadas en la plena fusión con un mercado de consumo doméstico que descuenta la coexistencia de la libertad y la igualdad, los grandes problemas políticos de la Europa del siglo XIX. En Estados Unidos Sarmiento advierte la existencia de un verdadero mercado nacional uniforme. Este mercado interno homogéneo presupone, forzosamente, la presencia de una red de comunicación escrita y la de un consumidor educado que pueda no solo leer sino también entender un aviso publicitario. El requisito *sine qua non* para que esta sociedad homogénea y educada consuma dentro de un activo intercambio comercial es el bienestar colectivo y el anhelo de una creciente prosperidad. La oportunidad de acceder a una mejora económica uniforme en su patria es ofreciendo "una base sólida a la propiedad de la tierra" (180). Sarmiento ve el futuro que desea para su patria; el desafío es ponerlo en funcionamiento.

Bibliografía

de Tocqueville, Alexis. *Democracy in America*. Ed. Isaac Kramnick. Trans. Gerald Bevan. London: Penguin Books, 2003.
Sarmiento, Domingo F. *Artículos críticos y literarios (1842-1853)*. Buenos Aires: Universidad Nacional de La Matanza, 2001.
---. *Obras Completas 8. Comentarios de la Constitución*. Buenos Aires: Universidad Nacional de La Matanza, 2001.
---. *Facundo*. Buenos Aires: Losada, 2002.
----. *Viajes por Europa, África y América*. Buenos Aires: Stockcero, 2003.

BARTELBY OF LA MANCHA

Alberto Manguel

The subject of your conference is, I understand, the "Historical Links between Spain and North America." My ignorance of history, politics, economy, sociology, and most other sciences has forced me to divert your very worthy interest toward an area in which I feel a little more comfortable: that of literature and, in particular, the literature of Jorge Luis Borges, who died thirty years ago in Geneva. North America, I take it, in the context of your congress, means the United States, not Canada. Had it included Canada, I would have started with a story Borges told me about how Canada got its name, after I told him that I was settling in Toronto with my family. Borges' story goes like this: In 1791, the explorer José María Narváez became the first Spaniard to set foot on what became known as Vancouver Island. Seeing the desolate stretch of coast with its tall pine forests and windswept rocks, Narváez exclaimed: "*Acá nada*," thus giving the vast country its name.

However, your subject is not Canada but the United States and Spain, so allow me to discuss Borges' relationship with both these countries, and try to find in his writings a significant common ground between the two.

The concept of nationality is an illusion, modern, convincing, and tragic no doubt, but an illusion nonetheless. "The idea that a literature must define itself in terms of its national traits," wrote Borges in 1951, "is a relatively new concept; also new and arbitrary is the idea that writers must seek themes from their own countries." Instead, Borges suggested that rather than looking for local colour, writers "should feel that our patrimony is the universe." Borges's father had told him repeatedly that he should look carefully at soldiers, uniforms, barracks, flags, churches, priests, and butcher shops, because in the future they would cease to exist. Especially flags and uniforms.

In spite of this prediction, Borges felt undoubtedly Argentine. But what did this prediction mean? "Argentine history," Borges remarked, "can be unmistakably defined as a desire to become separated from Spain, as a voluntary withdrawal from Spain." This negative identity, as it were, identity through severance or opposition, was challenged early on, when Borges discovered Spain in 1919, at the age of twenty. The Borges family had left Buenos Aires in 1915 for a four-year-long visit to Europe, and had decided to stop in Spain before returning home. Borges noted in his *Autobiography* that this was an unusual decision. Argentinians of the generation of his parents avoided Spain when they travelled abroad, feeling that their national self had been defined with the Declaration of Independence from Spain of 1816. Furthermore, Spaniards in Buenos Aires had menial jobs —maids, waiters, masons— and were therefore cut off from the social circle to which the Borges family belonged. According to Borges, because Argentinians of his parents' generation saw Spain through the eyes of the French, Spaniards appeared to them as picturesque, a sort of patchwork of bits and pieces favoured by Lorca: gypsies, bullfighters, and Moorish architecture.

In reality Spain, or rather Palma de Majorca and later Seville and Madrid, became for the young Borges an introduction to a vibrant community of young avant-garde poets who placed the metaphor at the core of their work and called themselves Ultraists. On December 31, 1919, a poem by Borges apeared in print for the first time: a hymn to the sea, strongly reminiscent of Walt Whitman. In June of 1920 the family returned to Argentina and Borges became the Argentinian representative of the Ultraist movement.

But it was not the Ultraists but Cervantes who defined for Borges the discovered power of the Spanish tongue. Even though Borges had read *Don Quixote* for the first time at the age of eight, in an English translation published by Garnier, his identification of Cervantes's masterpiece with Spain —the dry, dusty, hard Spain opposed to the decorative one of the *espagnolades*— did not take place until much later. He confessed that when later he read the original in Spanish, he had the feeling that it wasn't the real *Quixote*. Gradually, however, Borges came to see *Don Quixote* both as a mirror of the country of Cervantes and that of his own ancestors, but above all as a fountain of literary devices that he was to make so uniquely his own. *Don Quixote* became for Borges both the perceived reflection of seventeenth-century Spain —its Catholic faith, its war against the Moors or the Turks, its contrived and rhetorical prose— and the promise of universal literatures to come.

One remarkable example of this promise is the 1604 prologue to the First Part of *Don Quixote*. No doubt written after the novel itself was finished, Cervantes's prologue prepares readers for their participation in the great literary game of the pages that follow. Cervantes may have realized by then that he has not written a mere parody of novels of chivalry, as was probably his first intention, but something utterly unique, a text that defined itself in the process of its writing. To prepare us for the reading of this novel so contrary to the literary tradition, the prologue itself needed to break away from all traditional expectations.

By the end of the sixteenth century, the prologue was an expected part of any work of fiction. Conscious of the need to renew this "custom," Cervantes begins by taking up the traditional authorial first person singular to address the reader. But instead of composing an explanatory exordium or a more or less lengthy dedication, as tradition dictates, the prologue that Cervantes produces is presented to the reader as the chronicle or confession of an elaborate lie that begins with declarations of incapacity and lack of inspiration, and ends with a string of commonplace references and apocryphal quotations.

Beginning with an *excusatio propria infirmitatis*, Cervantes forces the reader to become witness to the trickery, setting up a scene with three protagonists: the author (Cervantes himself who explains that he is not the "father" but the "stepfather" of *Don Quixote*), the "leisurely reader" whom the author cordially addresses, and the anonymous friend of Cervantes who will ensure that the book does not appear without "the adornment of a prologue." In the dramatic exercise that Cervantes proposes as an introduction to the artifice that follows, we see the reticent author (foreshadowing the character Cervantes who will find the original manuscript in Arabic), telling how the prologue came into being, to a reader whose expectations seem to respond (as they will respond throughout the novel) to inventions and asides that undermine and disappoint these same expectations. In this tangled web, the notion of authorship is several times distorted. To begin with, the author (Cervantes) seems to obey the authority of the reader who demands, following tradition, a prologue. To satisfy this demand, Cervantes places this authorship of the prologue in the hands of a friend who will explain the procedure to him and thus be responsible for the ensuing text. However, as everyone knows (and is made explicit in the ninth chapter), the novel about to receive its prologue is not by the author who signs his name to it (Cervantes) but by a certain Arab writer (Cide Hamete Benengeli) who, in turn, is not the author of the text we read: this third and literal author is the anonymous translator who renders the text into Spanish for "thirty pounds of raisins and two bushels of wheat." The prologue suggested by Cervantes' friend is a foretold reflection of the relinquishing of the authorship of the novel yet to be read.

Nebrija, in his *Retórica* of 1515, defines the prologue or exordium as "the beginning of a speech through which the mood of the listener or judge becomes disposed and ready to listen." Pretending to praise such classical prologues, especially that of Lope's *Arcadia*, Cervantes ridicules their pompous style showing how, by reducing them to a formula, anybody can write one. "In a twinkling of an eye," says Cervantes' apocryphal friend, "I'll overcome all your difficulties and mend all the insufficiencies you say hold you back and intimidate you." To this method we owe, at least in part, the irony of many of Borges' masterpieces, from "Pierre Menard, author of *Don Quixote*" to "An Examination of the Work of Herbert Quain."

Confronting this double image of Spain (the national and the universal one) is Borges' vision of the United States, a country he visited for the first time at the age of sixty-two, in September of 1961, accompanied by his mother, as Visiting Professor at the University of Austin, Texas. "It was my first physical encounter with America," he said later. "In a sense, because of my reading, I had always been there, and how strange it seemed when in Austin I heard ditch-diggers who worked on campus speaking English. (...) America, in fact, had taken on such mythic proportions in my mind that I was sincerely amazed to find there such commonplace things as weeds, mud, puddles, dirt roads, flies, and stray dogs."

Borges had read widely in American literature and among his favourite writers were Emerson, Hawthorne, Emily Dickinson, Carl Sandburg, Robert Frost, Mark Twain, Henry James, Edgar Alan Poe, and Herman Melville. The first novel Borges read in its entirety in his childhood was *Huckleberry Finn*, a few months before reading *Don Quixote* in English, and yet it was Melville rather than Mark Twain who became to him emblematic of the mythical identity of the United States. It isn't clear when exactly Borges read Melville for the first time, but in 1944, comparing *Moby Dick* to *Bartleby* (which he had translated into Spanish), Borges wrote that while *Moby Dick* was written "in a romantic and impassioned dialect of English" inspired by Shakespeare, Sir Thomas Browne, and Carlyle, *Bartleby* was written "in a calm, even droll diction whose deliberate application to an infamous subject seems to prefigure Kafka." "Nevertheless," Borges continued, "between both fictions there is a secret, central affinity. In the former, Ahab's monomania disturbs and finally destroys all the men on the ship; in the latter, Bartleby's frank nihilism contaminates his companions and even the stolid man who tells Bartleby's story, the man who pays him for his imaginary labours." And Borges concluded: "It is as if Melville had written: *It is enough that one man be irrational for others to be irrational and for the universe to be irrational*. The history of our universe teems with confirmations of this fear." This, for Borges, encapsulated what he believed to be the American ethos. "We South Americans," he said later, "tend to think in terms of convenience, whereas people in the United States approach things ethically. This, amateur Protestant that I am, I admired above all. It even helped me overlook skyscrapers, paper bags, television, plastics, and the unholy jungle of gadgets." Borges wrote this in 1969. Whatever would he have thought of the unholy jungle of gadgets of today!

Borges felt that while "the constant theme in Melville is loneliness" and that "loneliness was perhaps the core event of Melville's eventful life," Melville's best work is all-encompassing, like Whitman's, and that one man's behaviour affects all men. This coupling of an intrinsic loneliness with the multitudinous nature of the universe is one of the figures in Borges' own carpet. Sir Thomas Browne, whom Borges loved, had said for all time: "Every man is not only himself; there hath been many Diogenes, and as many Timons, though but few of that name: men are liv'd over again, the world is now as it was in Ages past; there was none then, but there hath been some one since that parallels him, and is, as it were, his revived self." Borges rejoiced in the paragraph which he knew by heart. He approved of Browne's seemingly naive "though but few of that name," which "makes him dear to us, eh?" he would say with a chuckle. One of the earliest of these "revived selves" is Tom Castro, the unlikely impostor from *A Universal History of Infamy*, who, though a semi-idiot, tries to pass himself off as the aristocratic Tichborne heir. Other versions of this protean character are the memorious and memorable Funes whose memory is a rubbish heap of everything seen throughout his short life; the Arab philosopher Averroes who tries, across the centuries, to understand Aristotle, much like Borges himself tries to understand Averroes, and the reader, Borges; the man who has been Homer in "The Immortal" and who has also been a sampling of all men, and who created a man who calls himself Nobody: Pierre Menard who becomes Cervantes in order to write, once again but in our time, *Don Quixote*. In "Everything and Nothing" Shakespeare begs God to let him, who has been so many men, be one and himself. God confesses to Shakespeare that He too is nothing: "I dreamed the world [says God] as you dreamed your work, my Shakespeare, and among the forms of my dream are you who like Myself is many and no one." There are many more examples...

There is a painful, tragic irony in Melville's recognition: that we are alone among many. This, Borges felt, became materialized in his experience of New York where one could be utterly alone in a monstrous, bustling crowd: "Now I know what Bartelby must have felt," he said. "Bartleby is more than an artifice or a whimsy of the dream imagination; it is fundamentally a sad and true book that shows us the essential uselessness, which is one of the everyday ironies of the world."

This "everyday irony" of the American existence is, however, very different from the ironic view which Cervantes casts on seventeenth-century Spain, a view that Borges believed held largely true in the twentieth century as well. What then is this Spanish-style irony? How can we identify it through Borges's reading?

Don Quixote itself might perhaps provide us with an example. After the story of Don Quixote has been brought almost to its end, Sansón Carrasco, the pompous intellectual who believes he can cure all this madness, says that he is the Knight of the White Moon and, swearing that his lady is far more beautiful than Dulcinea, forces the old gentleman to challenge him to a duel. Don Quixote charges against his adversary, falls to the ground badly hurt and, unable to rise, hears Carrasco say that he'll admit to Dulcinea's superior charms only if he, Don Quixote, agrees to withdraw to his house for a full year "or until such time by me decided." The defeated Don Quixote gives his consent. A few further events take place on the following pages, further hallucinations and further enchantments, but as a result of the promise Don Quixote returns with Sancho to his village and asks to be taken to his bed where a week later, he becomes once again Alonso Quijano, and "gives up his spirit: I mean to say, he died." Borges remarked that, in these plain words so far removed from the literary language of the rest of the novel, Cervantes revealed his very real sorrow at his fictional character's death. There is irony in this as well.

But there is more. The year of abeyance that Sansón Carrasco has Don Quixote promise him is, for our hero, a period of impossible time. To stop being Don Quixote for a year, or even for a moment, is to demand that time come to a halt. Don Quixote cannot simultaneously stop being himself and go on living. Don Quixote is a creation of the old gentleman's own reading and his world, materially alive in all its brutality and violence, is something that he can only know through his activity as a reader. Nothing exists for Don Quixote that has not previously been read, or rather, nothing exists that does not begin and end in his books. Consequently, Don Quixote cannot refuse himself the acting-out of his reading, to continue the story that his life has become, to behave like a knight-in-arms. Because, as soon as Alonso Quijano stops reading his dream book, Don Quixote must die. Don Quixote's being consists of the moments that Alonso Quijano is willing to grant him.

Don Quixote exists (as Alonso Quijano knows) between the covers of Cide Hamete's book. For the reader, Borges wrote, this is the only true story. This is why it isn't fortuitous that, in the last chapters of the Second Part, the characters discuss the false nature of the sequel to *Don Quixote* published by Avellaneda after the success of the First Part of the adventures: there cannot be alternate versions of the true story. The maid Altisidora, who pretends to have died because of her unrequited love for the old knight, describes her descent to Hell, saying that there she saw a group of devils playing ball with books, who tear Avellaneda's opus to bits, "a book so bad," says one of the devils, "that if I tried to produce a worse one on purpose, I wouldn't succeed." Neither is it fortuitous that, when Alonso Quijano dictates his last will and testament, he instructs his executor to apologize to the apocryphal author for having provided an occasion for writing "such enormous and copious nonsense." Implicit in this apology is that Avellaneda's book is untrue, unlike the one the reader now holds in his hands. False fiction (wasted time, untruth, fruitless lies) and true fiction (the chronicle of real things, of things as they essentially are) cannot and must not coexist. And Don Quixote, seemingly a believer in witchcraft and magic, never mistakes reality and untruth. In this quest for what is true, full of rich marvels, there is for us, his readers, one moment that, though perhaps not more mysterious than many others, is certainly more bewildering and disconcerting. This is the moment in which the reader forgets Miguel de Cervantes, the author, and believes only in the reality of Don Quixote.

So thoroughly does Cervantes' fiction absorb reality to render it "more real" that it ends up devouring its own self. In the second chapter of Part Two, Sansón Carrasco lets Sancho know that his adventures are written in a book (that Carrasco has read in Salamanca, a town famous for the seriousness of its academic publications) "under the title *The Ingenious Knight Don Quixote de la Mancha.*" Hearing this, Sancho crosses himself in fright; much the same reaction is that of the reader for whom, if the first part of the book he's reading has also been read by the characters of the part he's reading now, then he, a creature of flesh and blood, is also part of that device, that trickery, that imaginary world, a ghost among ghosts, a servant not of his own will but of another man's dreams (an idea that Borges will exploit in "The Circular Ruins"), a man who is not dust and ashes and who once upon a time was called Miguel de Cervantes.

Borges noted that Cervantes was doubtless aware of the mirror he held up to his readers. Towards the end of Part Two, a certain scholarly canon tells Don Quixote that he cannot understand how certain books can delight without teaching, unless they are nothing but beautiful. For the canon, "delight conceived in the soul must be that of loveliness and balance seen or observed in things that sight or imagination bring forward; since anything that carries in itself ugliness or imperfection can produce no contentment whatsoever." The world of which the canon approves is that of perfect sterility, meaningless beauty, vacuous creations, like that of the "jungle of unholy gadgets" mentioned by Borges, and produces nothing but a state of suspended being in which there is no responsibility and no distress. To this existence without depth and without limits with which society shrouds the real passing of time, Don Quixote opposes a time of ethical action, a time in which every act has its consequences, good or evil, just or unjust. Instead of a vast and anonymous magma in which we exist unconsciously, Don Quixote proposes a time in which we are alive and fertile, in which our consciousness works towards rendering us more fully in our own image, becoming whoever it is the canon's time prevents us from knowing. In this time, in this truly real time, we must live, Don Quixote says, "undoing all manner of wrongs, and placing ourselves in situations and dangers which, once overcome, will grant us eternal renown and fame." This, Borges thought, was the great ironic truth: that individual freedom, decreed in the American constitution and wrestled for under the Spanish crown —a freedom necessary to act according to one's personal ethics, whether those of Bartleby the Scrivner or those of Don Quixote— condemns the individual to an essential, irrepressable solitude confirmed, and not redeemed, by the sleep of death which in the end Bartleby will share "with kings and councellors."

NOTES ON CONTRIBUTORS

Editor

Julio Cañero Serrano is Associate Professor at the Universidad de Alcalá. Department of Modern Philology. He holds a Bachelor's Degree in Philosophy and Literature (1993) and PhD in English Philology (1998) from the Universidad de Alcalá. He has been visiting scholar at the University of California, Santa Barbara (1996, 1999, 2014 and 2016) and at the University of Limerick (2003). He has directed or has been responsible for six projects or research aids and has participated in another seven. He has edited books and published articles in renowned national and international journals and has written chapters of books on Literature, Culture, and US Politics. He is the current Director of the Instituto Universitario de Investigación en Estudios Norteamericanos 'Benjamin Franklin' de la Universidad de Alcalá.

Contributors/Participantes

Víctor Aertsen es doctor en Investigación en Medios de Comunicación por la Universidad Carlos III de Madrid, donde previamente ha cursado estudios en Comunicación Audiovisual y en Humanidades. Es también ingeniero técnico en Sistemas Informáticos por la Universidad de Granada. Lleva desde 2009 trabajando en proyectos de investigación que analizan las relaciones entre cine y geografía, en los cuales además interviene como desarrollador técnico (cartografía digital, desarrollo web, gestión de base de datos, etc.).

Roberto Carlos Álvarez-Delgado es profesor asociado de Comunicación Audiovisual y director de Marketing Institucional y Comunicación Electrónica en la Universidad de Alcalá. Es experto en la adaptación del anime al cine norteamericano, así como en la utilización de los nuevos medios de comunicación social en entornos digitales.

María Luisa Candau es profesora titular de Historia Moderna en la Universidad de Huelva, se doctoró con premio extraordinario por la Universidad de Sevilla, con una tesis sobre el clero secular sevillano durante el siglo XVIII. Ha trabajado desde entonces en diversas líneas de investigación: Historia de la Iglesia, Historia social (minorías marginadas) e Historia de las mujeres y del matrimonio en los siglos XVI al XIX. Desde el año 2006, ha dirigido diferentes proyectos de investigación financiados por el gobierno español y los fondos FEDER europeos, centrados en la historia de las mujeres, con carácter interdisciplinar, cuyas conclusiones han sido editadas en dos obras colectivas con el título de *Las mujeres y el honor en la Europa Moderna* (Huelva, Universidad de Huelva, 2014) y *Las mujeres y las emociones en Europa y América. Siglos XVII-XIX* (Santander, Universidad de Cantabria, 2016).

Alberto Carrillo Linares holds a PhD in Contemporary History from the Universidad de Sevilla, *Subversivos y malditos en la Universidad de Sevilla (1965-1977)*, which received the Extraordinary Doctorate Award. He has focused his research on the history of social movements against the Franco dictatorship. In recent years, he has been carrying out some innovative research on Spanish socio-political music from the Spanish Civil War to the Transition to Democracy. He has carried out research in several international centers in Holland, Italy, Portugal, and the United States, and has published in prestigious research journals such as *Ayer*, *Historia Social*, and *Pasado y Memoria*. He is currently the principal investigator for the research project entitled: "Orthodoxies and Rebelliousness. The plurality of interests in the convergence of the Peninsular countries towards Europe (1961-1986)," financed by the Government of Spain and the European Union.

Beatriz Cordero Martín es alumna de doctorado en el departamento de Historia del Arte III de la Universidad Complutense de Madrid donde en 2017 presentará su tesis sobre James Johnson Sweeney. Beatriz ha vivido entre Madrid y Nueva York, donde ha ejercido de docente en el Museum of Modern Art y en el Borough of Manhattan Community College. En Madrid, ha impartido clases de historia del arte en Syracuse University, la Fundación Ortega y Gasset y el programa internacional del College for International Studies. Tras su licenciatura en Historia del arte, Beatriz recibió la beca Peggy Guggenheim Collection (Venecia).

Cristina Crespo es directora de Relaciones Externas y coordinadora general del Instituto Franklin-UAH. Doctora en Estudios Norteamericanos. Imparte docencia en programas de Study Abroad y de máster. Su investigación se centra en la política norteamericana y las relaciones España-Estados Unidos. Editora adjunta de *Tribuna Norteamericana*. Ha publicado el libro *La alianza americana. La estrategia antiterrorista española y las relaciones hispano-norteamericanas (1996-2004)* y coeditado *Hillary, el poder de la superación* (2016), *Global Challenges to the Transatlantic World* (2015) y *North & South: the US, the EU and the Developing World* (2013); y es autora de artículos y capítulos de libro. Escribe en Diálogo Atlántico y colabora con medios de comunicación.

Carmen De La Guardia Herrero es profesora del departamento de Historia Contemporánea de la Universidad Autónoma de Madrid y directora asociada del programa de Estudios Graduados de la escuela española de Middlebury College. Interesada en las relaciones políticas y culturales entre España y Estados Unidos y en los Estudios de género, entre sus últimas publicaciones destacan: *Victoria Kent y Louise Crane en Nueva York. Un exilio compartido* (2016); *Moving Women and the United States. Crossing the Atlantic* (2016); "Ciudadanía nómada. Exilios, tránsitos y retornos de los republicanos españoles" (2015) y "The Experience of Loss: Spain, Florida and the United States" (2014).

José Manuel Estévez-Saá es profesor titular de la Universidade da Coruña, especialista en Estudios Anglo-Norteamericanos y Europeos. Es director del Observatorio de Política Internacional y Relaciones Transculturales (OPIRET-UDC). Doctor en Historia y Cultura de los Países de Habla Inglesa (PhD), titulado y máster en Derecho de la Unión Europea (LLM.Eur), máster en Relaciones Internacionales y Comercio Exterior (MPhil), máster en Exclusión Social, Integración y Ciudadanía (MPhil), y diplomado en Políticas Sociales e Inmigración. Dirige varios proyectos de investigación I+D+i subvencionados por el Gobierno de España. Autor de doscientas publicaciones académicas, es conferenciante habitual en Europa, Asia y América.

Pelayo Fernández García has a degree in History from the University of Oviedo (2010) and two masters in Sociocultural History from Universidad de Oviedo (2013) and Saint-Quentin-en-Yvelines of Versailles (2013). In 2014 he was rewarded by the Spanish Ministry of Defense for his research, "The *Military Reflections* of marquis de Santa Cruz de Marcenado and its influence beyond national frontiers." He has been linked professionally with the Library of the University of Oviedo and the Junta General del Principado de Asturias. Currently, he is working on his PhD from the Universities of Versailles and Universidad Carlos III de Madrid.

José Santiago Fernández-Vázquez es profesor titular de Filología Inglesa en la Universidad de Alcalá, donde actualmente desempeña el cargo de vicerrector de Coordinación y Comunicación. Es autor de varios libros y artículos sobre literatura postcolonial en lengua inglesa, teoría literaria y narrativa británica contemporánea.

Agustín Gámir es doctor en Geografía Humana por la Universidad Complutense de Madrid en donde impartió docencia (1988 y 1992). Ha sido profesor titular en las universidades de Salamanca (1992-2001) y Carlos III de Madrid (desde 2001 hasta la actualidad). Sus investigaciones han versado sobre distintos aspectos del sector servicios y de los transportes; desde hace una década sus trabajos abordan el estudio de los vínculos entre el espacio geográfico y el cine. Sobre esta última línea ha publicado varios artículos (como autor y coautor) en revistas científicas, y la monografía *Geografía y Cine* (2015).

Juan Ignacio Guijarro González es profesor de la Universidad de Sevilla, donde habitualmente imparte docencia sobre literatura, historia y cultura de los Estados Unidos. Parte de su investigación actual analiza desde un prisma comparatista los diálogos culturales entre España y Estados Unidos, por un lado, y las relaciones entre el jazz y la literatura, por otro. Ambas líneas de trabajo convergen en una antología pionera que ha editado recientemente, *Fruta extraña. Casi un siglo de poesía española del jazz* (2013). En la actualidad es miembro de la Junta Directiva de SAAS (Spanish Association for American Studies).

Miguel Ángel Hernández Fuentes es licenciado en Teología Dogmática por la Universidad Pontificia de Salamanca (1998) y doctor por la Universidad de Salamanca (2016) con una tesis titulada *En defensa de los sagrados intereses. Historia religiosa de la diócesis de Zamora durante la Restauración (1875-1914)*. Entre los años 2011 y 2015 residió en el Bronx donde se interesó por el estudio de la vida religiosa de los españoles asentados en Nueva York a lo largo del siglo XIX. Actualmente continúa con esta línea de investigación junto al estudio de la historia religiosa en España durante la Restauración monárquica.

Carlos Herrero es licenciado en Historia por la Universidad de Alcalá y diploma de Estudios Avanzados en Historia Medieval. Ha participado en el proyecto Europeo CLIOHRES financiado por la UNESCO y la UE en el grupo "Frontiers and Identities" entre los años 2005 y 2009. Su interés investigador está centrado en Estudios Culturales, la formación de las identidades nacionales y los discursos de alteridad a lo largo de la Historia. Actualmente trabaja como profesor de Civilización y Cultura española en el Instituto Franklin de la Universidad de Alcalá.

Montserrat Huguet is Professor of Contemporary International History in the UC3M, Madrid, Spain. She develops its teaching and research activities in International History, Global Studies, and Gender Theory of History. She is director of the Institute of International and European Studies Francisco de Vitoria UC3M, and author of about a hundred published texts, monographs, essays, academic papers, and press. She has recently been a visiting researcher at the London School of Economics and Politic Sciences (LSE) in London, UK, and writes regularly in prestigious academic and intellectual magazines such as *Política Exterior, Historia del Presente, Claves de Razón Práctica, Historia Actual, etc.* Her latest book is *Estados Unidos en Secesión De la Comunidad de Americanos a la Sociedad Estadounidense* (Biblioteca Benjamin Franklin, Instituto Franklin, 2016).

Manuel José De Lara Ródenas es profesor de Historia Moderna en la Universidad de Huelva. Ha publicado una decena de libros dedicados principalmente al estudio del Barroco y la Ilustración, entre los que se encuentran *La muerte barroca, Estructura social y modelos culturales durante el Antiguo Régimen* (Premio de Investigación Díaz del Moral) y *José Isidoro Morales. De Andalucía a París: la vida del padre de la libertad de imprenta.* Ha dirigido la obra colectiva *Releyendo. Estudios de lectura y cultura.* Es director del Centro de Estudios Húngaros y académico correspondiente de la Real Academia Sevillana de Buenas Letras.

María Losada-Friend is Senior Lecturer in the English Department at the University of Huelva (Spain) and holds a MA in Comparative Literature from the University of North Carolina at Chapel Hill (USA) and a PhD in English Philology from the University of Sevilla (Spain). Member of the Research Group *Literatura y Cultura Comparadas*, she contributes to projects funded by the Spanish Ministery related to English and American travelers in Spain.

Her most recent publication is "Emoción y carácter nacional: La mujer española en la mirada de viajeros ingleses y americanos" in *Las Mujeres y las emociones en Europa y América* (UCantabria, 2016) and has also co-edited *Words of Crisis/Crisis of Words: Ireland and the Representation of Critical Times* (Cambridge Scholars, 2016) and *De Colón a la Alhambra: Washington Irving en España* (UNIA, 2014).

Susana Maiztegui is an Instructor of Spanish at East Stroudsburg University of Pennsylvania and is affiliated with the Department of Modern Languages at the University. She holds a BS from New York University, an MBA from Columbia University, a MA from City College of New York and a Ph.D. from the Graduate Center of the City University of New York. As a result of her doctoral work, which dealt with Sarmiento and the construction of a national identity in Argentina, her research turned to migration in the twentieth century, from an economic perspective and in consideration of the evolving relationship of Latin America vis-à-vis the United States.

Alberto Manguel is a writer, translator, editor, and critic, born in Buenos Aires in 1948. He has published several novels, including News From a Foreign Country Came and All Men Are Liars, and non-fiction, including With Borges, A History of Reading, The Library at Night and (together with Gianni Guadalupi) The Dictionary of Imaginary Places. He has received numerous international awards, among others the Commander of the Order of Arts & Letters from France. He is doctor honoris causa of the universities of Ottawa and York in Canada, Liège in Belgium, and Anglo Ruskin, Cambridge, UK. His new book, Curiosity, was published in March 2015. He is now the director of the National Library of Argentina.

Carlos Manuel es doctor en Análisis Geográfico Regional por la Universidad Autónoma de Madrid. Es profesor en la Universidad Carlos III de Madrid desde 1998. Su línea de investigación se ha centrado en la Historia y la Geografía Forestal en España y en los estudios de Paisaje. En los últimos diez años se ha orientado a las relaciones entre Cine y Geografía. Es autor (individualmente y como coautor), de más de cuarenta trabajos, incluyendo varios libros. Ha sido secretario de la Asociación de Geógrafos Españoles (2007-2011). Desde 2010 hasta la actualidad es Vicedecano del Grado en Humanidades.

Rosario Márquez Macías es profesora titular de Historia de América de la Facultad de Humanidades de la Universidad de Huelva, España, donde es directora del Centro de Cultura Iberoamericano y coordinadora del Doctorado Interuniversitario en Patrimonio. Es académica de número de la Academia Iberoamericana de la Rábida de Huelva. Su trayectoria académica contempla varias líneas de investigación: la emigración española a América, la correspondencia privada de los emigrantes, el traslado de libros de Europa a América, y las relaciones culturales España-América. Forma parte de proyectos de investigación financiados por el Ministerio. Ha impartido conferencias en España, Europa y América Latina.

María Antonia Peña Guerrero es catedrática de Historia Contemporánea de la Universidad de Huelva. Su trayectoria investigadora se inició con el estudio del sistema político de la Restauración, dedicando particular atención al análisis del caciquismo y del clientelismo político. Con posterioridad ha extendido sus tareas investigadoras hacia el ámbito de las culturas políticas, centrándose principalmente en el estudio de la vida parlamentaria española a lo largo del siglo XIX, la legislación electoral y los mecanismos de representación política en España e Iberoamérica. En la actualidad, dirige un Proyecto de Investigación sobre la Historia de la Corrupción Política.

Gema Pérez Herrera es licenciada en Historia (2012) y Periodismo (2012) por la Universidad de Navarra, ha realizado también el máster en Estudios Contemporáneos (2013) y actualmente está finalizando el doctorado en Historia Contemporánea en la misma Universidad bajo la dirección del Catedrático Pablo Pérez López. Pertenece al Grupo de Investigación en Historia Reciente (GIHRE). Su tesis doctoral está centrada en la trayectoria política de José Pedro Pérez-Llorca, ponente constitucional y Ministro de Presidencia, Administración Territorial y Asuntos Exteriores durante la Transición española. Además del estudio de la historia política de la España reciente, sus líneas de investigación también se centran en las relaciones entre la historia y el cine y los Estudios de la Mujer.

Helene Remiszewska is a Doctoral Candidate in the Department of English at the University of Texas at Austin. Her dissertation *"and his soul I could not reach": Embodied Horror and Haunting in Nineteenth-Century American Literature* focuses on labor, the body, and the supernatural in Irving, Hawthorne, and Melville's writing. She has also written extensively on cannibalism in Herman Melville's novels and short stories. Her other interests include cultural studies and critical theory, and she has taught literature and rhetoric classes on popular culture and fashion by pairing canonical literature with music and film.

Francisco J. Rodríguez works at University of Salamanca; formerly, was postdoctoral researcher at WCFIA, Harvard University (2012-2013) and Fulbrighter at George Washington University, 2010-2012. His areas of concentration are: International Relations in the XX century; US Public Diplomacy in Europe; likewise, the analysis of Anti-Americanism. Among other publications, Rodríguez Jiménez has published the books: *U.S. Public Diplomacy and Democratization in Spain. Selling Democracy?* (Palgrave Macmillan, 2015; co-edited with Nicholas Cull and Lorenzo Delgado); *Estrategias de Diplomacia Cultural en un Mundo Interpolar*, (Madrid, 2015, co-edited with Elisa Gavari); ¿Mujeres sabias? Mujeres universitarias en España y América Latina. (Limoges, 2015; co-edited with Josefina Cuesta and Mª Luz de Prado).

José Ramón Rodríguez Lago es doctor en Historia Contemporánea por la Universidad de Santiago de Compostela, profesor de la Universidad de Vigo, especialista en el análisis de las instituciones católicas en la contemporaneidad, autor de libros y numerosos artículos sobre esta temática. Entre mayo y julio de 2015 realizó una estancia de investigación en la *American University Washington D.C.* y en mayo de 2016 consultó los *Columbia University Archives*, New York. "Las redes católicas entre España y los Estados Unidos de América (1919-1939)", Mercado, Juan Carlos (Ed.): *Historical Links between Spain and North America*, Instituto Franklin, UAH, 2016, pp. 75-83.

Elena Sánchez De Madariaga es doctora en historia por la Universidad Autónoma de Madrid y profesora en la Universidad Rey Juan Carlos. Sus líneas de investigación son la historia social y cultural de Madrid, las cofradías, la ciudadanía, la historia de las mujeres y el exilio. Ha sido investigadora en la Universidad de París 8, Fordham University (Nueva York), la Universidad Federico II (Nápoles) y la Universidad del Rosario (Bogotá). Es autora de *Cofradías y sociabilidad en el Madrid del Antiguo Régimen*, *Conceptos fundamentales de historia*, numerosos artículos y capítulos de libros y editora de *Las maestras de la República*.

Hamilton M. Stapell is a historian of twentieth-century Europe. His research and writing focus on the political and cultural history of Spain since its transition to democracy in 1975. He is also the author of the book, *Remaking Madrid: Culture, Politics, and Identity after Franco* (Palgrave Macmillan, 2010). Dr. Stapell previously taught at the United States Military Academy, West Point, and for the Revelle Humanities Writing Program at the University of California, San Diego. He is currently Associate Professor of History at the State University of New York, New Paltz.

Susana Sueiro Seoane is Associate Professor of Contemporary History at the Universidad de Educación a Distancia (UNED), the

Open University, in Madrid. In the last few years she has centered her investigation on the transnational anarchist networks during the transition from the 19th to the 20th century and, especially, on the cultural and socialization aspects of the anarchist workers who emigrated from Europe to Latin America and the U.S.

Nieves Verdugo-Álvez es licenciada en Historia, máster de Género, Identidad y Ciudadanía de la Universidad de Huelva. Matriculada en el programa de doctorado de Patrimonio de la Universidad de Huelva. Es colaboradora honoraria de investigación adscrita al área de Historia de América, del departamento de Historia, Geografía y Antropología de la Universidad de Huelva. Ha participado en simposios y congresos internacionales, y le han sido concedidos dos premios de investigación: Iniciación a la Investigación, en 2013, por la Universidad de Huelva, y el premio de la Asociación Española de Americanistas 2016, en la categoría "Investigadores en formación".

Miguel Ángel Villacorta Hernández es profesor del departamento de Economía Financiera y Contabilidad II de la Universidad Complutense de Madrid desde el curso 1998-1999. Es doctor en Derecho por la Universidad Carlos III, y doctor por la Universidad Complutense en el Programa de Contabilidad y Auditoría.

www.ingramcontent.com/pod-product-compliance
Lightning Source LLC
Chambersburg PA
CBHW021817300426
44114CB00009BA/201